Vaadin

Joachim Baumann ist Geschäftsführer der codecentric AG in Frankfurt/Main. Er ist unter anderem Autor der Bücher »Groovy« und »Gradle«, die im dpunkt.verlag erschienen.

Daniel Arndt ist Senior IT-Consultant der codecentric AG in Frankfurt/Main. Durch seine Aufgaben als Entwickler, Architekt und Coach verfügt er über eine umfassende Expertise in der Einführung und dem Einsatz von Vaadin.

Frank Engelen ist Senior IT-Consultant der codecentric AG in Solingen. Mit über 15 Jahren IT-Erfahrung berät er in den letzten drei Jahren vornehmlich Kunden beim Einsatz von Vaadin in komplexen Umgebungen.

Frank Hardy ist Senior IT-Consultant der codecentric AG in Frankfurt/Main. Er setzt seit fünf Jahren Vaadin in komplexen Kundenprojekten ein und hat ein besonderes Interesse am Thema Anwendungsarchitektur.

Carsten Mjartan ist Senior IT-Consultant der codecentric AG in Frankfurt/Main. Er ist als Entwickler, Architekt und Coach in vielen agilen Entwicklungsprojekten tätig und setzt dort sehr häufig Vaadin ein.

Zu diesem Buch – sowie zu vielen weiteren dpunkt.büchern – können Sie auch das entsprechende E-Book im PDF-Format herunterladen. Werden Sie dazu einfach Mitglied bei dpunkt.plus[+]:

www.dpunkt.de/plus

Joachim Baumann · Daniel Arndt · Frank Engelen · Frank Hardy · Carsten Mjartan

Vaadin

Der kompakte Einstieg für Java-Entwickler

Joachim Baumann
Joachim.Baumann@codecentric.de

Daniel Arndt
Daniel.Arndt@codecentric.de

Frank Engelen
Frank.Engelen@codecentric.de

Frank Hardy
Frank.Hardy@codecentric.de

Carsten Mjartan
Carsten.Mjartan@codecentric.de

Lektorat: René Schönfeldt
Copy-Editing: Annette Schwarz, Ditzingen
Satz und Herstellung: Frank Heidt
Umschlaggestaltung: Helmut Kraus, www.exclam.de
Druck und Bindung: M.P. Media-Print Informationstechnologie GmbH, 33100 Paderborn

Bibliografische Information der Deutschen Nationalbibliothek
Die Deutsche Nationalbibliothek verzeichnet diese Publikation in der Deutschen Nationalbibliografie;
detaillierte bibliografische Daten sind im Internet über http://dnb.d-nb.de abrufbar.

ISBN 978-3-86490-206-2

1. Auflage 2015
Copyright © 2015 dpunkt.verlag GmbH
Wieblinger Weg 17
69123 Heidelberg

Die vorliegende Publikation ist urheberrechtlich geschützt. Alle Rechte vorbehalten. Die Verwendung der Texte und Abbildungen, auch auszugsweise, ist ohne die schriftliche Zustimmung des Verlags urheberrechtswidrig und daher strafbar. Dies gilt insbesondere für die Vervielfältigung, Übersetzung oder die Verwendung in elektronischen Systemen.
Es wird darauf hingewiesen, dass die im Buch verwendeten Soft- und Hardware-Bezeichnungen sowie Markennamen und Produktbezeichnungen der jeweiligen Firmen im allgemeinen warenzeichen-, marken- oder patentrechtlichem Schutz unterliegen.
Alle Angaben und Programme in diesem Buch wurden mit größter Sorgfalt kontrolliert. Weder Autor noch Verlag können jedoch für Schäden haftbar gemacht werden, die in Zusammenhang mit der Verwendung dieses Buches stehen.
5 4 3 2 1 0

Inhaltsverzeichnis

	Geleitwort	**1**
	Vorwort	**3**
1	**Einleitung**	**7**
1.1	Was ist Vaadin?	7
1.2	Historie	8
1.3	Wofür ist Vaadin gut?	9
1.4	Unsere Erfahrungen mit Vaadin	10
1.5	Weitergehende Informationen	11
2	**Erste Schritte mit Vaadin**	**13**
2.1	Einrichten der Entwicklungsumgebung Eclipse	13
2.2	Erste Schritte	17
2.3	Verwendung von Maven für Vaadin-Projekte in Eclipse	23
2.4	Andere Entwicklungsumgebungen	24
3	**Die Vaadin-Architektur**	**29**
3.1	Einleitung	29
3.2	Überblick	30
	3.2.1 Serverseitiges Programmiermodell	30
	3.2.2 Clientseitiges Programmiermodell	33
	3.2.3 Push	36
	3.2.4 Themes	37
	3.2.5 Add-ons	38

3.3		Vaadin unter der Haube	38
	3.3.1	Der Einstiegspunkt	38
	3.3.2	Die Benutzeroberfläche	39
	3.3.3	Der erste Aufruf der UI	40
3.4		Konsequenzen der Vaadin-Architektur	45
	3.4.1	Serverseitiger Speicherbedarf	45
	3.4.2	Clientseitiger Speicherbedarf und Render-Performance	46
	3.4.3	Netzwerkkommunikation	46
	3.4.4	Latenz	47

4 UI-Komponenten 49

4.1		Grundlegende UI-Komponenten	49
	4.1.1	UI als Rahmen für die Applikation	49
	4.1.2	Textausgabe mit Label und Notification	50
	4.1.3	Button	52
	4.1.4	Texteingaben mit TextField, PasswordField und TextArea	53
	4.1.5	Formatierte Texteingabe über RichTextArea	56
	4.1.6	Datumseingabe mit InlineDateField und PopupDateField	56
	4.1.7	Eingabe von Werten über Slider	57
	4.1.8	Auswahlkästchen mit CheckBox	58
	4.1.9	Auswahlboxen mit ListSelect, ComboBox, NativeSelect, OptionGroup und TwinColSel	59
	4.1.10	Hochladen von Dateien mit Upload	61
	4.1.11	Hierarchieanzeige mit der Tree-Komponente	63
	4.1.12	Tabellen mit der Table-Komponente	64
	4.1.13	Menüzeilen mit MenuBar	65
	4.1.14	Fortschrittsanzeige mit der ProgressBar-Komponente	66
	4.1.15	Videos und Animationen mit Link, AbstractMedia und AbstractEmbedded	66
4.2		Layout-Klassen	67
	4.2.1	Elemente untereinander: VerticalLayout	68
	4.2.2	Elemente nebeneinander: HorizontalLayout	71
	4.2.3	Zwischenbetrachtung: Schachteln von Layouts	72
	4.2.4	GridLayout – Elemente im Gitter	72
	4.2.5	FormLayout	75
	4.2.6	AbsoluteLayout	76
	4.2.7	CssLayout	77
	4.2.8	CustomLayout	78

4.3	Sonderlayouts		79
	4.3.1	Scrolling mittels Panel	79
	4.3.2	Splitter mit Horizontal- und VerticalSplitPanel	80
	4.3.3	Karteireiter im TabSheet	82
	4.3.4	Accordions	83
	4.3.5	Popup-Fenster mit Window	84
4.4	Eigene Komponenten und Eingabefelder		85
	4.4.1	CustomComponents mit dem visuellen Editor	86

5 Data Binding — 91

5.1	Einführung		91
5.2	Details zum »Data Binding«-Prozess		94
5.3	Das Vaadin-Container-Datenmodell im Allgemeinen		101
5.4	Validierung in der GUI		102
	5.4.1	Nutzung von JSR-303-Validatoren	103
	5.4.2	Nutzung Vaadin-spezifischer Validatoren	108
5.5	Erkennen von Änderungen		110

6 Real-Time-Webapplikationen mit Vaadin Server Push — 113

6.1	Ein kleines Beispiel	113
6.2	Ein Mini-Chat	115

7 Layout und Styling — 119

7.1	Auswahl eines Theme		119
7.2	Erstellung eines eigenen Theme		120
	7.2.1	Struktur eines Theme	120
	7.2.2	Erstellung eines CSS-basierten Theme	121
	7.2.3	Erstellung eines SCSS-basierten Theme	122
	7.2.4	Theme-Vorlagen	125
	7.2.5	CSS-Selektor-Strategien	125
	7.2.6	SCSS-Sprachkonstrukte nutzen	132
	7.2.7	CSS Injection	137

8 Navigation in Ajax-Anwendungen — 139

8.1	Einleitung	139
8.2	URI-Fragmente	140
8.3	Format der URI-Fragmente	141
8.4	URI-Fragmente und Applikationszustand	141
8.5	Manipulation und Überwachung des URI-Fragments	142

8.6	Die Navigator-API		143
	8.6.1	Der Navigator	144
	8.6.2	Die ViewProvider	146
	8.6.3	Der NavigationStateManager	147
	8.6.4	Ablauf eines View-Wechsels	149

9 Anwendungsarchitektur mit Vaadin — 153

9.1	Einleitung		153
9.2	Überblick		154
9.3	Was verstehen wir unter Architektur?		154
9.4	Architekturmuster		155
	9.4.1	Ein kurzer Überblick	155
	9.4.2	Die Schichtenarchitektur	156
	9.4.3	Die MVx-Architekturmuster	157
9.5	Auf in die Praxis		163
	9.5.1	Die Beispielanwendung	163
	9.5.2	Das Beispielprojekt	164
	9.5.3	Das Domänenmodell der Beispielanwendung	165
9.6	Der Login in der MVP-Passive-View-Variante		166
	9.6.1	Schnittstellendefinition und Implementierung	167
9.7	Entkopplung mit einem Event-Bus		185
	9.7.1	Der Event-Bus von Guava	187
	9.7.2	Umstellung auf den Event-Bus	188
	9.7.3	Vor- und Nachteile von Event Handling	192
9.8	Dependency Injection		192
	9.8.1	Die Umstellung auf CDI	194
	9.8.2	Umstellung der Anwendung	195
9.9	Der Profileditor in der MVP-Variante		201
	9.9.1	Schnittstellendefinition und Implementierung	202
9.10	MVVM am Beispiel der Anmeldekomponente		212
	9.10.1	Umbau des Presenter in ein Presentation Model	212
	9.10.2	Die View und die Integration in der Anwendung	216
9.11	Zusammenfassung		219

10 Add-ons — 221

10.1	Einleitung	221
10.2	Vaadin-Directory	221
10.3	Add-on verwenden	225

11	**Vaadin und Maven**	**231**
11.1	Einleitung	231
11.2	Überblick Archetypes	232
11.3	Maven-Projekt erstellen	232
	11.3.1 Kommandozeile	232
	11.3.2 Eclipse	233
11.4	Projektstruktur im Detail	235
11.5	Das Vaadin-Maven-Plugin	237
12	**Automatisiertes Testen von Vaadin-Anwendungen**	**239**
12.1	Einleitung	239
12.2	Unit-Tests	239
	12.2.1 Interaktion mit Vaadin-Komponenten	239
	12.2.2 Interaktion mit ThreadLocals	242
12.3	GUI-Tests mit Selenium	245
	12.3.1 Ein erster Test	245
	12.3.2 Locator	247
	12.3.3 Warten will gelernt sein	249
	12.3.4 Das Page-Object-Pattern	253
	12.3.5 Unabhängigkeit von Einzeltests	258
13	**Zusammenfassung**	**261**
14	**Literatur**	**263**
	Index	**267**

Geleitwort

What makes a developer happy? A big house or winning the lottery might easily do so. That is ambient and long lasting kind of happiness we all search for throughout our lives. Some of us find it and some never do. But what makes a developer happy on a regular Tuesday? It is *The Flow*. The mystical state of mind called *The Flow* when you can solve all the problems, fulfill all the tasks and even more. Everything is possible and you know all the answers. Your productivity is over the charts. And when you leave the office on that regular Tuesday you are calm, relaxed and you even start noticing things. Has that wall been red all along? Has there always been so many birds in this park? You might choose to walk back home instead of taking a crowded subway. Finally buying that latte to-go you never did. Simply enjoying all the little things around you with a little smile on your face. That feeling dear reader – that is happiness on a regular Tuesday.

But *The Flow* doesn't drop on your table. No, it sure doesn't. The only way to reach *The Flow* is to know your stuff. Knowing how a library or an API works. Knowing the best practices. And this requires you to educate yourself. Study, read and learn. And now, good books step into play – like the one you are holding in your hands. This book will give you tools for finding your very own *Flow*. Fantastic, isn't it?

I am more than happy to witness the birth of this book for the German audience of Vaadin fanboys and fangirls. This audience is one of the most remarkable and booming regions in the whole Vaadin ecosystem and I'd like to thank and congratulate all the authors for a job well done. Extremely professional and straight to the point. Flow material.

So continue reading – and have a great walk back home on a regular Tuesday.

Ville Ingman
Vaadin Advocate
Vaadin HQ Finland

Vorwort

Zielgruppen für dieses Buch

Dieses Buch ist für Entwickler von Webapplikationen gedacht, die die Programmierung mit Vaadin lernen wollen – laut den Erfindern des Frameworks »ein Java-Framework für die Implementierung moderner Webapplikationen, die fantastisch aussehen, sehr gut performen und die Sie und die Benutzer Ihrer Webapplikationen glücklich machen«. Man kann darüber diskutieren, ob diese Beschreibung hundertprozentig akkurat ist, aber wir, die Autoren, würden zustimmen.

Vaadin unterstützt Sie sehr stark darin, auch komplexe Webapplikationen einfach zu implementieren und sich dabei auf das zu konzentrieren, was uns Entwicklern am leichtesten fällt: die Entwicklung der eigentlichen Funktionalität. Gleichzeitig besteht aber bei Bedarf die Möglichkeit, Layout und Darstellung weitgehend zu beeinflussen, so dass die Flexibilität einer Webapplikation in keiner Weise eingeschränkt ist.

Wenn Sie sich hiervon angesprochen fühlen, dann ist dieses Buch für Sie geeignet.

Notwendige Vorkenntnisse für das Buch

Sie sollten neben Java auch Vorkenntnisse in der Entwicklung von Webapplikationen mit Java EE haben, um die Beispiele ohne Aufwand nachvollziehen zu können. Dies beinhaltet auch den Umgang mit einem Servlet-Container wie Apache Tomcat oder JBoss von Redhat.

Wir verwenden in diesem Buch die Entwicklungsumgebung Eclipse, mit der Sie oberflächlich vertraut sein sollten. Der einfache Grund hierfür ist, dass es für Eclipse ein vom Hersteller unterstütztes Plugin gibt, das die Entwicklung unterstützt. Es ist aber nicht zwingend erforderlich, und natürlich können Sie auch andere Entwicklungsumgebungen für Ihre eigenen Experimente verwenden.

Eclipse-Kenntnisse sind von Vorteil.

Was dieses Buch nicht enthält

Dieses Buch enthält keine Einführung in Webapplikationen und keine Einführung in die Enterprise-Edition von Java. Es ist auch kein umfassendes Nachschlagewerk für Vaadin, das dessen sämtliche Funktionalität im Detail beschreibt.

Dies hätte in einem Buch mit ca. 1000 Seiten resultiert. Das Book of Vaadin (siehe [Vaadin]) des Herstellers ist eine solche Referenz, die online – allerdings nur auf Englisch – zur Verfügung steht.

Was dieses Buch enthält

Dieses Buch ermöglicht Ihnen einen schnellen Einstieg in die Verwendung von Vaadin für die Entwicklung von Webapplikationen.

Nach der Lektüre werden Sie verstehen, wie Vaadin unter der Haube funktioniert, aus welchen Einzelbausteinen es besteht und wie diese zusammenarbeiten und wie Sie die Funktion mit Add-ons erweitern können. Sie werden Best Practices in der Entwicklung und Ihre Optionen bei der Anwendungsarchitektur kennenlernen und erfahren, wie Sie Ihre Applikation testen können.

Zusammengefasst liefert Ihnen dieses Buch die notwendigen Kenntnisse, um mit Vaadin produktiv sein zu können.

Aufbau des Buchs

Das Buch ist ganz grob in zwei Teile geteilt. Der erste Teil enthält die Kapitel, die der Einführung in die Konzepte von Vaadin und die zur Verfügung stehenden Komponenten dienen (Kap. 1 bis 7). Nach den ersten Schritten in Vaadin (eine minimale Webanwendung in Eclipse) lernen Sie die Architektur von Vaadin kennen, erhalten einen Überblick über Komponenten, die Vaadin anbietet, bekommen einen Einblick in die Möglichkeit, Modellzustand und Komponenteninhalt miteinander zu verknüpfen (DataBinding), und in die Aktualisierung des Applikationszustands vom Server (ServerPush). Danach beschäftigen wir uns mit Layout- und Stylingfragen, die sich mit CSS sehr elegant lösen lassen.

Der zweite Teil konzentriert sich auf die Verwendung von Vaadin. Hierzu setzen wir uns zuerst praktisch mit möglichen Anwendungsarchitekturen auseinander, werfen dann einen Blick auf die Add-ons, die Vaadin zur Verfügung stellt, und beschäftigen uns dann mit der Einbindung von Vaadin in den Build-Prozess mit Maven. Das letzte Thema, das uns ganz besonders am Herzen liegt und dem deshalb auch ein eigenes Kapitel gewidmet ist, ist das automatisierte Testen von Vaadin-Anwendungen.

Lesepfade

Wenn Sie bereits erste Erfahrungen mit Vaadin haben, dann können Sie den ersten Teil überspringen und sofort mit Kapitel 7 beginnen. Die vorherigen Kapitel können Sie dann je nach Bedarf und Interesse lesen.

Wenn Ihnen Vaadin noch neu ist, dann sollten Sie auf jeden Fall die ersten drei Kapitel lesen, um ein erstes Verständnis für das Framework zu entwickeln. Das Buch ist so angelegt, dass es sehr sinnvoll ist, wenn Sie die folgenden Kapitel in der vorgegebenen Reihenfolge lesen. Wenn Sie aber ungeduldig sind, dann können Sie direkt zu Kapitel 7 springen und die vorherigen Kapitel nachholen.

Entstehung des Buchs

Es ist äußerst ungewöhnlich, dass ein Fachbuch von einer größeren Anzahl von Autoren geschrieben wird, und es war für uns ein Experiment, bei dem wir sehr viel gelernt haben, das aber auch sehr viel Spaß gemacht hat.

Wir haben neben den eigentlichen Inhalten einen starken Fokus darauf gelegt, den Stil der einzelnen Kapitel einander weitgehend anzupassen, um Ihnen ein durchgehendes Leseerlebnis zu ermöglichen. Sollte uns dies an einer Stelle nicht gelungen sein, bitten wir um Entschuldigung und Ihre Nachsicht.

Danksagung

Besonderer Dank geht an die Reviewer, die das Manuskript nicht nur gelesen haben, sondern auch sinnvolle Änderungsvorschläge und Anregungen lieferten. Sie haben dieses Buch deutlich verbessert.

Auch den Kollegen, die mit uns über die Inhalte diskutiert haben, gebührt unser Dank genau wie unserer Firma, die die Weitergabe von Wissen allgemein und unser Engagement im Speziellen unterstützt.

Zum Schluss danken wir natürlich auch unseren Ehefrauen und Kindern, die es akzeptieren, dass wir uns mit etwas Unbedeutendem wie einem Buch beschäftigen, wenn es doch so viel wichtigere und interessantere Dinge gibt.

1 Einleitung

1.1 Was ist Vaadin?

Vaadin ist ein auf dem Google Web Toolkit (siehe [GWT]) basierendes Open-Source-Framework, das die einfache Erstellung auch komplexer browserbasierter Applikationen ermöglicht.

> Tatsächlich bringt sich Vaadin auch sehr stark in das GWT-Projekt ein: Es stellt ein Mitglied des Steuerungsausschusses und organisiert auch die Konferenz gwt.create – sieht sich also nicht als Konkurrenz, sondern in positiver Koexistenz mit GWT.

Vaadin abstrahiert hierbei für die normale Programmierung von HTML, JavaScript, AJAX und browserspezifischen Details und bietet ein javabasiertes Programmiermodell mit Widgets und Events an, das sehr stark an klassische UI-Programmierung in Java angelehnt ist.

Tatsächlich müssen wir uns in der normalen Programmierung mit Vaadin keine Gedanken über verschiedene Datenmodelle auf Client und Server machen und haben keine Schwierigkeiten mit der Aktualisierung der jeweiligen Daten. Wir können unsere verschiedenen Widgets und ihr Layout mit Java programmieren und kommen mit HTML und JavaScript nicht in Berührung. *Programmierung vollständig in Java*

Zusätzlich können die Details des Layouts getrennt von der Programmierung beeinflusst und über CSS applikationsweit konsistent gesteuert werden, so dass bei Bedarf auch Look & Feel der gesamten Applikation über *Themes* ausgetauscht werden kann. *Steuerung des Layouts über CSS*

Über einen Erweiterungsmechanismus besteht die Möglichkeit, Widgets von Drittanbietern einfach zu integrieren und zu programmieren. Das *Vaadin Directory* (siehe [Vaadin]) bietet aktuell mehr als 400 Komponenten und Widgets an, die die Funktionalität von Vaadin erweitern.

Hinter den Kulissen implementiert Vaadin neben dem Framework auf der Serverseite, das wir in der normalen Programmierung benutzen, eine *Client-Side Engine*, die im Browser läuft und sowohl die Darstellung der Benutzerschnittstelle als auch die Übermittlung der Benutzerinteraktionen an den Server übernimmt und sich dabei auch um browserspezifische Anpassungen kümmert. Diese Client-Side Engine ist in Java geschrieben und wird mit dem GWT-Compiler in JavaScript übersetzt.

Während wir bei der normalen Programmierung nicht viel mit der Client-Side Engine zu tun haben, wird diese interessant, wenn wir eigene Widgets für die Erweiterung von Vaadin programmieren. Dies ist allerdings ein Thema für Fortgeschrittene und wird in diesem Buch nicht weiter betrachtet.

1.2 Historie

Die Entwicklung an Vaadin wurde bereits im Jahr 2000 gestartet, damals als Adapter für das Framework Millstone der Firma *IT Mill Ltd.*, und die erste Version wurde 2002 veröffentlicht. Die Funktion umfasste damals Kommunikation mittels Ajax und eine eigene, proprietäre Render-Engine für die Darstellung von Widgets.

Ab 2006 wurde das Framework eigenständig kommerziell weiterentwickelt und 2007 umbenannt zu *IT Mill Toolkit*. Da sich im Lichte des Open-Source-Frameworks GWT die Weiterentwicklung einer eigenen Render-Engine nicht lohnt, wurde der Wechsel zu GWT als Basis für das Rendering gestartet. Ende 2007 wurde die Lizenz in eine Open-Source-Lizenz geändert.

2008 investierte einer der Gründer von MySQL (Monty Widenius) einen Teil seines Vermögens in die Firma und schuf damit die Grundlage für die Entwicklung der ersten Version des IT Mill Toolkit 5, die nach langer Betatestperiode 2009 erschien. Kurz nach Erscheinen wurde das Framework umbenannt in Vaadin (der finnische Name für ein weibliches Rentier) und eine Vorabversion der Version 6 veröffentlicht. Zusätzlich wurde auch IT Mill Ltd. umbenannt zu Vaadin Ltd., um klarzumachen, wie sehr die Firma hinter ihrem Framework steht.

Es dauerte bis März 2013, bis die Version 7 herauskam. Ende Juni 2013 kam die Version 7.1 heraus, die abgesehen von Fehlerkorrekturen als wichtigste Funktionalität *Server Push* enthielt. Hiermit wird der Server in die Lage versetzt, eigenständig Informationen auf dem Client zu aktualisieren, was das Programmiermodell noch flexibler macht.

1.3 Wofür ist Vaadin gut?

Vaadin ist ein typischer Vertreter eines *Rich Internet Application Frameworks* (*RIA* Framework), mit dessen Hilfe Webapplikationen implementiert werden, die so weit wie möglich einer klassischen Desktop-Applikation entsprechen. Hierbei zeigt sich als Trend, dass mehr und mehr weggegangen wird von proprietären Lösungen wie zum Beispiel Adobe Flash hin zu HTML5 und JavaScript. GWT und damit auch Vaadin setzen auf diesem Trend auf.

Mit immer größerer Leistungsfähigkeit der unterliegenden Browser und eines Frameworks wie Vaadin wird die Distanz zwischen klassischen Applikationen und Applikationen, die im Browser laufen, immer geringer, und Analysten sagen bereits seit 2007 voraus, dass die Grenzen zwischen diesen Applikationsarten immer mehr verschwimmen werden (siehe [Forrester 2007]).

Damit stellt sich weniger die Frage, was wir mit Vaadin machen können, als was sich nicht machen lässt. Die folgenden beiden Punkte sind problematisch:

- Verarbeitung großer Datenmengen auf dem Client
- vollständige Funktionalität ohne Netzzugang (Offline-Funktion für mobile Geräte)

Im ersten Fall stellt sich die Frage, warum die Datenverarbeitung auf dem Client durchgeführt werden muss und ob es nicht sinnvoller wäre, die Daten zum Server oder in eine Cloud-Infrastruktur zu bewegen.

Im zweiten Fall haben wir eine Situation, die das Programmiermodell von Vaadin ad absurdum führt. Wenn es hingegen um zeitlich beschränkte Offline-Funktionalität geht, dann gibt es zwei Aspekte: zum einen die Berechnung von Informationen auf dem Server. Dies kann man in den Griff bekommen, indem die entsprechenden Berechnungen lokal durchgeführt werden oder eine Meldung angezeigt wird, dass der Service aktuell nicht zur Verfügung steht. Der andere Aspekt ist die Eingabe von Daten. Hier besteht die Möglichkeit, die Daten lokal zu cachen und zum Server zu übertragen, sobald dieser wieder verfügbar ist.

Die Vaadin-Erweiterung TouchKit für mobile Geräte bietet Unterstützung für diese Vorgehensweisen. In jedem Fall ist es aber sinnvoll, den Nutzer auf die fehlende Verbindung hinzuweisen; das Touchkit ermöglicht, hierfür ein eigenes Theme zu verwenden, um dies sehr deutlich zu signalisieren.

1.4 Unsere Erfahrungen mit Vaadin

Wir verwenden Vaadin in vielen unserer Projekte und haben die verschiedensten Arten von Anwendungen bereits erfolgreich umgesetzt.

Es gibt prinzipiell keinen Typ Anwendung, bei dem wir sagen würden, dass Vaadin nicht verwendet werden kann – im Gegenteil sind die durch Vaadin zur Verfügung gestellten Abstraktionen und Funktionen so hilfreich, dass wir bei neuen Webapplikationen immer zur Verwendung von Vaadin tendieren. Dies gilt für Anwendungen im Intranet, im Internet, mit wenigen und vielen Benutzern, mit einfachen und komplexen Benutzerschnittstellen. Allerdings muss man bei komplexeren Benutzerschnittstellen darauf achten, dass die Komponenten nicht zu sehr verschachtelt werden (wozu man als unerfahrener Vaadin-Entwickler neigen kann), um die Applikation nicht unnötig zu bremsen.

Ein weiterer wichtiger Punkt ist, wie bei jeder Webapplikation, die Größe der Session. Vaadin legt die Benutzerschnittstellenobjekte (alle Objekte, die an den UI-Objekten hängen) in der Session ab und vergrößert diese damit natürlich (logischerweise umso mehr, je mehr verschachtelte Komponenten die Anwendung enthält). Nach dem Schließen des Browserfensters bleibt die Session so lange erhalten, bis sie vom System abgeräumt wird, und verbraucht damit weiterhin Speicher (sofern sich der Benutzer nicht explizit abmeldet). Wenn zusätzlich die Benutzer die gleiche Applikation mehrfach öffnen, dann legt Vaadin diese Objektbäume natürlich mehrfach in der Session ab. Dies ist aber nichts Ungewöhnliches und wird auch von anderen serverzentrierten Frameworks in gleicher Weise gelöst. In der praktischen Verwendung haben wir noch keine Probleme erlebt, die die Verwendung von Vaadin verhindert hätten, und auch die notwendige Größe der verwendeten Server ist im normalen Bereich. Ob allerdings eine Webapplikation wie Facebook mit Vaadin performant wäre, wagen wir zu bezweifeln.

Die eingebauten Kommunikationsmechanismen erlauben eine gute und reaktionsfähige Interaktion auch mit vergleichsweise niedrigen Datenraten des unterliegenden Netzes, solange die Latenzzeiten nicht zu hoch werden.

CenterDevice   Ein Beispiel, das die Verwendung von Vaadin mit vielen Nutzern und hohen nichtfunktionalen Anforderungen sehr gut demonstriert, ist die Cloud-Anwendung CenterDevice (siehe [CenterDevice]), die von Mitarbeitern der codecentric entwickelt wurde. CenterDevice ist eine Anwendung für Cloud Storage, in der Sie Ihre Daten in einer deutschen Cloud ablegen, automatisch verschlagworten und mit anderen teilen können. Hier haben wir eine komplexe Benutzerschnittstelle kombiniert mit sehr vielen Benutzern und großen Datenmengen, die vom und zum Nutzer transferiert werden müssen und für die auch (zumindest für die gängigsten Formate) eine direkte Darstellung in der Applikation möglich sein muss.

Abb. 1–1
Beispiel einer komplexen Vaadin-Applikation (CenterDevice)

Hier waren tatsächlich einige Iterationen notwendig, bis die Applikation die gewünschte Reaktivität hatte, auch und gerade beim Umgang mit großen Dateien. Aber das Ergebnis spricht für sich, und wir würden uns auch in diesem Fall mit den sehr hohen Anforderungen wieder für Vaadin entscheiden. Holen Sie sich bei Interesse einfach einen Test-Account und urteilen Sie selbst.

Einzig Offline-Applikationen, die ohne Verbindung mit dem Server uneingeschränkt funktionieren, sind mit Vaadin ohne zusätzliche Arbeit nicht möglich. Vaadin bietet zwar rudimentäre Unterstützung, aber für die Offline-Unterstützung ist trotzdem eine Menge an Handarbeit nötig, die die Vorteile von Vaadin einschränkt.

1.5 Weitergehende Informationen

Auf die Website von Vaadin gelangen Sie unter folgender URL:

http://www.vaadin.com

Hier gibt es nicht nur die jeweils aktuelle Version von Vaadin, Add-ons für die Entwicklung und die Integration in verschiedene Entwicklungsumgebungen, sondern auch Tutorials und eine Online-Version des »Book of Vaadin«, der Referenz für die Verwendung von Vaadin.

Außerdem finden Sie dort das Vaadin-Forum, das die direkte Kommunikation mit den Vaadin-Entwicklern ermöglicht. Falls Sie nicht den Umweg über die Vaadin-Website nehmen wollen, folgen Sie einfach der URL:

http://www.vaadin.com/forum

2 Erste Schritte mit Vaadin

In diesem Kapitel werden wir die Entwicklungsumgebung Eclipse einrichten, unser erstes Vaadin-Projekt aufsetzen und eine einfache Hello-World-Applikation schreiben. Wir werden sehen, wie wir Maven verwenden können, um Vaadin-Projekte zu bauen, und zum Schluss noch einen kurzen Blick auf andere Entwicklungsumgebungen werfen.

2.1 Einrichten der Entwicklungsumgebung Eclipse

Für das einfache Arbeiten mit Vaadin in Eclipse benötigen wir Java und Eclipse, das Eclipse-Plugin für Vaadin-Entwicklung, das von Vaadin selbst zur Verfügung gestellt wird, einen Servlet-Container (wir verwenden der Einfachheit halber Tomcat) und Maven als Build-Werkzeug für unsere Builds außerhalb von Eclipse.

Java und Eclipse

Die neueste Java-Version finden Sie auf der Website von Oracle (siehe [Javasoft]). Wählen Sie einfach die neueste SE-Version (Standard Edition) für Ihr Betriebssystem und Ihre Architektur (32 oder 64 Bit) und installieren Sie diese auf Ihrem System. Hierzu müssen Sie eventuell auch die Pfadinformation anpassen, so dass Ihnen Java auch auf der Kommandozeile zur Verfügung steht. Mit dem Aufruf java -version prüfen Sie, dass Java erfolgreich installiert ist.

```
~ > java -version
java version "1.7.0_51"
Java(TM) SE Runtime Environment (build 1.7.0_51-b13)
Java HotSpot(TM) 64-Bit Server VM (build 24.51-b03, mixed mode)
~ >
```

Listing 2–1
Java ist erfolgreich installiert.

Im nächsten Schritt laden wir Eclipse herunter (siehe [Eclipse]). Da wir Webapplikationen entwickeln wollen, wählen wir das Paket *Eclipse*

IDE for Java EE Developers, das alle benötigten Eclipse-eigenen Werkzeuge enthält. Laden Sie die Version herunter, die der Architektur Ihrer installierten Java-Version entspricht (32 oder 64 Bit). Packen Sie das Archiv aus und bewegen Sie das resultierende Verzeichnis `eclipse` an einen Ort Ihrer Wahl.

Starten Sie nun die im Eclipse-Verzeichnis zu findende Applikation. Beim Start fragt Eclipse nach dem Pfad zu einem Workspace-Verzeichnis, das mehrere Projekte zusammenfasst. Wählen Sie ein Verzeichnis (oder das voreingestellte) und sagen Sie ok. Wenn Eclipse die Willkommensseite präsentiert, dann ist Eclipse erfolgreich installiert.

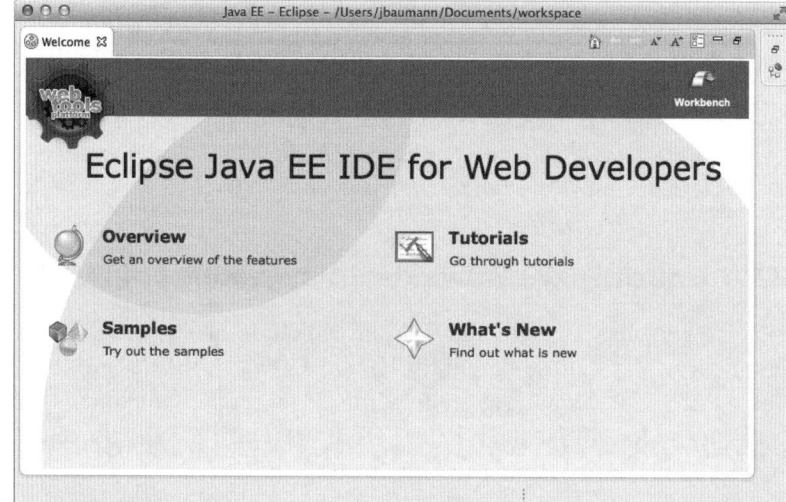

Abb. 2–1
Willkommensseite der Eclipse-IDE

Das Vaadin-Plugin

Nach der Installation von Eclipse können wir das Vaadin-Plugin installieren, das alle benötigten Vaadin-Bibliotheken sowie das Book of Vaadin, die offizielle englische Referenz, für das leichtere Nachschlagen mitbringt.

Mit dem Vaadin-Plugin können wir Vaadin-Projekte anlegen, neue Widgets oder Themes erzeugen, mit einem visuellen Editor, dem *Visual Designer*, Layouts definieren und unsere erzeugten Widgets debuggen. Deshalb empfehlen wir bei der Verwendung von Eclipse grundsätzlich, das Vaadin-Plugin für die Vaadin-Entwicklung zu verwenden.

Die Installation des Vaadin-Plugin

Das Vaadin-Plugin können Sie über den Eclipse-eigenen Marketplace installieren (hier können Hersteller ihre Plugins registrieren). Hierfür wählen Sie den Menüpunkt *Help → Eclipse Marketplace* aus und geben im Suchfeld den Text *Vaadin* ein. Beim nun aufgelisteten Vaadin-Plugin müssen Sie nur noch den Button *Install* anwählen, und das Plugin wird installiert. Wenn Sie alle Fragen beantwortet haben und Eclipse neu gestartet ist, sollte das Plugin aktiv sein.

Sie können die korrekte Installation verifizieren, indem Sie den Menüpunkt *File → New → Other* anwählen. In der Liste der Assistenten für neue Artefakte sollten verschiedene Vaadin-Assistenten auftauchen.

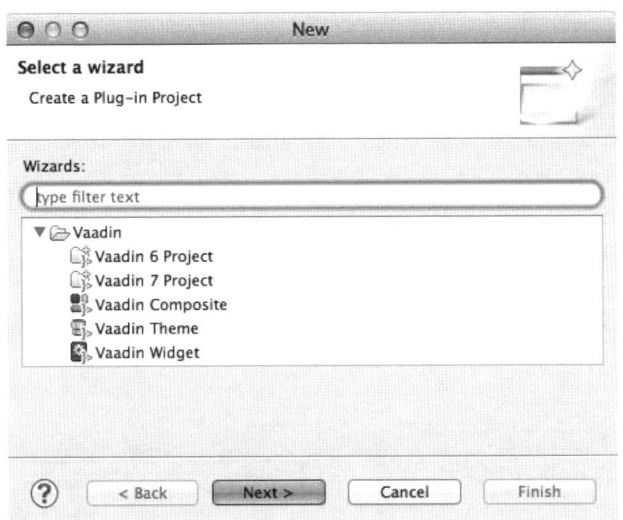

Abb. 2–2
Liste der in Eclipse zur Verfügung stehenden Vaadin-Assistenten

Weitere benötigte Werkzeuge

Um unsere Vaadin-Applikationen auszuführen, benötigen wir einen Servlet-Container. Im Rahmen des Buchs verwenden wir *Apache Tomcat* in der Version 7. Sie können das zugehörige Archiv für Ihr Betriebssystem und Ihre Architektur direkt von der Website herunterladen (siehe [Apache Tomcat]). Packen Sie das Archiv aus und legen Sie es an einem Ort Ihrer Wahl ab.

Installation des Tomcat

> Bei Windows-Systemen ist C:\Dev\Java eine gute Wahl, unter Unix-Systemen und Mac OS X können Sie /opt/Java oder /usr/local/Java nehmen, und unter Mac OS X ist auch ~/Library/Java eine Möglichkeit. Zu guter Letzt können Sie den Tomcat auch einfach in Ihr Eclipse-Workspace-Verzeichnis legen.

Im nächsten Schritt konfigurieren wir Eclipse so, dass es den Tomcat kennt. Hierfür gibt es verschiedene Wege, wir gehen den Weg über den Assistenten. Wählen Sie den Menüpunkt *File → New → Other* aus. In der aufgeführten Liste gibt es unter dem Punkt Server den gleichnamigen Assistenten. In der folgenden List finden Sie unter Apache die Tomcat-Version, die Sie heruntergeladen haben, und geben im nach dem Klick auf den Next-Button erscheinenden Dialog den Pfad zu Ihrem Tomcat-Verzeichnis an. Der Klick auf den *Finish*-Button legt Ihre Serverkonfiguration an.

> Allgemein ist es vernünftig, eine spezifische Version von Java für den Tomcat auszuwählen, und hierbei nicht das Java-Runtime-Environment JRE, sondern die volle Installation (Standard Edition). Damit stellen Sie sicher, dass Ihrem Tomcat alle Java-Klassen zur Verfügung stehen, die er eventuell benötigt. Für unsere Vaadin-Beispiele brauchen wir dies nicht, aber wenn Sie zum Beispiel JavaServer Pages ausliefern möchten, sind Sie auf den Compiler angewiesen, der im JRE nicht enthalten ist, sondern nur im SDK zur Verfügung steht.

Wenn Sie jetzt den Reiter Servers anwählen, können Sie den Tomcat mit Ihrer Serverkonfiguration starten (grüner Start-Button). Wenn die Installation korrekt ist, dann sollte nach kurzer Zeit der Server als *Started, Synchronized* markiert sein.

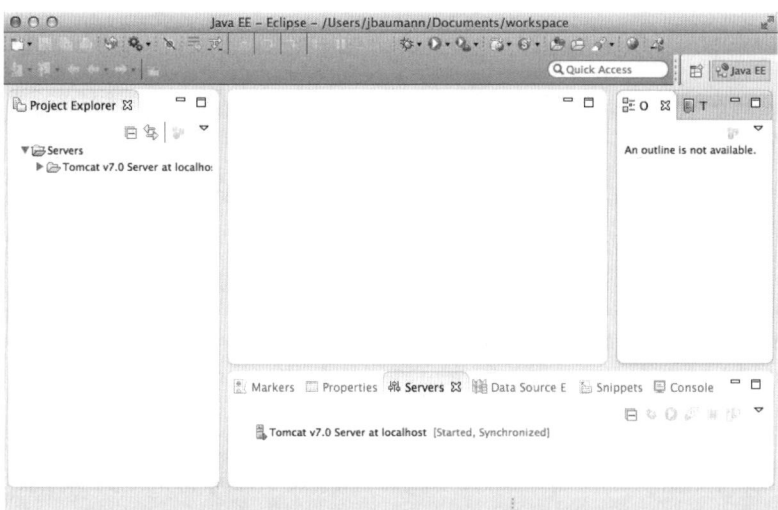

Abb. 2–3
Der gestartete Tomcat-Server in Eclipse

Installation von Maven

Für die Teile des Buchs, die sich mit der Erzeugung von Artefakten mit dem Build-Management-Werkzeug Maven beschäftigen, benötigen wir außerdem eine Maven-Installation und die zugehörige Konfiguration des Plugin M2Eclipse in Eclipse.

Auf der Website von Maven (siehe [Maven]) können Sie ein Archiv mit der aktuellen Version von Maven herunterladen. Packen Sie das Archiv aus, legen Sie das Verzeichnis an einem Ort Ihrer Wahl ab und erweitern Sie den Pfad Ihrer verwendeten Shell oder Kommandozeile um das Unterverzeichnis bin Ihres Maven-Verzeichnisses.

> Sie können dieses Verzeichnis sehr gut neben das Tomcat-Verzeichnis legen, sind hier aber natürlich auch völlig frei in Ihrer Wahl. Die Pfaderweiterung machen Sie unter Windows mit der Benutzervariable PATH, die Sie über die Umgebungsvariablen erweitern können, unter Unix je nach verwendeter Shell in der zugehörigen Konfigurationsdatei. Dies geht unter Mac OS X auch, hier haben Sie aber zusätzlich die Möglichkeit, eine Textdatei, die den Pfad zu Ihrem bin-Verzeichnis enthält, im Verzeichnis /etc/paths.d/ abzulegen. Dies erweitert den Pfad automatisch. Unter Mac OS X gibt es alternativ den Package Manager Homebrew, der sehr viele Programme, darunter auch Maven, sehr einfach installieren lässt (siehe [Homebrew]).

Da das Plugin M2Eclipse in Eclipse bereits enthalten ist, müssen wir ihm nur noch den Ort unserer Maven-Installation bekannt machen. Das Plugin bringt zwar auch eine eigene Maven-Version mit, aber diese ist vergleichsweise alt.

In den allgemeinen Einstellungen von Eclipse (erreichbar unter *Eclipse* → *Einstellungen*) gibt es einen eigenen Konfigurationsbereich namens *Maven*, unter dem sich verschiedene Unterpunkte befinden. Im Unterpunkt *Installations* können Sie Ihre eigene Maven-Installation eintragen. Klicken Sie auf den *Add*-Button, tragen Sie das Installationsverzeichnis Ihrer Maven-Version ein und klicken Sie auf den *Ok*-Button. Damit wird ab jetzt diese Maven-Version verwendet.

> Sollten Sie das Installationsverzeichnis bereits vergessen oder Maven über einen Package-Manager installiert haben, der den Installationsort nicht direkt ausgibt, geben Sie auf der Kommandozeile den Befehl mvn –V ein, der unter anderem das Installationsverzeichnis Maven home: auflistet.

Damit sind die Vorarbeiten für die Entwicklung mit Eclipse, dem Vaadin-Plugin, der Tomcat-Installation und Maven beendet, und wir können uns an dem ersten Projekt versuchen.

2.2 Erste Schritte

Wir beginnen damit, ein neues Vaadin-Projekt anzulegen. Über *File* → *New* → *Project* kommen wir zur Liste der Assistenten, aus der wir den Assistenten für ein Vaadin-7-Projekt auswählen. Wir klicken auf den *Next*-Button und kommen zur Konfiguration des Projekts. Hier sollte bereits unser Tomcat-Server eingetragen und eine Vaadin-7-Version ausgewählt sein. Wir müssen nur noch den Projektnamen *VaadinHelloWorld* eingeben. Dieser Name taucht später in der URL unseres ersten Servlets auf, weshalb Sie hier einen nicht zu komplizierten Namen wählen sollten. Ein Klick auf den *Finish*-Button legt unser erstes Vaadin-Projekt an.

> Der Assistent erlaubt eine sehr weitgehende Konfiguration des späteren Projektes, nicht nur bezüglich der Java- und Vaadin-Version sowie der Version der Servlet-Spezifikation, sondern unter anderem auch der Zielarchitektur inklusive Google App-Engine oder einer Portlet-Umgebung. Auf den Folgeseiten, die wir für unser Beispiel überspringen, lassen sich fast alle Vaadin-spezifischen Aspekte der Applikation modifizieren, und auch die Generierung des Beispielquelltextes lässt sich problemlos abschalten.

Der Vaadin-Assistent fügt alle notwendigen Abhängigkeiten ein und lädt im Zweifelsfall sogar die Vaadin-Bibliotheken herunter. Zu guter Letzt wird auch ein einfaches Vaadin-Beispiel zur Verfügung gestellt, das den Test der korrekten Projektinitialisierung erlaubt. Wählen Sie hierfür im Kontextmenü der Java-Klasse den Menüpunkt *Run As* → *Run on Server* aus, und der Tomcat-Server wird gestartet, ein eingebauter Mini-Browser wird in Eclipse mit der richtigen URL geöffnet und eine einfache Vaadin-Applikation wird angezeigt. Nach der Prüfung können wir die vom Vaadin-Plugin erzeugte Beispielklasse (`VaadinhelloworldUI.java`) löschen.

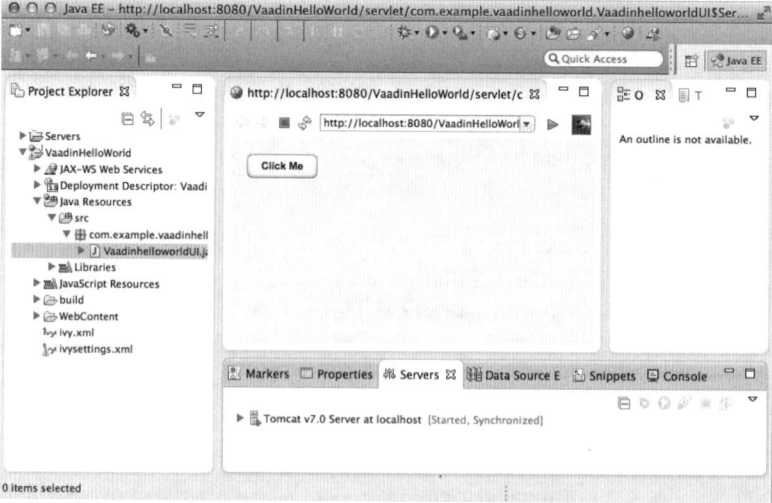

Abb. 2–4
Das erste Vaadin-Projekt in Eclipse

Unsere erste Applikation

Sehr kurz gefasst stellt eine Vaadin-Applikation eine Benutzeroberfläche im Browser dar. Die Inhalte der zugehörigen einzelnen Fenster oder Reiter werden durch User-Interface-Klassen (UI-Klassen), abgeleitet von einer Basisklasse com.vaadin.ui.UI, modelliert. Ausgehend von der Initialisierungsmethode UI.init() wird dazu ein Komponentenbaum aufgebaut, der zum Browser übertragen und dort dargestellt wird. Die notwendige Infrastruktur, damit diese UI-Klassen bei Aufrufen der jeweiligen URL korrekt identifiziert und angesprochen werden, wird von der Vaadin-Klasse com.vaadin.server.VaadinServlet implementiert. Diese kann für komplexere Fälle erweitert werden. Wir gehen auf diese Zusammenhänge später noch weiter ein, für unsere erste Applikation genügt diese Detailtiefe.

Für einfachere Vaadin-Applikationen reicht es aus, wenn wir dem Servlet die zu verwendende UI-Klasse mitteilen. Dies tun wir über eine Annotation @VaadinServletConfiguration. Zusätzlich können wir noch über die Annotation @WebServlet angeben, unter welchem Namen unsere Applikation erreicht werden kann.

Das Vaadin-Servlet

> Die Annotation javax.servlet.annotation.WebServlet gibt es seit der Servlet-Spezifikation 3.0. Mit ihr können die meisten Konfigurationseinstellungen, die früher in der web.xml durchgeführt wurden, direkt im Quelltext eingestellt werden (natürlich harmoniert Vaadin auch mit diesen früheren Versionen des Standards). Hierzu gehören auch die Initialisierungsparameter, die mit einer weiteren Annotation @WebInitParam gemacht werden können. Allerdings sind diese nicht typsicher, und Vaadin bietet in der Annotation @VaadinServletConfiguration die Möglichkeit, die Vaadin-spezifischen Initialisierungswerte typsicher zu definieren.

Um uns das Leben noch weiter zu erleichtern, bietet Vaadin die Möglichkeit, das Vaadin-Servlet als statische innere Klasse einer UI-Klasse zu definieren. In diesem Fall brauchen wir die UI-Klasse nicht mehr über die Annotation zu definieren. Vaadin verwendet automatisch die umgebende Klasse.

Unser Vaadin-Servlet sieht wie folgt aus:

```
@WebServlet("/*")
@VaadinServletConfiguration(ui = HelloWorld.class)
public static class Servlet extends VaadinServlet {
}
```

Listing 2–2
Das Vaadin-Servlet mit den notwendigen Annotationen

Wir beginnen mit der Annotation @WebServlet, der wir ein Muster mitgeben, das beliebige Namen für unsere Applikation erlaubt. Dann verwenden wir die Annotation @VaadinServletConfiguration, um als UI-

Klasse die Klasse `HelloWorld` zu spezifizieren. Diese Zeile ist optional, sofern wir das nun folgende `VaadinServlet` als statische innere Klasse der UI-Klasse `HelloWorld` definieren.

Die UI-Klasse

In der UI-Klasse `HelloWorld` definieren wir unsere Benutzeroberfläche, die Komponenten und ihr Layout in der Methode `init()`, die beim ersten Aufruf der Applikation ausgeführt wird. Als Parameter wird ein `VaadinRequest` übergeben, der den spezifischeren Request-Typ (`ServletRequest` oder `PortletRequest`) kapselt und die Initparameter zur Verfügung stellt.

Listing 2–3
Unsere erste Vaadin-Applikation

```
package de.vaadinbuch.einfuehrung;
import ...
public class HelloWorld extends UI {
    @WebServlet("/*")
    public static class Servlet extends VaadinServlet {
    }
    protected void init(final VaadinRequest request) {
        final HorizontalLayout layout = new HorizontalLayout();
        setContent(layout);
        final TextField name = new TextField
                        ("Geben Sie bitte Ihren Namen ein");
        layout.addComponent(name);
        name.addTextChangeListener(new TextChangeListener() {
            public void textChange(final TextChangeEvent event) {
                final String name = event.getText();
                Notification.show("Hallo, " + name);
            }
        });
    }
}
```

Nach der Package-Deklaration folgen die benötigten Import-Statements.

Nun definieren wir die Klasse HelloWorld, die wie beschrieben von `com.vaadin.ui.UI` abgeleitet ist. In dieser definieren wir unser Vaadin-Servlet als statische innere Klasse. Damit können wir auf die Annotation zur Festlegung der UI-Klasse verzichten und benötigen nur die Annotation zur Festlegung des Zugriffsmusters.

Die Methode init()

Jetzt kommen wir zur eigentlichen Festlegung unserer Benutzerschnittstelle, die wir in der Methode `init()` durchführen. Dies wird von Vaadin so vorgegeben, da die UIs erst dann erzeugt werden, wenn der erste Zugriff auf sie erfolgt, und damit zum Zeitpunkt der Erzeugung des Objekts nicht grundsätzlich alle benötigten Informationen zur Erzeugung vorhanden sind. Das übergebene Objekt vom Typ `VaadinRequest` enthält dabei die Parameter dieses ersten Zugriffs.

In unserer `init()`-Methode erzeugen wir im ersten Schritt ein Objekt vom Typ `com.vaadin.ui.HorizontalLayout`, das wir mit Aufruf der Methode `setContent()` zum Inhalt unserer Benutzerschnittstelle machen. Ein Layout ist eine Container-Komponente, die weitere Komponenten unserer Benutzerschnittstelle aufnimmt und nach bestimmten Vorgaben anordnet. Im Falle des `HorizontalLayout` werden alle enthaltenen Komponenten nebeneinander dargestellt.

Im nächsten Schritt erzeugen wir ein `com.vaadin.ui.TextField` mit einer Beschriftung und fügen es mit dem Aufruf der Methode `addComponent()` dem Layout hinzu. Dieses erlaubt uns beliebige Eingaben, die dann in Folge verarbeitet werden können.

Unser Layout ist damit fertig, aber wir wollen noch eine (wenn auch minimale) Reaktion auf unsere Eingaben erhalten. Wir verwenden die minimale Variante und registrieren einen `TextChangeListener`, der bei jeder Änderung des Eingabefeldes aufgerufen wird. Die zugehörige Methode `textChange()` ist hierbei sehr einfach; sie extrahiert den aktuellen Wert aus dem übergebenen Event und ruft die Methode `show()` der Klasse `com.vaadin.ui.Notification` auf. Diese Methode wird von Vaadin bereitgestellt, um kurzzeitig anzuzeigende Meldungen für den Benutzer darzustellen.

> Um diese Klasse in Eclipse zu erzeugen, wählen Sie den Wizard für das Erzeugen einer neuen Klasse an (zum Beispiel über das Kontextmenü des Verzeichnisses *Java Resources/src*), tragen als Package de.vaadin-buch.einfuehrung, als Klassennamen HelloWorld und als Elternklasse com.vaadin.ui.UI ein, fügen die statische innere Klasse und den Inhalt der `init()`-Methode ein und rufen *Organize Imports* auf, um die fehlenden Import-Befehle einfügen zu lassen (wählen Sie aus der vorgeschlagenen Liste immer die Vaadin-Implementierung).

Wählen Sie jetzt aus dem Kontextmenü der `HelloWorld`-Klasse den Menüpunkt *Run As* → *Run on Server* aus, der Tomcat-Server wird gestartet und unsere Applikation angezeigt. Wenn Sie im Textfeld etwas eingeben, wird die entsprechende Meldung ausgegeben.

Abb. 2-5
Unsere erste Vaadin-Applikation in Aktion

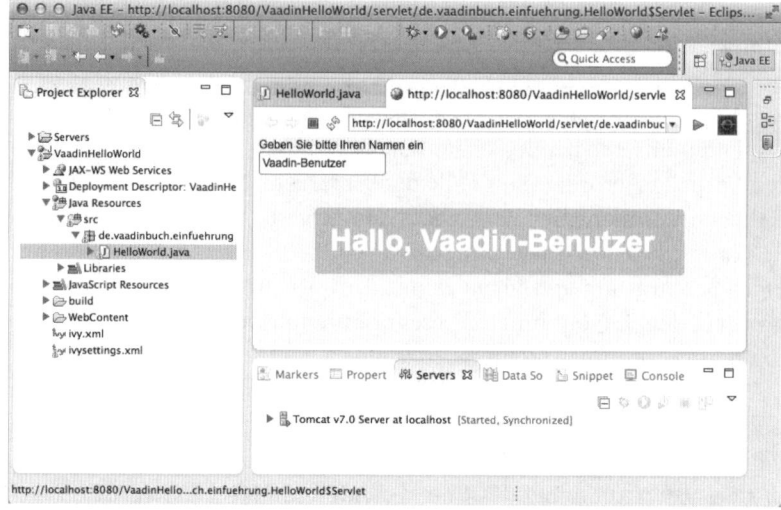

Debugging mit Eclipse

Sie können Ihre Vaadin-Applikation mit Eclipse sehr gut debuggen. Entfernen Sie zuerst die Deklaration `final` des `String`-Objekts in der Methode `textChange()` und setzen Sie dann in der darauffolgenden Zeile einen Breakpoint. Danach wählen Sie aus dem Kontextmenü der `HelloWorld`-Klasse den Menüpunkt *Debug As* → *Debug on Server* aus, der Tomcat-Server wird gestartet und unsere Applikation angezeigt.

Wenn Sie jetzt eine Eingabe machen, wechselt Eclipse in den Debug-Modus, und Sie können den Wert des `String`-Objekts über den *Variables-View* einsehen und ändern. Wenn Sie Ihre Applikation weiterlaufen lassen, werden Sie den von Ihnen geänderten Wert in der Anzeige sehen.

> Interessant ist es hierbei auch, einige Zeit zu warten. Der Clientteil der Vaadin-Applikation verfügt für Serveraufrufe über einen Timeout, nach dessen Erreichen dem Benutzer eine Fehlermeldung angezeigt wird, die auf den Kommunikationsfehler mit dem Server hinweist. Dies macht auf der einen Seite das Kommunikationsverhalten stabiler, stellt aber für das Debugging eine kleine Einschränkung dar.

Zusätzlich können Sie auch auf der Clientseite einige Informationen erhalten, indem Sie an die Applikations-URL die Zeichenfolge `?debug` anhängen. Dies sorgt dafür, dass Vaadin ein Debug- und Log-Fenster öffnet, das uns einen tiefen Einblick in die Zusammenarbeit von Client und Server geben kann. Auch wenn unsere momentanen Kenntnisse noch nicht für die Interpretation der Details genügen, so ist es doch interessant, diese Zusammenarbeit im Log zu beobachten.

2.3 Verwendung von Maven für Vaadin-Projekte in Eclipse

Um Maven für Eclipse-Projekte zu verwenden, gibt es viele Wege. Der einfachste für unsere Zwecke ist die Erzeugung eines neuen Maven-Projektes mit dem von Vaadin bereitgestellten Archetyp für Vaadin-Projekte (Archetypen sind Projektvorlagen für Maven, wir werden später noch auf die Details eingehen).

Wir generieren ein neues Maven-Projekt über den Menüpunkt *File → New → Maven Project*. Wir belassen die Voreinstellungen und wählen den *Next*-Button. Auf der nun folgenden Seite können wir einen Archetyp auswählen. Allerdings ist die Wahrscheinlichkeit hoch, dass der Vaadin-Archetyp noch nicht in der Liste auftaucht (tippen Sie im Filterfeld Vaadin ein, um dies zu prüfen). Um den Vaadin-Archetyp der Liste hinzuzufügen, wählen Sie den Button *Add Archetype...* .

Es erscheint ein Dialog, in dem Sie die Details des Archetyps angeben müssen. Für den benötigten Archetyp lauten die Informationen:

Name	Inhalt
Archetype Group Id	com.vaadin
Archetype Artifact Id	vaadin-archetype-application
Archetype Version	LATEST
Repository URL	Kann freibleiben (Voreinstellung ist Maven Central)

Tab. 2–1
Maven-Archetyp: Benötigte Informationen

Wenn Sie die Informationen eingetragen haben, wählen Sie den *Ok*-Button. Damit wird der Archetyp heruntergeladen, eingetragen und ist verwendbar. Wählen Sie den Archteyp aus und klicken Sie den *Next*-Button.

Im nächsten Dialog fragt Eclipse Details für die Anlage unseres Projekts ab. In der Liste der Eigenschaften steht die Angabe eines eigenen Theme, die Sie stehen lassen und für den Moment ignorieren können.

Wählen Sie hier die folgenden Einstellungen, um unser Beispiel aus Unsere erste Vaadin-Applikationdirekt übernehmen zu können:

Tab. 2–2 Maven-Projekt: Benötigte Informationen

Name	Inhalt
Group Id	de.vaadinbuch
Artifact Id	einfuehrung
Version	0.0.1-SNAPSHOT (sollte voreingestellt sein)
Package	de.vaadinbuch.einfuehrung (sollte automatisch ausgefüllt werden)

Wählen Sie den *Finish*-Button, und das Projekt wird erstellt. Navigieren Sie zum Quelltext (*Java Resources* → *src/main/java* → *de.vaadinbuch.einfuehrung*), und Sie sehen, dass der Maven-Archetyp eine Beispielklasse mit zugehöriger XML-Datei angelegt hat. Löschen Sie diese und fügen Sie unsere Klasse aus Unsere erste Vaadin-Applikationein.

Um unser Beispiel zu starten, wählen Sie aus dem Kontextmenü der `HelloWorld`-Klasse den Eintrag *Run as* → *Run on Server*, wählen den Tomcat als Server, und unsere Applikation startet, diesmal erzeugt über Maven.

2.4 Andere Entwicklungsumgebungen

Nicht alle Entwickler möchten oder können Eclipse als Entwicklungsumgebung verwenden. Hierfür gibt es auch für andere Entwicklungsumgebungen Integrationen, die die Entwicklung mit Vaadin erleichtern.

IntelliJ IDEA

Für IDEA gibt es seit 2012 ein externes Plugin für die Vaadin-Entwicklung. Dieses bietet, da es eine Portierung des Eclipse-Plugin ist, eine ähnliche Unterstützung für die Entwicklung von Vaadin-Applikationen, Widgetsets, Themes und die Verwendung des Vaadin Designers an.

Seit der Version 13 bietet IDEA direkte Unterstützung für die Vaadin-Entwicklung in der Ultimate Edition. In der Community Edition gibt es diese Unterstützung nicht. In beiden Versionen steht aber wie in Eclipse die Maven-Unterstützung zur Verfügung, die für viele Anwendungsfälle die interessantere Variante sein kann.

Das Vaadin-Plugin

Wenn Sie die Entwicklungsumgebung in der Ultimate Version neu herunterladen und das erste Mal starten, sollte das Vaadin-Plugin bereits aktiviert sein. Prüfen Sie dies, indem Sie das *Preferences*-Fenster öffnen, im Suchfeld *Vaadin* eingeben und dann unter den Plugin-Einstellungen verifizieren, dass die Vaadin-Unterstützung aktiviert ist.

Um das Vaadin-Plugin zu verwenden, erzeugen Sie ein neues Projekt vom Typ Java. Auf der nun folgenden Seite wählen Sie zum einen das Vaadin-Framework aus. Da das Vaadin-Plugin keine Vaadin-Version mitbringt, müssen Sie die gewünschte Version herunterladen. IDEA liefert freundlicherweise gleich den zugehörigen Link. Zum anderen benötigen Sie noch einen Application Server. Setzen Sie also auch bei diesem Eintrag einen Haken, und falls Sie noch keinen Application Server konfiguriert haben, klicken Sie auf *New*, wählen *Tomcat Server* aus und geben das Verzeichnis Ihrer Tomcat-Installation an. Wählen Sie den *Finish*-Button an, und Ihr Projekt wird erzeugt. Unter dem Ordner External Libraries sollten Sie sowohl Ihren Application Server als auch die Vaadin-Bibliotheken sehen.

Erzeugen Sie jetzt eine neue Klasse de.vaadinbuch.einfuehrung.HelloWorld mit dem Inhalt von Unsere erste Vaadin-Applikation, indem Sie im Kontextmenü des Verzeichnisses src den Eintrag *New → Java Class* anwählen.

Öffnen Sie zum Schluss die Datei web.xml im Ordner web → WEB-INF. Wenn das Plugin dort Einträge für Servlet und Servlet-Mapping eingefügt hat, löschen Sie diese einfach. Wir konfigurieren diese Information in unserem Beispiel vollständig über die entsprechenden Annotationen.

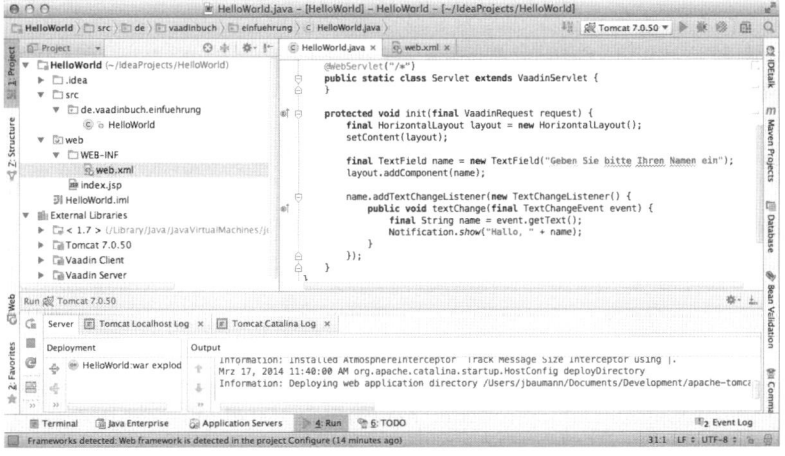

Abb. 2–6
Unsere erste Applikation mit IntelliJ IDEA

Wählen Sie nun aus dem Menü Run den Eintrag Run Tomcat (der dargestellte Name ist der von Ihnen bei der Konfiguration des Application Servers vergebene). IDEA startet den Application Server mit Ihrer Vaadin-Applikation und öffnet ein Browserfenster zur Anzeige.

Wenn Sie die Community-Version von IDEA verwenden oder aber die Maven-gestützte Erzeugung von Projekten in der Ultimate-Version nutzen wollen, wählen Sie *File → New Project* und selektieren *Maven* als Typ. Geben Sie als Projektnamen *VaadinHelloWorld* an und klicken Sie den *Next*-Button. Im nun angezeigten Dialog können wir

Die Maven-Unterstützung

GroupId, *ArtifactID* und *Version* angeben (verwenden Sie die Werte aus Maven-Projekt: Benötigte Informationen) sowie den Maven-Archetyp auswählen. Wählen Sie hierfür *Create from Archetype* aus und, falls der Vaadin-Archetyp noch nicht aufgeführt ist, *Add Archetype...* . Hier geben Sie die Informationen aus Maven-Archetyp: Benötigte Informationenein, und IDEA lädt den Archetyp. Klicken Sie auf *Next* (der Vaadin-Archetyp sollte ausgewählt sein), prüfen Sie die angezeigten Informationen und lassen Sie mit Klick auf den *Finish*-Button das Projekt erzeugen.

IDEA benötigt im nächsten Schritt den Import der Maven-Informationen. Hierzu sollte ein Hinweis dargestellt werden, den Sie anklicken können, um dies durchzuführen (wählen Sie am besten *Auto-Import*). Sie können aber auch im Kontextmenü des erzeugten Moduls *Maven → Reimport* anwählen.

Löschen Sie wie zuvor die erzeugte Beispielklasse und die zugehörige XML-Datei unter `src/main/vaadin` und erzeugen Sie wie mit dem Vaadin-Plugin unsere Beispielklasse `de.vaadinbuch.einfuehrung.HelloWorld`.

Jetzt benötigen wir noch eine Konfiguration, um den Tomcat mit unserer Applikation zu starten. Wählen Sie hierzu den Menüeintrag *Run → Edit Configurations...*, klicken Sie im sich öffnenden Fenster auf das Pluszeichen und wählen Sie *Tomcat Server → Local*. Auf dem Reiter Deployment klicken Sie auf das Pluszeichen und dann *Artifact...*, um *VaadinHelloWorld:war exploded* auszuwählen. Geben Sie als Namen VaadinHelloWorld ein und klicken Sie auf den *Ok*-Button.

Sie können jetzt mit Run → VaadinHelloWorld den Tomcat starten, und kurz danach wird unsere Beispielapplikation im Browser dargestellt.

NetBeans

NetBeans verfügt seit der Version 7.3 über ein Plugin für die Vaadin-Entwicklung. Das Plugin bietet Assistenten für die Projekterzeugung, eine Integration des Vaadin-eigenen Add-on-Verzeichnisses und verschiedene Vorlagen für die Erleichterung der Programmierung an. Wählen Sie die Java-EE-Variante von NetBeans für Ihre Experimente.

Zur Installation des Plugin wählen Sie im Menü *Tools* den Menüpunkt *Plugins*, um die Plugin-Verwaltung anzuzeigen. Wechseln Sie auf den Reiter der verfügbaren Plugins (*Available Plugins*) und geben Sie als Suchzeichenkette Vaadin ein. Setzen Sie den Haken und klicken Sie den *Install*-Button.

NetBeans verwendet Maven für die Erzeugung des Projekts.

Nach der Installation können Sie ein neues Projekt erzeugen (*File → New Project*) und als Vorlage ein *Vaadin-Web-Application-Project* auswählen. NetBeans verwendet Maven zur Erzeugung der Projekt-

2.4 Andere Entwicklungsumgebungen

struktur, Sie müssen also die entsprechenden Angaben für Projektnamen, Group-Id und bei Bedarf Package-Namen machen.

Ähnlich wie beim Eclipse-Plugin wird auch hier die vollständige Projektstruktur erzeugt, allerdings hier von vornherein auf Maven basierend. Das Plugin erstellt dabei die gleiche Beispielklasse, die wir zum Testen der Installation verwenden können.

Wenn Sie noch nie mit NetBeans gearbeitet haben, sollten Sie zumindest noch den Tomcat-Server installieren, um die gleiche Umgebung zu haben (alternativ können Sie auch Jetty oder Glassfish verwenden). Wählen Sie hierzu *Tools* → *Server*, dann den Button *Add Server*, wählen Sie den *Tomcat-Server* aus und geben Sie den Pfad zu Ihrer Installation an (denken Sie daran, einen Benutzer und ein Passwort zu setzen zur Kommunikation von Tomcat und NetBeans).

Nun klicken Sie auf den Button *Run Project*, und Ihr Projekt wird mit Maven gebaut, im Server deployt und es wird ein Browserfenster mit unserer Applikation geöffnet.

Im nächsten Schritt können Sie jetzt unsere `HelloWorld`-Klasse implementieren und erhalten ein ähnliches Ergebnis wie in der folgenden Abbildung.

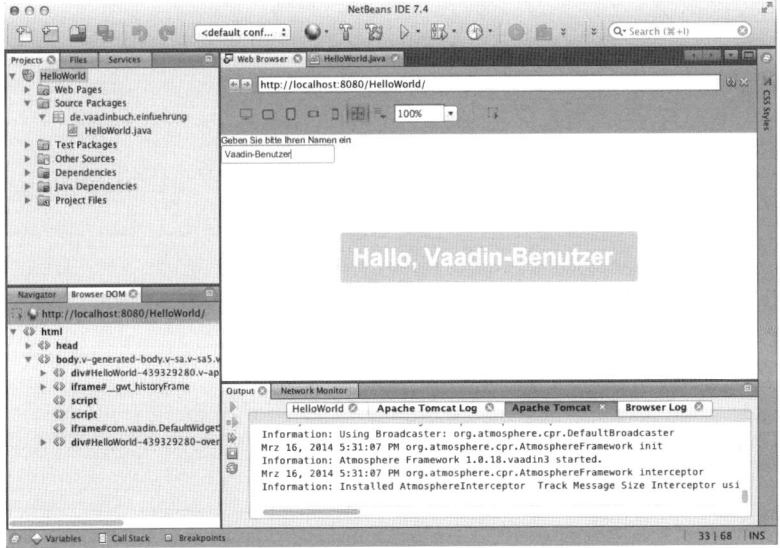

Abb. 2–7
Unsere erste Applikation mit NetBeans

3 Die Vaadin-Architektur

In diesem Kapitel werden wir uns damit beschäftigen, wie die Vaadin unterliegende Architektur aufgebaut ist, um das hohe Maß an Flexibilität und Leistungsfähigkeit zu erreichen, das für die durch Vaadin bereitgestellte Funktionalität benötigt wird. Die Informationen des Kapitels geben Ihnen die Basis für das Verständnis der Architektur.

3.1 Einleitung

Wie wir bereits gesehen haben, ist Vaadin ein Java Web-Application Framework, das es ermöglicht, webbasierte Rich Internet Applications (RIA) mit hoher Produktivität und Flexibilität zu entwickeln, mit einer Vielzahl an Komponenten, ohne dass der Entwickler eine einzige Zeile HTML, CSS oder JavaScript schreiben muss.

Vaadin, ein Framework zur Entwicklung von webbasierten Rich Internet Applications

Das Vaadin-Framework bietet dem Entwickler ein serverseitiges Programmiermodell an. Webtechnologien werden in hohem Maße abstrahiert und die Benutzeroberflächen ausschließlich in Java programmiert. Auf der anderen Seite ist das Vaadin-Framework trotz der Abstraktion des Programmiermodells so offen, dass bestehende oder neue Komponenten in jeder Schicht der Architektur angepasst und erweitert werden können.

In unserer Betrachtung der Vaadin-Architektur beginnen wir mit den Bausteinen des Vaadin-Frameworks aus Sicht des Entwicklers. Anschließend werden wir anhand eines Beispiels die Kommunikation zwischen Client und Server genauer unter die Lupe nehmen. Diese Interna des Vaadin-Frameworks bleiben durch den hohen Grad an Abstraktion für den Entwickler normalerweise im Verborgenen und dienen an dieser Stelle dem besseren Verständnis, wie Vaadin unter der Haube funktioniert.

Die Verwendung des Vaadin-Frameworks bringt ein paar Konsequenzen für die Anwendungsarchitektur mit sich. Aus diesem Grund werden wir abschließend auf ein paar ausgewählte Punkte näher eingehen, die unserer Meinung nach bei der Entscheidung für Vaadin nicht außer Acht gelassen werden sollten.

3.2 Überblick

Ein Überblick über den Aufbau des Vaadin-Frameworks

In diesem Abschnitt werden wir uns einen Überblick über die Bausteine des Vaadin-Frameworks verschaffen. Die folgende Abbildung gibt einen groben Überblick über die verschiedenen Teile, auf die wir in Folge etwas näher eingehen.

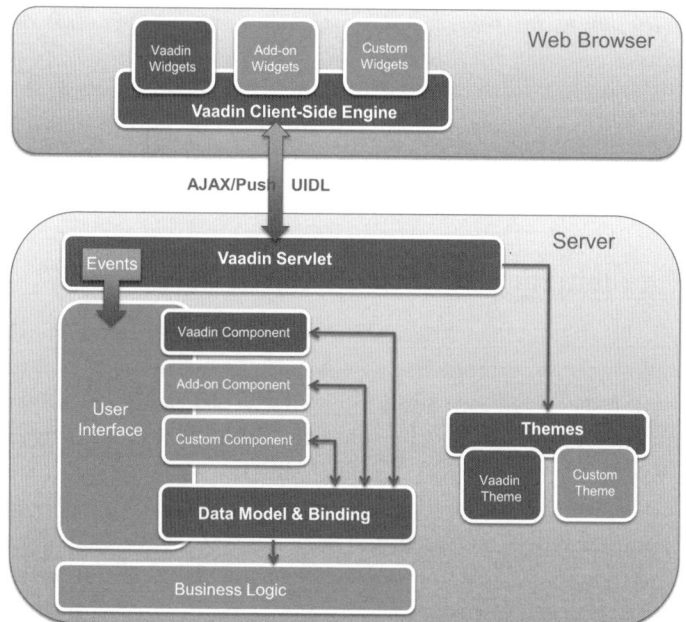

Abb. 3–1
Die grundlegende Architektur des Vaadin-Frameworks

3.2.1 Serverseitiges Programmiermodell

Ein serverseitiges Programmiermodell mit hoher Abstraktion von Webtechnologien

Das zentrale Merkmal des Vaadin-Frameworks ist der Fokus auf ein einfaches serverseitiges Programmiermodell. Dieses Programmiermodell zeichnet sich durch einen hohen Grad an Abstraktion von den beteiligten Webtechnologien auf der Clientseite aus.

Eine Vaadin-Webanwendung wird als WAR-Datei in einem Java-EE-Webcontainer deployt und betrieben. Vaadin verwendet damit die Servlet-API wie andere herkömmliche serverseitige Java-Webframeworks auch. Der Entwickler kommt dabei aber nicht in den direkten Kontakt mit Webtechnologien wie HTML, CSS und JavaScript und muss sich auch nicht mit dem HTTP-Request/Response-Modell und AJAX auseinandersetzen.

Ereignisgesteuerte Komponenten

Die Entwicklung von Vaadin-Webanwendungen erfolgt auf der Basis eines Komponentenmodells und orientiert sich stark an der ereignisgesteuerten Programmierweise von Benutzeroberflächen auf dem Desktop wie dem Abstract Window Toolkit (AWT), Standard Widget Toolkit (SWT), JavaFX oder Swing.

Ereignisgesteuerte Komponenten über Observer-Pattern

Das Vaadin-Framework verfügt über eine umfangreiche Bibliothek von Oberflächenkomponenten. Diese Komponenten lassen sich über Vererbung oder Komposition flexibel zu einer komplexen Benutzeroberfläche zusammenstellen. Das Komponentenmodell ist offen gestaltet und bietet diverse Erweiterungspunkte, um bestehende Komponenten zu erweitern, zu kombinieren oder komplett neue Komponenten zu entwickeln.

Wir haben bereits in der Einführung ein erstes Beispiel für die Einfachheit der Verwendung gesehen, hier folgt ein weiteres Beispiel, das illustriert, wie intuitiv Vaadin-Komponenten verwendet werden können.

Wir erstellen in unserem Java-Quelltext ein `Label` und einen `Button` mit einer Bezeichnung. Diese beiden Komponenten wollen wir zudem noch horizontal, mit etwas Abstand, nebeneinander ausrichten und fügen sie daher einem sogenannten `HorizontalLayout` hinzu:

```
HorizontalLayout layout = new HorizontalLayout();
    layout.setSpacing(true);
    layout.add(new Label("Hallo Welt!"));
    layout.add(new Button("Klick mich!"));
```

Listing 3–1
Intuitives Komponentenmodell

Wie bereits erwähnt unterstützt Vaadin eine ereignisgesteuerte Programmierweise. Komponenten, auf denen Benutzerinteraktionen ausgeführt werden können, bieten die Möglichkeit, über Events in der Anwendungslogik darauf zu reagieren. Das Komponentenmodell nutzt hierfür das *Observer*-Design-Pattern. Hierbei können sich mehrere Listener für einen Event-Typ an der jeweiligen Komponente registrieren. Wenn ein Event dieses Typs auftritt, werden alle registrierten Listener hierüber benachrichtigt. Das folgende Beispiel reagiert auf Klicks, die auf einem `Button` ausgeführt werden.

```
Button button = new Button("Klick mich!");
button.addClickListener(new Button.ClickListener() {
    public void buttonClick(ClickEvent event) {
        ...
    }
});
```

Listing 3–2
Ereignisgesteuerte Programmierweise

Das Data Model zum einheitlichen Zugriff auf Datenobjekte

Anbindung von Datenobjekten

Ein weiterer Baustein des Vaadin-Frameworks ist das verwendete Datenmodell, im Vaadin-Kontext das *Data Model*. Das Data Model definiert Schnittstellen für einen einheitlichen Zugriff auf Datenobjekte. Es kann sich hierbei um den Zugriff auf JavaBeans oder auch externe Datenquellen wie Datenbanken, das Dateisystem und so weiter handeln.

Über diesen einheitlichen Zugriffsmechanismus können, ohne dass der Entwickler explizite Steuerungslogik implementiert, Daten aus einem oder mehreren Objekten zur Anzeige an Oberflächenkomponenten gebunden und auch wieder zurückgeschrieben werden. Dieses Konzept wird als *Data Binding* bezeichnet und ermöglicht eine nichtinvasive Möglichkeit, um Geschäftsobjekte an das Vaadin-Komponentenmodell anzubinden. Viele Komponenten implementieren zudem die Schnittstellen des Data Model und können damit im Zusammenspiel mit anderen Komponenten selbst als Datenobjekte angebunden werden. Wir werden uns das Data Binding in Kapitel 5 noch detaillierter ansehen und zeigen hier nur eine beispielhafte Verwendung.

Hierzu verwenden wir die `Property`-Abstraktion aus dem Data Model. Eine `Property` repräsentiert einen einzelnen typisierten Datenwert, der sowohl gelesen als auch geschrieben werden kann. Mittels der `MethodProperty`-Implementierung dieser Abstraktion binden wir die BeanProperty `firstName` aus der JavaBean `Person` an ein `TextField` an. Der Inhalt des `TextField` bezieht sich nun auf diese Bean-Property und wird direkt daraus gelesen und bei Änderungen entsprechend geschrieben. Mittels eines `ValueChangeListener`[1] werden wir über Werteänderungen benachrichtigt.

Listing 3–3
Die Property-Abstraktion des Data Model

```
final Person person = new Person("Peter", "Meier");
Property<String> firstNameProperty = new MethodProperty(person,
   "firstName");
TextField firstNameTextField = new TextField(firstNamePropery);
firstNameTextField.addValueChangeListener(new ValueChangeListener() {
    public void valueChange(ValueChangeEvent event) {
        String changedFirstName = person.getFirstName();
    }
});
```

---

1. ValueChangeListener und ValueChangeEvent stammen aus dem Property-Interface, das das TextField implementiert.

Java pur

Wie wir gesehen haben, verfolgt Vaadin mit dem serverseitigen Programmiermodell einen anderen Ansatz, als wir es aus der traditionellen Entwicklung von Webanwendungen kennen. Die Entwicklung erfolgt in erster Linie mit der Programmiersprache Java.

Dies hat den Vorteil, dass wir die gewohnte Entwicklungsumgebung und deren Werkzeuge verwenden können, was wiederum eine flache Lernkurve für den Entwickler bedeutet. Zusätzlich können schnell erste Ergebnisse mit wenigen Zeilen Java-Code erzielt werden. Neben der besseren Produktivität während der Entwicklung ermöglicht die Verwendung der statisch typisierten Programmiersprache Java und die Nutzung eines Komponentenmodells eine bessere Modularisierung in sich gekapselter Bausteine. Besonders diese Eigenschaften ermöglichen bei größeren Vaadin-Webanwendungen eine bessere Wartbarkeit.

Entwicklung mit der Programmiersprache Java verbessert die Lernkurve und vereinfacht die Wartung.

3.2.2 Clientseitiges Programmiermodell

Im obigen Abschnitt haben wir einen ersten Eindruck von dem serverseitigen Programmiermodell des Vaadin-Frameworks erhalten. Die Benutzeroberfläche wird durch den Aufbau eines Komponentenmodells definiert und gemeinsam mit der Applikations- sowie der Geschäftslogik auf dem Server ausgeführt. Die Clientseite des Vaadin-Frameworks kann im Sinne eines »Thin Client« verstanden werden, da alle Kontroll- und Steuerlogik der Benutzeroberfläche auf dem Server stattfindet. Widmen wir uns nun der Clientseite, dem Webbrowser.

Webanwendungen, die mit Vaadin umgesetzt werden, entsprechen dem Prinzip einer *Single-Page-Anwendung* (SPA). Eine Vaadin-Webanwendung besteht daher üblicherweise aus einer einzelnen Webseite. Beim ersten Aufruf einer Vaadin-Webanwendung werden durch den Webbrowser initial die clientseitigen Anteile des Vaadin-Frameworks geladen. Hierbei handelt es sich um die sogenanten Widgets und die Client-Side Engine, die beide auf dem Google Web Toolkit [GWT] basieren. Doch bevor wir auf diese beiden Bestandteile näher eingehen, werden wir uns im folgenden Abschnitt zuerst dem Google Web Toolkit widmen.

Das clientseitige Programmiermodell folgt dem Prinzip einer Single-Page-Anwendung.

> **Single-Page-Anwendung**
>
> Ein Großteil aller Inhalte wie das HTML, JavaScript, CSS und Grafiken werden beim initialen Zugriff auf die Webanwendung vom Server geladen. Der Datenaustausch mit dem Server findet mittels AJAX statt, weitere Inhalte werden so bei Bedarf dynamisch nachgeladen. Eine Navigation zwischen mehreren Webseiten findet hier nicht statt, alle Interaktionen werden ausschließlich in der initial geladenen Webseite ausgeführt.

Google Web Toolkit

Die clientseitige Entwicklung erfolgt auch in Java.

Die Client-Side Engine und auch die Widgets basieren auf dem Google Web Toolkit, kurz GWT. Das GWT besteht aus einer Reihe an Open-Source-Werkzeugen, mit denen die Entwicklung von browserbasierten JavaScript-Anwendungen deutlich erleichtert wird. Ein wesentliches Merkmal von GWT ist, dass die Programmierung in Java erfolgt und mittels eines Cross-Compilers[2] nach JavaScript übersetzt wird. Neben einer umfassenden Unterstützung durch diverse Werkzeuge bietet GWT eine reichhaltige Bibliothek zur Entwicklung von komplexen und interaktiven Weboberflächen an, die alle modernen Webbrowser unterstützt. GWT kapselt das Verhalten der unterschiedlichen Browservarianten und ermöglicht somit eine einheitliche Schnittstelle, um browserunabhängige Weboberflächen zu entwickeln.

Auf der Clientseite verwendet Vaadin das GWT seit nunmehr fünf Jahren, integriert es seit Version 7 als Bestandteil des Frameworks und leistet damit auch entsprechenden Support. Vaadin ist zudem Mitglied des GWT Steering Committee und nimmt gemeinsam mit anderen prominenten Mitgliedern Einfluss auf die zukünftige Weiterentwicklung von GWT.

Durch die Nutzung von GWT ergeben sich einige Vorteile: Es ist für Vaadin möglich, eine durchgängige Nutzung von Java für die Client- und Serverseite zu Verfügung zu stellen, was eine homogene und durchgängige Technologienutzung erlaubt. Auch benötigt Vaadin kein spezielles Webbrowser-Plugin, wie es zum Beispiel bei Flash oder Java-Applets notwendig ist, um komplexe Benutzeroberflächen gemäß dem Anspruch eines RIA-Frameworks entwickeln zu können. Zudem unterstützt GWT eine Vielzahl an Webbrowsern in unterschiedlichen Versionen, was entscheidend dazu beiträgt, dass das Vaadin-Framework einen hohen Grad an Webbrowser-Kompatibilität bietet, ohne dass der Entwickler sich damit auseinandersetzen muss.

---

2. Der Vaadin-Compiler ermöglicht das Kompilieren von GWT-basierten Widgets, die über das Vaadin-Framework verwendet werden.

Widgets

Ein Widget ist die clientseitige Repräsentation einer serverseitigen Komponente. Das Widget erzeugt das für die Darstellung der Komponente notwendige HTML und JavaScript. Die Clientseite des Vaadin-Frameworks verfügt genauso wie das serverseitige Komponentenmodell über eine umfangreiche API, die es erlaubt, bestehende Widgets zu erweitern oder neue Widgets zu entwickeln.

Die Menge aller Widgets werden als Widgetset bezeichnet.

Eine serverseitige Komponente und ihr clientseitiges Widget teilen sich einen gemeinsamen Status, der bei Änderungen durch das Vaadin-Framework zwischen Client und Server synchronisiert wird.

Ein Beispiel hierzu ist der Eingabewert der `TextField`-Komponente. Der Eingabewert kann sowohl serverseitig als auch clientseitig gesetzt und verändert werden:

```
TextField vorname = new TextField("Vorname");
vorname.setValue("Peter");
```

Listing 3–4
Wert eines TextField serverseitig setzen

Zusätzlich zu diesem Synchronisationsmechanismus bietet das Vaadin-Framework die Möglichkeit an, Remote Procedure Calls (RPC) zwischen einem Widget und der dazugehörigen serverseitigen Komponente durchzuführen. RPC-Aufrufe können in jeweils beide Kommunikationsrichtungen durchgeführt werden. Zum Beispiel werden auftretende Benutzerinteraktionen mit einem Widget als RPC-Aufrufe an den Server übermittelt. Diese RPC-Aufrufe werden dann als Events an die entsprechenden Komponenten zugestellt und können über Listener verarbeitet werden, so wie wir es bereits beim `Button.ClickListener` im Abschnitt zum serverseitigen Programmiermodell vorgestellt haben.

Die durch das Vaadin-Framework zur Verfügung gestellten Widgets sind prinzipiell für den Online-Einsatz, also einer bestehenden Verbindung zum Application Server, vorgesehen und führen im laufenden Betrieb nutzungsbedingt Statussynchronisierungen und RPC-Aufrufe durch. Mit der Verwendung von GWT und die dortige Unterstützung von HTML5-Standards können auch Vaadin-Widgets mit Offline-Fähigkeiten entwickelt werden, die im laufenden Betrieb auch ohne eine Online-Verbindung zum Server genutzt werden können.

Offline-Fähigkeit

Client-Side Engine

Wie bereits erwähnt wird beim ersten Aufruf der Vaadin-Webanwendung neben allen Widgets auch die Client-Side Engine initial geladen. Die Client-Side Engine ist ein JavaScript-Modul, das die Aufgaben der Kommunikation mit dem Server und der Steuerung der Benutzeroberfläche übernimmt.

Die Client-Side Engine kapselt die Kommunikation zwischen Client und Server. Die Kommunikation erfolgt mittels AJAX, wobei die Informationen im JSON-Datenformat übertragen werden. Die Informationen im JSON-Datenformat folgen einem über alle AJAX-Aufrufe hinweg einheitlichen Aufbau, um die Benutzeroberfläche und die dort erfolgten Statusänderungen und RPC-Aufrufe zu beschreiben. Die Beschreibung wird als User Interface Definition Language (UIDL) bezeichnet. In Abschnitt Vaadin unter der Haube werden wir Details zur UIDL erläutern.

Zusätzlich zur Kapselung der Kommunikation mit dem Server übernimmt die Client-Side Engine die Steuerung der Benutzeroberfläche. Die Client-Side Engine wertet die in der UIDL enthaltenen Informationen aus und erzeugt mittels der Widgets den Aufbau der Benutzeroberfläche, synchronisiert Statusänderungen und übernimmt die Vermittlung der RPC-Aufrufe.

Externe JavaScript-Bibliotheken

Während die Entwicklung der oben genannten Widgets mit GWT erfolgt, besteht zudem die Möglichkeit, Komponenten unter der Verwendung von externen JavaScript-Bibliotheken zu entwickeln. Dies ist dann von besonderem Interesse, wenn bereits vorhandene Bestandteile von Weboberflächen wiederverwendet werden müssen. Es können zum Beispiel Bibliotheken wie jQuery auf der Clientseite eingesetzt werden, um damit HTML und JavaScript in die Benutzeroberfläche einzubetten. Diese JavaScript-Komponenten können wie Widgets alle Möglichkeiten der Kommunikation mit dem Server nutzen und integrieren sich konsistent in das Programmiermodell des Vaadin-Frameworks.

In diesem Buch können wir leider nicht näher auf die Entwicklung von JavaScript-Komponenten eingehen und verweisen daher auf das [Book of Vaadin].

3.2.3 Push

Asynchrone Änderunge der Benutzeroberfläche mittels Server Push

Üblicherweise resultieren Veränderungen in der Benutzeroberfläche aus einer Interaktion mit dem Benutzer. Diese Interaktion löst einen AJAX-Aufruf aus, der serverseitig verarbeitet wird und dann die Veränderungen an der Benutzeroberfläche bewirkt. Das Resultat dieser Änderungen wird in der Response des AJAX-Aufrufs zurück an den Webbrowser übermittelt.

In einigen Fällen muss es jedoch möglich sein, unabhängig von einer direkten Benutzerinteraktion eine Veränderungen der Benutzeroberfläche an den Webbrowser zu übermitteln. Für solche Anwendungsfälle bietet Vaadin einen Push-Mechanismus an. Der Push-Mechanismus ist besonders dann interessant, wenn Daten asynchron mit ganz unterschiedlichen Laufzeiten und Datenquellen in der Benutzeroberfläche dargestellt werden müssen. Die durch die asynchronen Aufrufe gelieferten Daten und die daraus resultierenden Veränderungen der Benutzeroberfläche können aus den jeweiligen Server-Threads direkt über Push an den Webbrowser übertragen werden.

Damit verlässt Vaadin den althergebrachten Pfad des Zyklus von Anfrage und Antwort (Request/Response Cycle) und ermöglicht der auf dem Server laufenden Applikation ohne vorherige Interaktion des Clients die Übertragung von Information.

3.2.4 Themes

Das Vaadin-Framework verfolgt eine strikte Trennung zwischen dem Aufbau der Benutzeroberfläche, die durch die Komponenten definiert wird, und der eigentlichen Darstellung im Webbrowser. Diese Trennung von Zuständigkeiten macht es möglich, Komponenten und ganze Anwendungen ohne programmatische Anpassungen mit einem komplett neuen Aussehen darzustellen.

Veränderung des Look & Feel ohne programatische Anpassungen

Das CSS-Styling der Komponenten ist in sogenannte Themes ausgelagert, die alle CSS-Styles für die komplette Komponenten-Bibliothek bereitstellen. Standardmäßig werden bereits Themes mit ansprechendem Look & Feel ausgeliefert, die als Grundlage für ein angepasstes Theme verwendet werden können. Es können je nach Bedarf Styles ausgewählter Komponenten oder das komplette Theme überschrieben werden. Ein Theme besteht nicht nur aus den CSS-Styles und den dazugehörigen Grafiken, der Entwickler hat auch die Möglichkeit, neue HTML-Layouts zu definieren, die wiederum als Layoutkomponenten im serverseitigen Programmiermodell verwendet werden können. Die Erstellung eines Themes kann über zwei Wege erfolgen. Das Vaadin-Framework unterstützt zum einen die Entwicklung mittels SASS, einer Erweiterung zu CSS, die über einen Präprozessor CSS generiert, oder direkt mit CSS. Weitere Details dazu können Kapitel Layout und Styling entnommen werden.

3.2.5 Add-ons

Flexible Erweiterungen durch Add-ons

Das Vaadin-Framework verfügt über diverse Erweiterungspunkte, um neue Komponenten, Widgets oder Themes zu entwickeln. Diese Erweiterungsmöglichkeiten sind ein wichtiges Merkmal Vaadins, um Wiederverwendbarkeit und Synergien auch anwendungsübergreifend zu schaffen. Basierend auf dieser Philosophie bietet das Vaadin-Framework einen Add-on-Mechanismus an, der es erlaubt, die entwickelten Erweiterungen mit Dritten zu teilen.

Diese Erweiterungen können als JAR-Dateien paketiert, verteilt und als sogenannte *drop-in packages* dem Classpath einer Vaadin-Webanwendung hinzugefügt werden. Add-ons bilden die Grundlage eines ganzen Ökosystems von Erweiterungen, die als Open Source oder kommerzielle Software Dritten über das zentrale Vaadin-Directory zur Verfügung gestellt werden können. In Kapitel 10 werden wir weiter auf den Add-on-Mechanismus eingehen.

3.3 Vaadin unter der Haube

Abläufe, die sich hinter dem abstrakten Programmiermodell verbergen

Im vorherigen Abschnitt haben wir uns mit den einzelnen Bausteinen des Vaadin-Frameworks befasst. Nun werden wir einen kleinen Blick hinter die Kulissen werfen, denn früher oder später werden Sie sich die Frage stellen, wie Vaadin wohl unter der Haube funktioniert. Doch allzu sehr werden wir an dieser Stelle nicht in Details abtauchen, wir wollen vielmehr einen Eindruck davon vermitteln, welche Abläufe hinter dem abstrakten Programmiermodell stattfinden, ohne uns in Implementierungsdetails zu verlieren.

Beginnen werden wir mit einem kleinen Beispiel und sehen, wie mit wenigen Komponenten eine Benutzeroberfläche definiert werden kann. Auf Basis dieses Beispiels werden wir dann auf die Abläufe zwischen Client und Server bei der Erstellung einer Benutzeroberfläche und einer einfachen Benutzerinteraktion eingehen.

3.3.1 Der Einstiegspunkt

Einstieg in die Benutzeroberfläche

Für den Aufbau einer Benutzeroberfläche ist eine Implementierung der abstrakten Basisklasse com.vaadin.ui.UI notwendig. Die UI ist die Wurzelkomponente und der initiale Einstiegspunkt zur Erzeugung der Vaadin-Benutzeroberfläche. Eine Vaadin-Webanwendung besteht aus mehreren UI-Instanzen. Standardmäßig wird eine UI in einem Browserfenster oder Tab dargestellt, pro Darstellung wird durch Vaadin genau eine Instanz erzeugt.

Eine Instanz einer UI wird für genau einen Benutzer erzeugt und ist über die Vaadin-Session, eine Kapsel um die HTTP- oder PortletSession des Benutzers referenziert. Wenn zum Beispiel ein Benutzer im Webbrowser mehrere Tabs einer Vaadin-Webanwendung öffnet, wird pro Tab genau eine Instanz einer UI innerhalb derselben Vaadin-Session eines Benutzers erzeugt.

Die Erzeugung der Vaadin-Session

Wir haben bereits erwähnt, dass eine Vaadin-Webanwendung dem Prinzip einer Single-Page-Anwendung entspricht. Im Komponentenmodell spiegelt sich dies durch die UI wider, die als Wurzelkomponente genau einer Webseite zugeordnet ist. Dieses Standardverhalten kann allerdings geändert werden – hierauf kommen wir an späterer Stelle noch mal zurück.

3.3.2 Die Benutzeroberfläche

Um ein einfaches Beispiel einer Benutzeroberfläche zu erstellen, leiten wir nun von der Klasse com.vaadin.ui.UI ab und implementieren die Methode init(). Diese Methode wird bei dem ersten Aufruf der Benutzeroberfläche ausgeführt und erstellt ihren initialen Aufbau.

Aufbau einer einfachen Benutzeroberfläche

```java
import com.vaadin.ui.UI;
import com.vaadin.ui.VerticalLayout;
import com.vaadin.ui.Label;
import com.vaadin.ui.Button;

class ClickMeUI extends UI {
    @Override
    protected void init(VaadinRequest request) {
        final VerticalLayout layout = new VerticalLayout();
        setContent(layout);
        final Label label = new Label("Keine Klicks")
        Button button = new Button("Klick mich!");
        button.addClickListener(new Button.ClickListener() {
            int clicks ;
            public void buttonClick(ClickEvent event) {
                label.setValue(clicks + "Klicks");
            }
        });
        layout.add(button);
        layout.add(label);
    }
}
```

Listing 3–5
Einfache Beispielanwendung

Mittels der ClickMeUI werden wir die Anzahl der Klicks auf einem Button ermitteln und die Gesamtanzahl auf der Benutzeroberfläche ausgeben. In der Methode init() definieren wir zuerst ein VerticalLayout, um weitere Komponenten dort in der Vertikalen der Benutzeroberfläche anordnen zu können. Dieses VerticalLayout wird über die Methode setContent() als erste Komponente der UI gesetzt. Dem VerticalLayout fügen wir nun zwei Komponten hinzu, einen Button und ein Label. Das Label dient der Darstellung von einfachen Textinhalten, initital geben wir hier den Text *Keine Klicks* aus. Der Button erhält über seinen Konstruktor die Beschriftung *Klick mich!*, zudem definieren wir einen ClickListener, um die Anzahl der Klicks zu zählen und über das Label die Gesamtanzahl als Text auszugeben.

Öffnen wir nun unsere Vaadin-Webanwendung im Webbrowser, und wir sehen den Button und das Label in vertikaler Ausrichtung, so wie wir es in der Klasse ClickMeUI definiert haben.

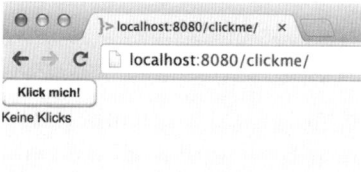

Abb. 3–2
Vor dem ersten Klick auf den Button

Mit jedem Klick auf den Button wird nun die Anzahl der Klicks gezählt und direkt in der Benutzeroberfläche im Label als Textausgabe angezeigt.

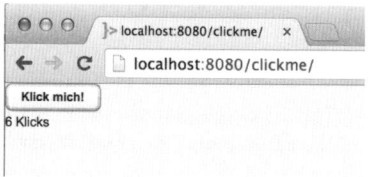

Abb. 3–3
Anzeige der gezählten Klicks

Die Verwendung des Komponentenmodells ist einfach und intuitiv, jedoch wollen wir uns an dieser Stelle mit ein paar mehr Details auseinandersetzen, um die Arbeitsweise des Vaadin-Frameworks besser zu verstehen.

3.3.3 Der erste Aufruf der UI

Abläufe beim ersten Aufruf der UI

Wenn die Beispielanwendung das erste Mal aufgerufen wird, übernimmt das Vaadin-Framework die Aufgabe, die Single-Page-Applikation aufzubauen. Der Aufruf unserer Beispielanwendung über http://localhost:8080/clickme wird durch das VaadinServlet entgegengenommen und an den VaadinService weitergeleitet.

Der VaadinService

Der VaadinService ist die zentrale Schaltstelle in Vaadin zur Verarbeitung der eingehenden HTTP-Requests. Der VaadinService erzeugt für den Benutzer, wenn noch nicht vorhanden, eine `VaadinSession`. Die `VaadinSession` enthält alle für die Benutzer einer Vaadin-Webanwendung relevanten Informationen und wird als Attribut in der `HttpSession` oder `PortletSession` gehalten. Der `VaadinService` erkennt, dass dieser HTTP-Request der initiale Aufruf der Vaadin-Webanwendung ist, und generiert in der HTTP-Response das HTML-Dokument für den weiteren Aufbau der Single-Page-Webseite. Dieses HTML-Dokument beinhaltet an dieser Stelle noch keine HTML-Elemente der eigentlichen Benutzeroberfläche, wie wir sie in der `ClickMeUI` definiert haben. Dieses HTML-Dokument bildet vielmehr den Rahmen für den weiteren Aufbau der Benutzeroberfläche.

Wir werden dieses HTML-Dokument nicht in seiner Gesamtheit betrachten, aber ein Aspekt ist für das Zusammenspiel der weiteren Abläufe interessant. Im Body des HTML-Dokuments befindet sich ein `div`-Element, das das Wurzelelement für die spätere Einbettung des generierten HTML der Widgets darstellt.

Details der Clientseite

```
<div id="clickme-860524832" class="v-app reindeer">
...
</div>
```

Listing 3–6
Wurzelelement zur Einbettung der Benutzeroberfläche

Des Weiteren wird aus diesem HTML-Dokument die JavaScript-Datei `vaadinBootstrap.js` referenziert.

```
<script type="text/javascript" src="./VAADIN/vaadinBootstrap.js"></script>
```

Listing 3–7
Die eingebettete vaadinBootstrap.js

In dieser JavaScript-Datei ist im Global Scope das Modul `vaadin` definiert. Dieses Modul ist für den weiteren Aufbau des HTML-Dokuments zuständig. Von Bedeutung ist hier die Funktion `initApplication()`, die beim Laden des HTML-Dokuments automatisch ausgeführt wird.

Wenn eine oder mehrere Vaadin-UIs in eine bestehende Webseite eingebettet werden sollen, dann muss der Entwickler sich im Detail mit der Einbettung und Konfiguration über diesen JavaScript-Mechanismus auseinandersetzen. Dies ist besonders dann interessant, wenn Vaadin-UIs in eine bestehende Webanwendung integriert werden müssen. In diesem Buch werden wir auf einen solchen Fall nicht weiter eingehen und verweisen an dieser Stelle auf das [Book of Vaadin].

Einbindung des Theme

Während der Ausführung der Funktion `initApplication()` wird dem `head`-Element des HTML-Dokuments der Link auf das CSS-Stylesheet des konfigurierten Theme hinzugefügt. Im Fall unserer Beispielanwendung wird das Theme *reindeer* verwendet. Dieses Theme ist standardmäßig voreingestellt, wenn kein anderes Theme konfiguriert ist.

Listing 3–8
Stylesheet des Vaadin-Theme

```
<link rel="stylesheet" type="text/css"
href="./VAADIN/themes/reindeer/styles.css">
```

> In der aktuellen Vaadin-Version 7.1 lässt sich das Theme nach dem initialen Laden nicht mehr ohne Weiteres ändern.

Einbindung der Client-Side Engine

Neben den CSS-Stylesheets werden dem `head`-Element der nach JavaScript kompilierte GWT-Code der Client-Side Engine und Widgets hinzugefügt. Diese Einträge sehen in unserem Beispiel wie folgt aus:

Listing 3–9
Client-Side Engine und der Widgets

```
<script type="text/javascript"
src="./VAADIN/widgetsets/com.vaadin.DefaultWidgetSet/com.vaadin.DefaultWidgetS
et.nocache.js?1392743801924"></script>

<script src="http://localhost:8080/clickme/VAADIN/widgetsets/com.vaadin.
DefaultWidgetSet/D5149E17FD339F49201695A2785309E5.cache.js"></script>
```

Aufbau der UI

Um den Aufbau der Benutzeroberfläche vorzunehmen, wird durch das JavaScript-Modul `vaadin` ein weiterer AJAX-Aufruf an den Server abgesetzt. Während der Verarbeitung dieses Aufrufs wird eine Instanz der `ClickMeUI` erzeugt und der `VaadinSession` hinzugefügt. Jede UI erhält innerhalb einer `VaadinSession` eine eindeutige ID, die im Rahmen der weiteren Kommunikation zwischen Client und Server verwendet wird, damit die eingehenden AJAX-Aufrufe der entsprechenden UI zugeordnet werden können.

Im nächsten Schritt wird über die Methode `init()` der `ClickMeUI` das serverseitige Komponentenmodell erzeugt. Dies ist genau die Methode, die wir jedes Mal implementieren, um die Komponenten unserer UI zu erzeugen und anzuordnen (in unserem Beispiel das `VerticalLayout`, in dem `Label` und `Button` ausgerichtet sind).

Der Connector – das Bindeglied

Wir wissen bereits, dass eine serverseitige Komponente über ein clientseitiges Widget als Gegenstück im Webbrowser verfügt. Es gibt jedoch noch einen weiteren, dritten Bestandteil im Zusammenspiel zwischen Server und Client. Dieser dritte Bestandteil ist der Connector, der jeweils auf der Client- und der Serverseite über eine Implementierung verfügt.

Der Connector implementiert die konkrete Steuerung von Statusänderungen und RPC-Aufrufen zwischen einem Widget und der Komponente. Auf der Serverseite implementieren die Komponenten direkt die Abstraktionen der Connector-Mechanismen. Die serverseitigen Komponenten `ClickMeUI`, `VerticalLayout` und die darin enthaltenen `Label` und `Button` agieren somit selbst als Connector-Instanzen.

Ein Connector verfügt innerhalb einer `VaadinSession` über eine ID oder Sequenznummer. Diese ID ist für eine eindeutige Zuordnung zwischen dem Widget im Webbrowser und der serverseitigen Komponente notwendig und wird von diesen geteilt. Nachdem die Komponenten erzeugt wurden, müssen die für die Client-Side Engine notwendigen Beschreibungsinformationen des Komponentenaufbaus erzeugt werden. Diese Informationen werden mittels der UIDL beschrieben.

Die User Interface Definition Language UIDL

Mit der UIDL werden alle Statusänderungen, RPC-Aufrufe, Änderungen im Komponentenaufbau oder auch Metainformationen über die UI an die Client-Side Engine übertragen. In dem folgenden Beispiel sehen wir einen kleinen Ausschnitt aus der UIDL-Beschreibung, die mit der Response des AJAX-Aufrufs übertragen wird.

```
{ uidl: "{
    ...
    "state" : {                    (1)
        "3" : { "text" : "Keine Klicks" , "width" : "100.0%" },
        "2" : { "caption" : "Klick mich!" },
        "0" : { "height" : "100.0%" ," width" : "100.0%", ... }
         "types" : { "3" : "2" , "2" : "3" , "0" : "0", ...},(2
    ...
        "typeMappings" : {         (3)
            "com.vaadin.ui.AbstractSingleComponentContainer" : 4 ,
            "com.example.vaadin_test.ClickMeUI" : 0 ,
            "com.vaadin.ui.Button" : 3 ,
            "com.vaadin.ui.Label" : 2 ,
            ...
        },
    "v-uiId " : "0"                (4)
}
```

Listing 3–10

UIDL-Beschreibung des initialen Aufbaus der Benutzeroberfläche

Unter (1) `state` befinden sich alle Statusänderungen der Komponenten, die über die ID des Connector identifiziert werden. Die ID 3 steht hier für die `Label`-Komponente. Für diese `Label`-Komponente werden der gesetzte Textinhalt und die Ausdehnungsbreite als Status übermittelt. (2) `types` listet alle Connector-IDs und deren zugehörige Typ-IDs auf. Die Typ-IDs werden unter (3) `typeMapping` auf die jeweiligen Typen der angezeigten Komponenten aufgeschlüsselt. Unter (4) wird die eindeutige ID der UI übermittelt, die wiederum bei jedem weiteren AJAX-Aufruf mit an den Server übermittelt wird.

Auf Basis dieser UIDL-Beschreibung erzeugt die Client-Side Engine die Widgets und fügt das hieraus resultierende HTML dem Wurzelelement (dem `div`-Element) hinzu. Im unteren Beispiel sehen wir nun das synthetisch erzeugte HMTL der Benutzeroberfläche. Wir haben einige wenige Elemente und CSS-Styles entfernt, um das generierte HTML etwas übersichtlicher darstellen zu können.

Listing 3–11
HTML des initialen Aufbaus der Benutzeroberfläche

```
<div id="clickme-860524832" class="v-app reindeer">
    ...
    <div class="v-verticallayout v-layout v-vertical"> (1)
        ...
        <div role="button" class="v-button v-widget"> (2)
            ...
            <span class="v-button-caption">Klick mich!</span >
            ...
        </span>
    </div>
    ...
    <div class="v-label" style="width: 100%;">Keine Klicks</div> (3)
    </div>
</div>
```

Unter (1) finden wir das HTML-Fragment des `VerticalLayout` wieder. Innerhalb des `VerticalLayout` befindet sich das HTML der `Button`- und `Label`-Komponenten (2 und 3).

Zum Abschluss zeigen wir noch den Ablauf bei einer Benutzerinteraktion. Wir werden nun einen Klick auf den Button ausführen. Der Klick löst über die Client-Side Engine einen AJAX-Aufruf aus. Dieser Aufruf enthält den Query-Parameter `v-uid`, der die eindeutige ID der UI beinhaltet, für die dieser AJAX-Aufruf bestimmt ist. Des Weiteren befindet sich die UIDL-Beschreibung zu dem Button-Klick im Aufruf:

Listing 3–12
UIDL-Beschreibung für einen ButtonClick

```
...
"2",                     (1)
"com.vaadin.shared.ui.button.ButtonServerRpc", "click", (2)
[{"shiftKey":false, "clientX":"65", "type":"1", "button":"LEFT", (3)
"altKey":false, "metaKey":false, "ctrlKey":false, "clientY":"14",
"relativeY":"14", "relativeX":"65"}]
...
```

Der Wert 2 identifiziert die `Button`-Komponente (1). Unter (2) befindet sich der vollqualifizierende Name des `ButtonServerRpc`-Interface, in dem alle von der `Button`-Komponente unterstützten RPC-Aufrufe definiert sind. In diesem Fall soll der RPC-Aufruf `click` ausgeführt werden. In (3) sind alle Parameter enthalten, die bei dem RPC-Aufruf durch die `Button`-Komponente verarbeitet werden können.

Das `VaadinServlet` nimmt den Aufruf entgegen und delegiert diesen weiter an den `VaadinService`. Der `VaadinService` identifiziert die richtige UI, ermittelt alle Statusänderungen und den RPC-Aufruf aus der UIDL-Beschreibung. Der `VaadinService` führt dann den RPC-Aufruf auf der `Button`-Komponente aus. Die `Button`-Komponente benachrichtigt dann alle registrierten `ClickListener` über diesen `ClickEvent`. Im Falle unseres Beispiels erhöhen wir die Anzahl an Klicks und ändern mit dieser Information den Textinhalt der `Label`-Komponente.

Nach der Verarbeitung aller Statusänderungen und serverseitigen RPC-Aufrufe aus der UIDL-Beschreibung ermittelt der `VaadinService` alle daraus resultierenden Statusänderungen und clientseitigen RPC-Aufrufe, die an den Client übertragen werden müssen (Aufrufe können also in beide Richtungen gehen). Diese Informationen werden als UIDL-Beschreibung in der Response des AJAX-Aufrufs an den Client geschickt. Hier der relevante Ausschnitt aus der UIDL-Beschreibung, der die Statusänderung der `Label`-Komponente beinhaltet:

```
"state" : { "3": { "text" : "1 Klicks" } }
```

Listing 3–13
UIDL-Beschreibung mit Statusänderung des Labels

Die Client-Side Engine nimmt die UIDL-Beschreibung entgegen, und über den Connector wird der Textinhalt des bereits vorhandenen `Label`-Widget aktualisiert:

```
<div class="v-label" style="width: 100%;">1 Klicks</div>
```

Listing 3–14
Das geänderte HTML des Labels

3.4 Konsequenzen der Vaadin-Architektur

Die Nutzung des Vaadin-Frameworks bringt nicht ausschließlich Vorteile mit sich, es existieren auch diverse nachteilige Konsequenzen der Vaadin-Architektur, die mehr oder weniger schwer ins Gewicht fallen. Besonders der hohe Grad an Abstraktion der eingesetzten Webtechnologien und das serverseitige Programmiermodell können zu Problemen führen. Letztendlich müssen bei der Entscheidung für Vaadin Kompromisse eingegangen werden. Im Folgenden zeigen wir die aus unserer Sicht wichtigsten Konsequenzen auf.

Kompromisse bei der Entscheidung für Vaadin

3.4.1 Serverseitiger Speicherbedarf

Durch ein serverseitiges Komponentenmodell, das die komplette Struktur und den Zustand der Benutzeroberfläche in der HTTP-Session verwaltet, ist mit einem höheren Speicherbedarf auf dem Server zu rechnen. Neben dem Ressourcenbedarf hat dies zur Folge, dass die

Skalierbarkeit potenziell schlechter ausfällt, da die HTTP-Session einer Vaadin-Webanwendung damit an eine Serverinstanz gebunden wird.

Bei der Anforderung nach Ausfallsicherheit ist diese HTTP-Session innerhalb eines Serververbunds notwendigerweise zu replizieren. Hier ist mit einem entsprechenden Bandbreitenbedarf durch die verhältnismäßig große HTTP-Session zu rechnen. Es ist daher zu empfehlen, dass die Vaadin-spezifischen Sessiondaten nicht repliziert werden, sondern nur eine kleinere Menge an Nutzdaten, die einen Neuaufbau der Benutzeroberfläche erlauben.

3.4.2 Clientseitiger Speicherbedarf und Render-Performance

Die Zustandsverwaltung wird durch das Vaadin-Framework so weit gekapselt, dass wir dies wenig beeinflussen oder auch nicht explizit steuern können. Vielmehr muss der Entwickler versuchen, einen effizienten Aufbau der Benutzeroberfläche zu erreichen, und unnötige Hierarchieebenen im Komponentenaufbau vermeiden. Diese Vorgehensweise spielt nicht nur für den Speicherbedarf auf dem Server eine Rolle, sondern spiegelt sich auch positiv auf dem Client wider.

Die Struktur des HTML leitet sich synthetisch aus dem Komponentenaufbau der Benutzeroberfläche ab. Dieses generierte HTML ist nicht so effizient wie ein manuell erstelltes, und der daraus resultierende DOM-Tree ist entsprechend größer. Unter diesen Rahmenbedingungen ermöglicht ein effizienter Komponentenaufbau einen im Vergleich kleineren DOM-Tree, womit eine bessere Rendering-Performance und weniger Speicherbedarf im Webbrowser erzielt werden können.

3.4.3 Netzwerkkommunikation

Eine weitere Konsequenz, die das serverseitige Komponentenmodell mit sich bringt, ist der entstehende Kommunikationsbedarf zwischen Client und Server. Nahezu jede Benutzerinteraktion resultiert in einer Client-Server-Kommunikation, um Statusänderungen zu synchronisieren oder RPC-Aufrufe durchzuführen. Hierdurch kann ein erhöhter Netzwerkverkehr zwischen Webbrowser und Server entstehen. Diese Eigenschaft des Vaadin-Frameworks lässt sich durch den Entwickler schon in gewissem Maße beeinflussen. Bei bestimmten Komponenten ist es über die Eigenschaft `immediate` möglich, das Übertragungsverhalten von Statusänderungen festzulegen. Wenn `immediate` deaktiviert ist, werden diese Statusänderungen mit denen anderer Komponenten gebündelt und in einem gemeinsamen AJAX-Aufruf übertragen. Dies ist die Standardeinstellung aller Vaadin-Komponenten, die jedoch sehr oft geändert wird. Wenn `immediate` deaktiviert ist, haben wir zum Beispiel die Möglichkeit, den geänderten Inhalt eines `TextField` verzögert an den Server zu übertragen, und zwar erst wenn ein `ClickEvent` auf einem `Button` ausgelöst wird. Mittels der Client-Side Engine werden die Statusänderung des `TextField` und der durch das `ClickEvent` initierte RPC-Aufruf in einem gemeinsamen anstatt in zwei einzelnen AJAX-Aufrufen an den Server übermittelt.

3.4.4 Latenz

Dass Benutzerinteraktionen zu einer Client-Server-Kommunikation führen, kann direkte Auswirkungen auf die Dauer der Reaktion auf Zustandsänderungen im Client haben. Hier kann die Netzwerklatenz eine große Rolle spielen und negative Auswirkungen auf den performanten Ablauf von Zustandsänderungen in der Benutzeroberfläche haben. Die Vaadin-Standardkomponenten sind darauf ausgelegt, ihre Zustandsänderungen feingranular mit den serverseitigen Komponenten zu synchronisieren. Dies hat den Vorteil, dass wir serverseitig in feiner Granularität auf Benutzerinteraktionen reagieren können. Wenn jedoch die Netzwerklatenz ein Problem darstellen sollte, besteht die Möglichkeit, eigene Widgets zu entwickeln, die dahingehend optimiert sind, nicht jede Zustandsänderung mit dem Server synchronisieren zu müssen. Dies ist dann akzeptabel, wenn keine Geschäftslogik involviert ist und das gewünschte Verhalten auf den Webbrowser beschränkt stattfinden kann.

Wir haben bereits erläutert, dass Vaadin-Webanwendungen dem Prinzip einer Single-Page Application folgen. Ein Großteil aller notwendigen Inhalte wird daher mit dem ersten Aufruf geladen. Dies hat den Vorteil, dass während des weiteren Nutzungsverlaufs weniger Daten übertragen werden müssen. Veränderungen an der Benutzeroberfläche erfolgen inkrementell ohne ein neues Laden der Webseite.

Je nach Menge dieser Inhalte kann dieser erste Aufruf entsprechend viel Bandbreite und Zeit benötigen. Es kann durchaus vorkommen, dass bestimmte Widgets nicht immer durch den Benutzer benötigt und trotzdem initial mitgeladen werden. Eine Optimierungsmöglichkeit ist es, die Ladestrategie der Widgets zu verändern und bestimmte Widgets bei Bedarf nachzuladen. Unter [Vaadin Wiki, Opt] ist der Einsatz entsprechender Verfahren beschrieben, auf die wir hier aber nicht weiter eingehen werden.

4 UI-Komponenten

Dieses Kapitel führt die verfügbaren UI-Komponenten auf und gibt eine Charakterisierung ihrer jeweiligen Funktion inklusive der durch sie angebotenen Methoden.

Wir besprechen zunächst grundlegende GUI-Komponenten, die als Rahmen für die gesamte Applikation dienen oder mit denen wir Ein- und Ausgaben machen können. Danach betrachten wir detaillierter, wie wir diese Komponenten mit verschiedenen Layouts anordnen können. Natürlich müssen wir unsere Komponenten auch mit dem Rest der Applikation verbinden. Hierfür wird das Data Binding verwendet. Außerdem können auch Daten proaktiv vom Server an den Client geschickt werden mit Server Push.

Die drei Themen gehören logisch in ein Kapitel; der Lesbarkeit halber finden Sie Data Binding und Server Push ausgelagert in die Folgekapitel.

4.1 Grundlegende UI-Komponenten

Vaadin bietet eine große Menge von visuellen UI-Komponenten an, die wir beim Erstellen der GUI unserer eigenen Applikation benutzen können. Es ist wichtig zu wissen, welche Arten von Komponenten angeboten werden, um direkt beim GUI-Entwurf darauf zu achten, möglichst diese Standardkomponenten zu verwenden. Hierdurch erleichtern wir uns das Leben deutlich, denn obwohl in Vaadin auch eigene UI-Komponenten programmiert werden können, ist die Verwendung von Bestehendem natürlich viel einfacher.

4.1.1 UI als Rahmen für die Applikation

Wie wir im einführenden Beispiel gesehen haben, ist der Einstiegspunkt für die eigene Implementierung einer Vaadin-Applikation eine eigene Subklasse der Klasse com.vaadin.ui.UI und hier die Methode init(VaadinRequest). In dieser Methode müssen wir unser initiales GUI aufbauen. Die weiteren Beispiele in diesem Kapitel sind in der Regel in eine solche init()-Methode eingebettet.

Listing 4–1
Beispiel für init-Methode

```
public class HalloWeltUI extends UI {
    protected void init(final VaadinRequest request) {
        final Label text = new Label("Hallo Welt!");
        setContent(text);
    }
}
```

4.1.2 Textausgabe mit Label und Notification

Die einfachste zur Verfügung stehende UI-Komponente ist sicher das Label. Es dient vor allem dazu, Text auszugeben. Es kann aber auch für Icons verwendet werden. Den dargestellten Text können wir über die Methoden setValue() und getValue() ändern und abfragen oder auch direkt über den Konstruktor setzen, wie wir dies im vorangegangenen Kapitel gesehen haben.

Content-Modi beim Label

Beim Setzen des Textes müssen wir verschiedene Content-Modi beachten, die Label über setContentMode() zur Verfügung stellt. Hier wird entschieden, wie ein Label mit Sonderzeichen umgeht. Es werden drei Möglichkeiten angeboten (es gibt weitere, aber diese sind als deprecated gekennzeichnet und sollten nicht verwendet werden). Diese bestimmen, wie beispielsweise der String

```
final String text = "Hallo Welt \n\t und <b>guten Tag!</b>";
```

angezeigt wird. Eine Übersicht liefert nachfolgende Tabelle:

Tab. 4–1
Mögliche Content-Modi

ContentMode	Beschreibung
TEXT (default)	Nur einfacher Text wird dargestellt. Im Text enthaltene HTML-Steuerzeichen werden im Klartext dargestellt (vgl. Textausgaben mit verschiedenen Content-Mode-Einstellungen oben). String-Steuerzeichen wie Newline und Tabulator werden ignoriert.
PREFORMATTED	Einfacher Text und String-Steuerzeichen werden dargestellt, HTML-Steuerzeichen werden escapt (vgl. Textausgaben mit verschiedenen Content-Mode-Einstellungen Mitte).
HTML	Einfacher Text wird dargestellt. Im Text enthaltene HTML-Steuerzeichen werden unverändert an den Browser geschickt, so dass dieser sie interpretiert und berücksichtigt. String-Steuerzeichen werden ignoriert (vgl. Textausgaben mit verschiedenen Content-Mode-Einstellungen unten).

Abb. 4–1
Textausgaben mit verschiedenen Content-Mode-Einstellungen

> **Cross-Site-Scripting!**
> Der ContentMode.HTML liefert HTML-Steuerzeichen unverändert an den Browser. Wir müssen hier sehr gut aufpassen, dass keine ungewollten Steuerzeichen an die Browser unserer Benutzer gesendet werden. Besonders gefährlich wird es, wenn wir Eingaben des einen Benutzers ungefiltert an andere Benutzer als HTML schicken. Hier bietet sich dann eine als Cross-Site-Scripting bekannte Angriffsmöglichkeit. Die Darstellung von Benutzereingaben sollten wir im Zusammenhang mit ContentMode.HTML also vermeiden. Wenn es gar nicht anders geht, helfen Bibliotheken wie OWASP (siehe [OWASP]), die Eingabe von Steuerzeichen zu bereinigen.

Wenn wir nur kurzzeitig zum Beispiel Hinweismeldungen in der GUI anzeigen wollen, ist ein Label gegebenenfalls nicht die richtige Wahl. Für solche Anwendungen stellt Vaadin speziell die Klasse Notification zur Verfügung. Die Klasse bietet drei statische show()-Methoden an, mit denen Hinweismeldungen in die GUI gebracht werden können. Interessant ist der Parameter type, mit dem wir vier Arten von Meldungen unterscheiden können.

Notification

Type	Beschreibung
HUMANIZED_MESSAGE	Kurzzeitige Statusmeldungen von geringer Bedeutung, wie z.B. »Erfolgreich gespeichert«
WARNING_MESSAGE	Nachricht an den Benutzer, die er zur Kenntnis nehmen soll. Sie bleibt länger auf dem Schirm als die erste Art. WARNING_MESSAGE ist der Vorgabewert für show()-Methoden ohne Type-Parameter.
ERROR_MESSAGE	Nachricht über einen kritischen Fehler. Muss vom Benutzer explizit bestätigt werden.
TRAY_NOTIFICATION	Für Hinweise an den Benutzer, die er nicht sofort zur Kenntnis nehmen muss – zum Beispiel darüber, dass eine neue E-Mail eingetroffen ist.

Tab. 4–2
Mögliche Arten von Meldungen

4.1.3 Button

Mit der Klasse Button können wir Schaltflächen auf der GUI darstellen und – ganz wichtig – reagieren, wenn ein Benutzer sie anklickt. In unsere GUI kommt also Interaktivität.

Wir erkennen einen Klick, indem wir einen sogenannten `ClickListener` beim Button registrieren. Hierzu verwenden wir am einfachsten eine anonyme innere Klasse. Der Code in der `buttonClick`-Methode wird von Vaadin aufgerufen, wenn der Benutzer auf die Schaltfläche drückt.

Listing 4–2
Beispiel für einen Button.ClickListener

```
protected void init(final VaadinRequest request) {
    final Button button = new Button("Bitte drücken!");
    setContent(button);
    button.addClickListener(new Button.ClickListener() {
        public void buttonClick(Button.ClickEvent event) {
            button.setCaption("Danke!");
        }
    });
}
```

Wir können allgemein bei Vaadin-Steuerelementen über die Methode `setEnabled()` bestimmen, ob ein Steuerelement aktuell für einen Benutzer anwählbar sein soll. Mit `setEnabled(false)` wird der Button nicht verfügbar und von Vaadin ausgegraut dargestellt.

Ein häufiges Problem bei Webanwendungen ist es, dass der Benutzer mehrmals schnell hintereinander auf einen Button klicken kann, bevor der Server auf den ersten Klick reagiert hat. So kann fälschlich mehrmals die gleiche Funktion ausgelöst werden. Mit Vaadin können wir dies über die Methode `setDisabledOnClick()` von Button verhindern. Hierdurch sorgen wir dafür, dass direkt im Browser der Button beim ersten Klick deaktiviert wird (dies wird im Browser mit JavaScript implementiert). Um ihn wieder zu aktivieren, müssen wir nach getaner Arbeit für den Button `setEnabled(true)` aufrufen.

Neben dem `ClickListener` können wir noch andere Arten von Listenern registrieren. Über eine Kombination eines `FocusListener` und eines `BlurListener` können wir z.B. erkennen, ob ein Button aktuell den Tastaturfokus bekommen oder verloren hat.

Bei Label konnten wir über den `ContentMode` bestimmen, wie mit HTML-Steuerzeichen in der Beschriftung umgegangen wird. Bei Button erreichen wir dies über die Methode `setHtmlCodeAllowed()`. Normalerweise wird HTML-Code in der Beschriftung direkt dargestellt, wodurch die Steuerzeichen angezeigt werden wie normaler Text und nicht interpretiert werden. Wenn wir aber vorher `setHtmlCodeAllowed(true)` aufgerufen haben, wird das HTML zum Browser geschickt und dort interpretiert. Das ermöglicht es uns, einige einfache Formatierungen im Text vorzunehmen:

```
final Button button =
    new Button("Bitte <span style=\"color: red;\">drücken!</span>");
button.setHtmlContentAllowed(true);
```

Listing 4–3
Button mit durch HTML formatierte Beschriftung

Vaadin bietet mit NativeButton auch noch eine Subklasse von Button an. Der Unterschied zum normalen Button ist nur im Browser relevant: Buttons werden von Vaadin normalerweise über HTML-div-Element mit entsprechenden CSS-Klassen gerendert, ein NativeButton jedoch als wirkliches HTML-Element button.

4.1.4 Texteingaben mit TextField, PasswordField und TextArea

Drei Klassen – TextField, PasswordField und TextArea –, die alle von AbstractTextField erben, sorgen dafür, dass der Benutzer in Vaadin-Applikationen Texte eingeben kann. Bei TextField handelt es sich um ein einfaches einzeiliges Eingabefeld. PasswortField ist ganz ähnlich, nur werden die eingegebenen Zeichen maskiert dargestellt. Über TextArea können wir auch mehrzeilige Eingabebereiche realisieren.

Abb. 4–2
Verschiedene Arten von Texteingabefeldern

Die APIs der drei Klassen sind weitgehend gleich, da die meisten Methoden bereits über die Oberklasse AbstractTextField zur Verfügung gestellt werden. Die wichtigsten Methoden sind sicher getValue() und setValue(), mit denen wir den aktuellen Text des Feldes abfragen beziehungsweise setzen können. Die Abfrage kann zum Beispiel in einem ClickListener als Reaktion auf einen Button-Klick des Benutzers geschehen.

> **Data Binding**
>
> Die beiden Methoden `getValue()` und `setValue()` sind bei Vaadin der Weg, den Zustand einer Eingabekomponente *direkt an der GUI* auszulesen beziehungsweise zu bestimmen. Alternativ dazu können wir alle Vaadin-Eingabeelemente auch an die Datenstrukturen unserer Applikation »binden«. Bei diesen »Datenstrukturen« kann es sich zum Beispiel um unser Objektmodell handeln, das wir in POJOs (*Plain Old Java Objects*) formuliert haben. Dieses Data Binding sorgt dann dafür, dass Daten zwischen Modell und GUI automatisch ausgetauscht werden. Wir werden auf die Möglichkeiten des Data Binding in Kapitel Data Binding eingehen und uns hier zunächst auf den direkten Weg beschränken.

Wir können uns aber informieren lassen, wenn der Benutzer den Text verändert hat und der Eingabefokus das Textfeld verlässt. Hierzu registrieren wir einen `Property.ValueChangeListener`:

Listing 4–4
Beobachtung von Textänderungen mit einem ValueChangeListener

```
protected void init(final VaadinRequest request) {
    final TextField textField = new TextField("Name:");
    setContent(textField);
    textField.setImmediate(true);
    textField.addValueChangeListener(
        new Property.ValueChangeListener() {
            public void valueChange(ValueChangeEvent event) {
                System.out.println(textField.getValue());
            }
        }
    );
}
```

Die im Quelltext enthaltene Anweisung `setImmediate(true)` ist besonders wichtig. Ohne diese Einstellung wird die Textänderung nicht direkt an den Server kommuniziert. Stattdessen verzögert Vaadin die Kommunikation mit dem Server bis zum nächsten Button-Klick, um so Serverzugriffe einzusparen. Unser Listener würde damit zwar auch ohne `setImmediate(true)` aufgerufen, aber erst, wenn zum Beispiel mit einem Button-Klick auch ein `ClickListener` aufgerufen wird.

> **Rekursionsgefahr!**
> Wie auch in anderen GUI-Frameworks, die auf einem Listener/Event-Konzept basieren, besteht auch bei Vaadin die Gefahr, durch unvorsichtige Programmierung von Event-Listenern endlose Rekursionen zu implementieren. Würden wir das `System.out.println()` im obigen Beispiel austauschen durch:
>
> ```
> einAenderungszaehler++;
> textField.setValue(Integer.toString(einAenderungszaehler));
> ```
>
> (und eine Instanzvariable `einAenderungszaehler` vom Typ `int` deklarieren), käme es zu einer sehr langen Folge von `valueChange`-Aufrufen, da immer wieder neue Änderungen erzeugt werden. Erst ein `java.lang.StackOverflowError` unterbricht diese Folge.
>
> Natürlich ist das Beispiel hier trivial, aber bei komplexen GUIs mit vielen Eingabefeldern, die sich gegenseitig bedingen, muss man aufpassen, um im Event-Dschungel die Übersicht nicht zu verlieren.

Wie bereits beim Button können wir über die Methode `setEnabled()` festlegen, ob der Benutzer mit dem Feld agieren kann, das heißt, ob er Texte eingeben kann oder das Feld ausgegraut dargestellt wird. Zusätzlich haben wir noch die Möglichkeit, über `setReadOnly()` die Eingabe zu sperren. Im *Readonly*-Modus wird das Feld nicht ausgegraut dargestellt, sondern wie ein Anzeigefeld (Label). Aber Achtung! Auch programminterne Änderungen sind im Readonly-Modus nicht möglich und führen zu einer Exception!

> **Die Klassenhierarchie der GUI-Komponenten**
> Wenn wir hier schreiben, dass die Texteingabekomponenten, die wir in diesem Kapitel kennengelernt haben, genau wie der Button aus dem letzten Kapitel die Methode `setEnabled()` zur Verfügung stellen, dann ist diese Gemeinsamkeit natürlich nicht zufällig – sie beruht darauf, dass sowohl `Button` also auch zum Beispiel `TextField` Subklassen von `AbstractComponent` sind.
>
> Vaadin umfasst eine ausgefeilte und komplexe Klassen- und Schnittstellenhierarchie. Auf den ersten Blick kann diese leicht einschüchternd wirken. Wir glauben daher, dass ihre vollständige Kenntnis bei den ersten Gehversuchen nicht notwendig ist. Später sollten Sie sich jedoch die Zeit nehmen, in einer IDE der Hierarchie hinterherzuspüren, zum Beispiel in Eclipse mittels *Open Type Hierarchy* (im Normalfall die Taste F4).
>
> Für dieses Kapitel ist es erst einmal nützlich zu wissen, dass alle Vaadin-GUI-Komponenten von `AbstractComponent` erben und alle Eingabefelder von `AbstractField`.

4.1.5 Formatierte Texteingabe über RichTextArea

Mit der Klasse `RichTextArea` gibt es eine sehr einfache Möglichkeit, auch formatierten Text eingeben zu können. Der Benutzer bekommt eine Art WYSIWIG-Editor präsentiert, den er nutzen kann, um Text beispielsweise fett zu formatieren. Bei `getValue()` bekommen wir dann einen String mit HTML-Quelltext inklusive der Formatierungsdirektiven. Da die API sehr ähnlich zur normalen `TextArea`-API ist, kann man `RichTextArea` leicht als Alternative einsetzen.

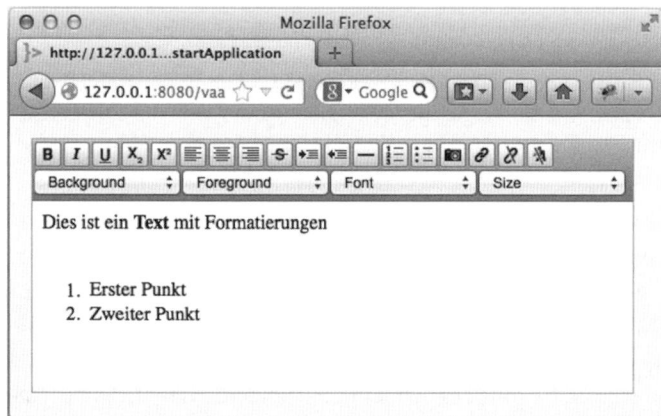

Abb. 4–3
Die Verwendung der Komponente RichTextArea

> Die Konfigurationsmöglichkeiten in der `RichTextArea` sind allerdings sehr gering. Mehr Möglichkeiten für fortgeschrittene Anwendungen bietet hier zum Beispiel das Vaadin-Add-on *CKEditor*.

4.1.6 Datumseingabe mit InlineDateField und PopupDateField

Für Kalenderdateneingaben können wir spezielle Texteingabefelder verwenden. Hier stehen uns die Komponenten `InlineDateField` und `PopupDateField` zur Verfügung. Bei der ersten Komponente ist immer ein komplettes Kalenderblatt für die Tagesauswahl zu sehen, beim `PopupDateField` wird dieses Blatt erst sichtbar, wenn wir das entsprechende Symbol mit der Maus anwählen. Beide Komponenten arbeiten mit `java.util.Date` als Datumsangaben, das heißt, während `getValue()` ein Objekt vom Typ `Date` liefert, erwartet `setValue()` eines.

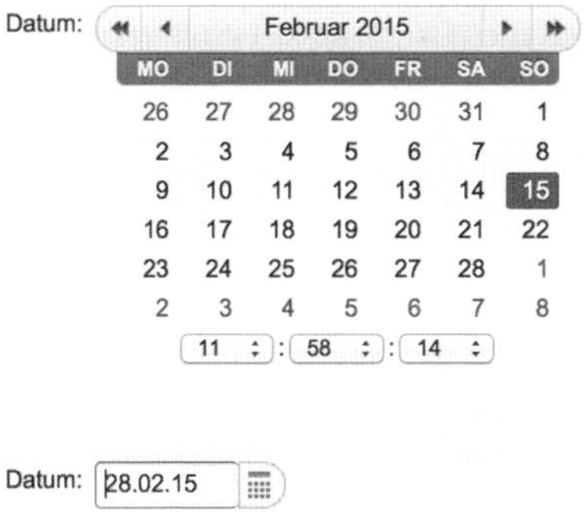

4.1 Grundlegende UI-Komponenten

Abb. 4–4
Felder zur Datumseingabe

Mithilfe der Methoden `setRangeStart()` und `setRangeStop()` können wir den Auswahlbereich für den Benutzer einschränken. Wir können beispielsweise wie folgt festlegen, dass nur ein Datum bis zu 30 Tagen in der Zukunft gewählt werden kann:

```
long now = System.currentTimeMillis();
dateField.setRangeStart(new Date(now + 1 * TAGE));
dateField.setRangeEnd(new Date(now + 30 * TAGE));
```

Listing 4–5
Einstellung des auswählbaren Datumsbereichs

Normalerweise arbeiten `InlineDateField` und `PopupDateField` auf der Ebene »Datum«. Wir können über die Methode `setResolution()` aber die Einstellung bis auf Sekundenebene erlauben.

```
inlineDateField.setResolution(Resolution.SECOND);
```

Listing 4–6
Festlegung Datumsauswahl auf Sekundenebene

Hinweis: Neben diesen Eingabekomponenten bietet Vaadin mit `com.vaadin.ui.Calendar` eine Komponente für Termine in einer Tages-, Wochen- und Monatsansicht.

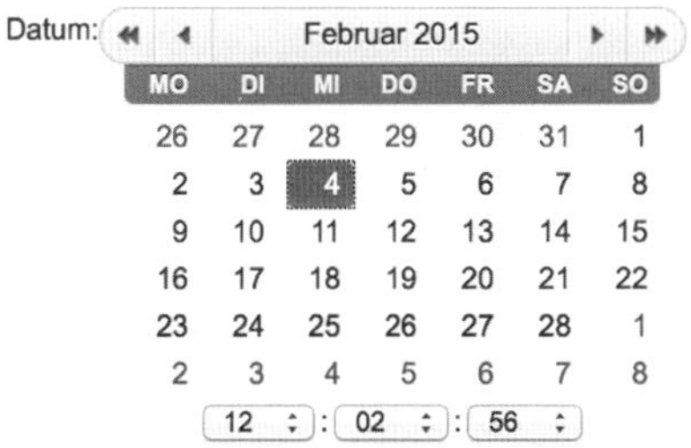

Abb. 4–5
Datumseingabe bis auf Ebene »Sekunde«

4.1.7 Eingabe von Werten über Slider

Mithilfe der Klasse `Slider` können wir Zahlenwerte für den Benutzer über einen Schieberegler per Maus eingebbar machen. Wir können dabei wählen, ob der Schieberegler horizontal oder vertikal angezeigt wird.

Listing 4–7
Programmierung eines horizontalen und eines vertikalen Sliders

```
Slider horizontalerSlider = new Slider();
horizontalerSlider.setOrientation(SliderOrientation.HORIZONTAL);

Slider vertikalerSlider = new Slider();
vertikalerSlider.setMin(10);
vertikalerSlider.setMax(100);
vertikalerSlider.setResolution(0);
```

Abb. 4–6
Ein horizontaler und ein vertikaler Slider

Mit den Slidern bestimmt der Benutzer einen double-Wert, der über setValue() und getValue() setz- beziehungsweise abfragbar ist. Ohne weitere Einstellungen kann er den Wert zwischen 0 und 100 in 1er-Schritten bestimmen. Über setMin() und setMax() lässt sich jedoch der Einstellungsbereich variieren. Über setResolution() können außerdem feinere Schrittweiten erreicht werden. Hierbei gilt:

Tab. 4–3
Schrittweiten für Slider

setResolution-Aufruf	Beschreibung
setResolution(0)	1er-Schrittweite
setResolution(1)	0.1er-Schrittweite
setResolution(2)	0.01er-Schrittweite
usw., usw.	

4.1.8 Auswahlkästchen mit CheckBox

Über eine CheckBox können wir die allseits bekannten Auswahlkästchen realisieren.

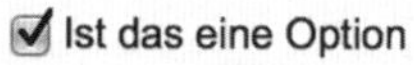

Abb. 4–7
Darstellung einer Checkbox

☑ Ist das eine Option

Die Klasse CheckBox hat nicht viele Neuheiten für uns parat: Den aktuellen Zustand können wir wieder über getValue() auslesen bzw. über setValue() verändern. Über Änderungen des Wertes lassen wir uns bei Bedarf wieder durch einen ValueChangedListener informieren, wobei wir wie gehabt mit setImmediate() entscheiden, ob das direkt beim Click geschieht oder erst, wenn ein Formular gesendet wird. Auch setReadonly() und setEnabled() können wir wieder nutzen.

Listing 4–8
Erzeugen einer Checkbox

```
CheckBox checkBox = new CheckBox("Ist das eine Option");
checkBox.setImmediate(true);
```

4.1.9 Auswahlboxen mit ListSelect, ComboBox, NativeSelect, OptionGroup und TwinColSel

Mehr Neues als bei Checkboxen gibt es für uns in den Auswahlboxen, welche durch die Klassen `ListSelect`, `ComboBox`, `OptionGroup`, `NativeSelect` und `TwinColSel` angeboten werden.

`ListSelect` ist dabei die einfachste Variante. Mit ihr bekommen wir eine Liste aller auswählbaren Elemente angezeigt. Aus ihr kann der Benutzer dann einen oder mehrere Einträge wählen.

Die Komponente ListSelect

Abb. 4–8
Eine mit der Komponente ListSelect realisierte Auswahlliste

```
final String[] auswahl = { "Erste Wahl", "Zweite Wahl", "Restposten" };
final ListSelect select = new ListSelect("Auswahl:",
Arrays.asList(auswahl));
select.setRows(5);
select.setImmediate(true);
```

Listing 4–9
Verwendung der Komponente ListSelect

Auch hier können wir uns wieder mit einem `ValueChangedListener` über Änderungen informieren lassen. Den aktuellen Wert bekommen wir über `getValue()`.

Die erste leere Zeile in der Liste im Screenshot ist leer. Diese leere Zeile dient zur Auswahl des Wertes `null`. Wenn wir keinen `null`-Wert zulassen wollen, können wir dies über `setNullSelectionAllowed()` verhindern – damit verschwindet auch die leere Zeile.

Über den Aufruf von `setMultiSelect()` können wir auch dafür sorgen, dass der Benutzer (z.B. mithilfe der Shift-Taste) gleichzeitig mehrere Zeilen selektieren kann. Die `getValue()` Methode liefert dann immer eine `java.util.Collection` (genauer: ein `UnmodifiableSet`) zurück.

Mit der Eingabe einer Liste von `String`-Objekten haben wir es uns leicht gemacht: Die Zeichenketten werden so angezeigt, wie wir sie eingegeben haben. Aber Vaadin bietet uns hier mehr. Wir können beispielsweise auch komplette POJOs eingeben und den Benutzer daraus auswählen lassen. Um zu entscheiden, wie das jeweilige POJO dann angezeigt wird, können wir eine *Property* (Eigenschaft) angeben. In diesem Fall liefert `getValue()` das tatsächliche POJO bzw. eine Collection davon zurück.

Listing 4–10
ListSelect mit POJOs als Auswahl

```
// Anschrift hat eine abgeleitete Property 'anzeigetext', die 'strasse'
// und 'ort' zusammenfasst.
final List<Anschrift> anschriften = Arrays.asList(
    new Anschrift[] {
        new Anschrift("Poststr. 3", "Ratingen"),
        new Anschrift("Hauptstr. 6", "Düsseldorf"),
        new Anschrift("Braunstr. 19", "Hamburg") });
final ListSelect select = new ListSelect("Auswahl:");
select.setItemCaptionMode(ItemCaptionMode.PROPERTY);
select.setItemCaptionPropertyId("anzeigetext");
select.setContainerDataSource(
    new BeanItemContainer<Anschrift>(Anschrift.class, anschriften));
select.setRows(5);
```

Wir verwenden hier einen `BeanItemContainer`, um die Daten in den Anschrift-POJOs mit der GUI zu verbinden. Dieser Klasse ist Teil des Data-Binding-Mechanismus, auf den wir später in diesem Kapitel noch eingehen werden.

Die Komponente ComboBox

Wenn wir nicht so viel Platz in unserer GUI belegen wollen, können wir alternativ auch eine `ComboBox` benutzen. Die API ist ganz ähnlich, unser String- und unser POJO-Beispiel funktionieren nahezu unverändert: Wir müssen nur den Typ von `ListSelect` auf `ComboBox` ändern und den Aufruf der Methode `setRows()` entfernen.

Abb. 4–9
Die Verwendung einer ComboBox

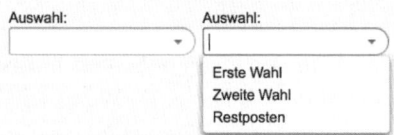

Die `ComboBox` bietet eine weitere Besonderheit: Über `setNewItems-Allowed()` können wir den Benutzer über das Texteingabefeld neue String-Elemente hinzufügen lassen. Vorgabemäßig wird dieses Feld einfach in die Liste der Elemente aufgenommen. Wenn wir eine komplexere Verarbeitung brauchen, können wir mit `setNewItemHandler()` einen `NewItemHandler` registrieren, der das Einfügen übernehmen muss.

Listing 4–11
Benutzung eines NewItemHandler bei einer ComboBox

```
final ComboBox select = new ComboBox("Auswahl:", container);
select.setNewItemsAllowed(true);
select.setNewItemHandler(new ComboBox.NewItemHandler() {

    public void addNewItem(String newItemCaption) {
        container.addItem(newItemCaption);
        select.setValue(newItemCaption);
        System.out.println( "Added:" + newItemCaption +
                ", value now:" + select.getValue());
    }
});
```

Als eine Alternative für die ComboBox-Klasse können wir auch die Klasse NativeSelect verwenden. Während bei der ComboBox Vaadin das Verhalten des Clientkomponente in Eigenregie steuert und auch das Styling der Komponente vorgibt, können wir über NativeSelect erreichen, dass Vaadin eine Dropdown-Box verwendet, wie sie der Browser bereitstellt.

Die Komponente NativeSelect

Auch die OptionGroup hat eine zum ListSelect ähnliche API. Auch hier reichen ein Austausch des Typs und das Entfernen des Aufrufs der Methode setRows(), um das obige Beispiel weiter zu verwenden. Danach werden uns die Optionen in der Art von Radio-Buttons dargestellt:

Die Komponente OptionGroup

Auswahl:
Erste Wahl
Zweite Wahl
Restposten

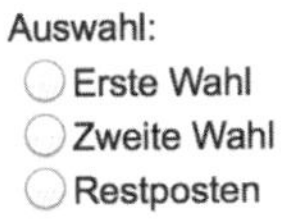

Abb. 4-10
Die Verwendung der Komponente OptionGroup

Eine wiederum andere Darstellung liefert uns die Klasse TwinColSel. Hier sind mehrere Steuerelemente zu einem großen Element zusammengesetzt.

Die Komponente TwinColSel

Auswahl
Zweite Wahl
Restposten
>>
<<
Erste Wahl

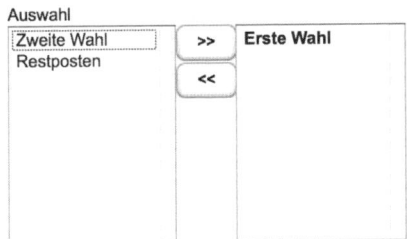

Abb. 4-11
TwinColSelect

Mithilfe der beiden mittleren Buttons kann der Benutzer Einträge zwischen den beiden Listen hin- und herbewegen. Einträge in der rechten Liste gelten als selektiert und werden bei Aufruf der Methode getValues() als UnmodifiableSet zurückgeliefert.

4.1.10 Hochladen von Dateien mit Upload

Wenn wir unserem Benutzer die Möglichkeit geben wollen, Dateien zum Server hochzuladen, können wir dies leicht mit der Vaadin-Komponente Upload tun.

Die Upload-Komponente stellt auf der GUI eine Dateiauswahlmöglichkeit zur Verfügung.

Abb. 4–12

Die Upload-Komponente erlaubt das Hochladen von Dateien.

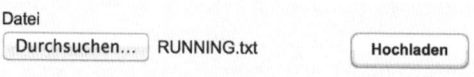

Wir müssen allerdings noch einen Upload.Receiver und einen Upload.SucceededListener implementieren. Der Receiver wird von Vaadin nach einem OutputStream gefragt, in den dann die Dateidaten geschrieben werden. Der SucceededListener wird nach einer erfolgreichen Verarbeitung aufgerufen.

Listing 4–12

Implementierung der von der Upload-Komponente benötigten Methoden für den Datei-Upload

```
public static class MyUploadReceiver implements Upload.Receiver {

    private ByteArrayOutputStream baos;
    public OutputStream receiveUpload(String filename,
                                      String mimeType) {
        baos = new ByteArrayOutputStream(100 * 1024);
        return baos;
    }

    public byte[] getBytes() {
    return baos.toByteArray();
    }

    public void createUpload(VerticalLayout layout) {
    final MyUploadReceiver receiver = new MyUploadReceiver();
    final Label message = new Label();

        final Upload upload = new Upload("Datei", receiver);
    upload.setButtonCaption("Hochladen");

        upload.addSucceededListener(new SucceededListener() {
            public void uploadSucceeded(SucceededEvent event) {
                message.setValue(receiver.getBytes().length +
                                 "Bytes erfolgreich gelesen!");
            }
        });

        layout.addComponent(upload);
    layout.addComponent(message);
    }
}
```

> **Datei-Upload mit Drag&Drop**
>
> Vaadin unterstützt auch das Drag&Drop im Allgemeinen und insbesondere das Drag&Drop für das Hochladen von Dateien im Speziellen. Einzelheiten lassen sich im Book of Vaadin (siehe [Book of Vaadin]) im Kapitel *Drag and Drop* finden.

4.1.11 Hierarchieanzeige mit der Tree-Komponente

Mithilfe der Tree-Komponente können wir uns Hierarchien als Baum anzeigen lassen. Der Benutzer kann hier Blätter auf- und zuklappen und Elemente auswählen.

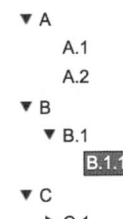

Abb. 4–13
Tree-Komponente zur Anzeige von Hierarchien

```
final Tree tree = new Tree();
tree.setImmediate(true);
tree.addItem("A");
tree.addItem("A.1");
tree.addItem("A.2");
tree.setParent("A.1", "A");
tree.setParent("A.2", "A");
tree.setChildrenAllowed("A.1", false);
tree.setChildrenAllowed("A.2", false);

tree.addItem("B");
tree.addItem("B.1");
tree.addItem("B.1.1");
tree.setParent("B.1", "B");
tree.setParent("B.1.1", "B.1");
tree.setChildrenAllowed("B.1.1", false);

tree.addItem("C");
tree.addItem("C.1");
tree.setParent("C.1", "C");
```

Listing 4–13
Quelltext für die Erzeugung der dargestellten Tree-Ansicht

Wir programmieren die Tree-Klasse, indem wir zunächst mit addItem() Elemente hinzufügen, um dann per setParent(child, parent) die Beziehung zwischen Ober- und Unterknoten zu setzen. Zusätzlich können wir mit setChildrenAllowed() noch Knoten markieren, die keine Unterknoten haben. Hierdurch werden sie als Blatt dargestellt.

Wie üblich können wir uns über getValue() über die aktuelle Selektion informieren lassen und werden mithilfe eines ValueChangeListener über Selektionsänderungen informiert.

4.1.12 Tabellen mit der Table-Komponente

Die Klasse `Table` ist eine komplexe Komponente, mit der Daten tabellarisch dargestellt, ausgewählt und auch verändert werden können.

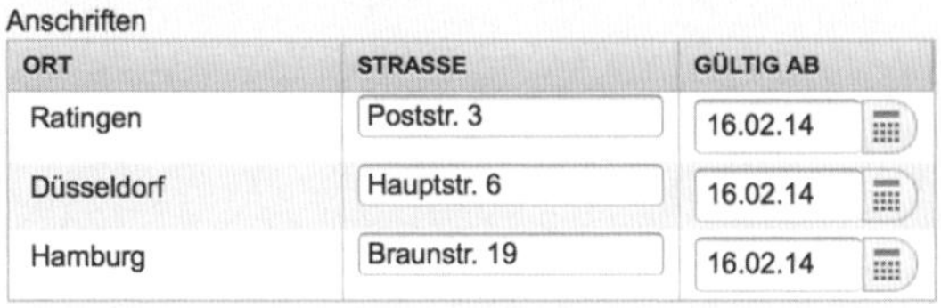

Abb. 4–14
Tabellarische Darstellung von Daten mit der Table-Komponente

Anschriften		
ORT	**STRASSE**	**GÜLTIG AB**
Ratingen	Poststr. 3	16.02.14
Düsseldorf	Hauptstr. 6	16.02.14
Hamburg	Braunstr. 19	16.02.14

Listing 4–14
Nutzung einer Table-Komponente

```
final List<Anschrift> anschriften = Arrays.asList(
    new Anschrift[] {
        new Anschrift("Poststr. 3", "Ratingen"),
        new Anschrift("Hauptstr. 6", "Düsseldorf"),
        new Anschrift("Braunstr. 19", "Hamburg") });

final BeanItemContainer<?> container =
    new BeanItemContainer<Anschrift>(Anschrift.class, anschriften);

Table table = new Table("Anschriften", container);
table.setEditable(true);
table.setImmediate(true);
layout.addComponent(table);

// Sichtbare Properties von 'Anschrift'
table.setVisibleColumns("ort", "strasse", "gueltigAb");
table.setColumnHeader("gueltigAb", "GÜLTIG AB");
```

Im einfachsten Fall können wir hier eine Liste von POJOs übergeben; die Table stellt dann die Properties des POJOs dar. Diese Properties sollten dabei von einem Standard-Java-Typ wie Integer, String usw. sein. Falls wir dies nicht gewährleisten können, benötigen wir einen *Converter* zur Typumwandlung in Basistypen.

> **Converter und Container**
>
> Wir haben im vorangegangenen Beispiel einen `BeanItemContainer` benutzt, um die Daten in den Anschrift-POJOs mit der GUI-Tabelle zu verbinden. Diese Klasse ist genau wie die Schnittstelle *Converter* Teil des Data-Binding-Mechanismus, auf den wir später in diesem Kapitel noch eingehen werden.

Wenn wir nicht alle Properties darstellen oder die Darstellungsreihenfolge ändern wollen, können wir die Methode `setVisibleColumns()` benutzen. Hier können wir die Namen der Properties aufzählen, die angezeigt werden sollen. Die Reihenfolge der Aufzählung bestimmt dabei auch die Spaltenreihenfolge.

Um die POJOs auch editierbar zu machen, müssen wir die Methode `setEditable()` unseres `Table`-Objekts aufrufen. Alle Properties, für die es Setter-Methoden gibt, können dann vom Benutzer verändert werden.

Dieser kurze Einblick in die `Table`-Komponente kann die umfangreiche Funktionalität, die diese Komponente bietet, nur anreißen. An sehr vielen Stellen haben wir bei `Table` die Möglichkeit, zu konfigurieren, zu überschreiben und anzupassen. Zudem gibt es eine von `Table` abgeleitete Klasse `TreeTable`, die die Funktionalität von `Table` mit der von `Tree` verbindet. Ein Blick in die API lohnt sich bei `Table` also definitiv.

Die `Table` können wir in unseren GUIs sehr gut nutzen. Trotzdem plant das Vaadin-Team ein größeres Refactoring dieser Komponente und will sie langfristig sogar durch eine noch flexiblere Komponente »Grid« ersetzen. Derzeit gibt es hier schon Nightly Builds, die einen ersten Einblick geben.

4.1.13 Menüzeilen mit MenuBar

Mit Vaadin können wir unsere Applikation auch mit einer klassischen Menüzeile versehen. Ausgangspunkt ist hierbei die Klasse `MenuBar`, in die wir `MenuItem`-Objekte einbetten. Diese `MenuItem`-Objekte können für hierarchische Menüs auch geschachtelt werden. Zudem können wir sie mit Icons anreichern:

```java
MenuBar menuBar = new MenuBar();

Command cmdOpen = new Command() {
    public void menuSelected(MenuItem selectedItem) {
        System.out.println("Öffnen...");
    }
};

Command cmdAusschneiden = new Command() {
    public void menuSelected(MenuItem selectedItem) {
        System.out.println("Ausschneiden...");
    }
};

MenuItem dateiItem = menuBar.addItem("Datei", null);
dateiItem.addItem("Öffnen...", cmdOpen);

MenuItem bearbeitenItem = menuBar.addItem("Bearbeiten", null);
Resource icon = new ThemeResource("icons/cut.png");
bearbeitenItem.addItem("Ausschneiden", icon, cmdAusschneiden);

layout.addComponent(menuBar);
```

Listing 4–15
Menüzeilen mit der MenuBar-Komponente

Um auf die Auswahl eines Menüeintrages zu reagieren, nutzen wir ein Command-Objekt. Die Callback-Methode menuSelected() wird aufgerufen, wenn ein Menüpunkt vom Anwender gewählt wurde.

4.1.14 Fortschrittsanzeige mit der ProgressBar-Komponente

Wenn wir langlaufende Aufgaben haben, über deren Fortschritt wir dem Benutzer Feedback geben wollen, können wir die ProgressBar einsetzen. Der Fortschritt wird dann in einem horizontalen Balken visualisiert.

Abb. 4–15
Die Darstellung der ProgressBar-Komponente

Wir können entweder den Fortschritt konkret über einen Wert von 0.0 bis 1.0 angeben, wobei 1.0 »fertig« bedeutet. Oder wir können die ProgressBar über setInterderminate(true) in einem sogenannten »unbestimmten Modus« bringen, der dem Anwender nur noch anzeigt, dass die Aufgabe noch läuft.

Die ProgressBar ist insbesondere bei nebenläufigen Threads interessant. Wir werden diese Komponente im Rahmen der Betrachtung von Vaadin Server Push in Kapitel 6 einsetzen.

4.1.15 Videos und Animationen mit Link, AbstractMedia und AbstractEmbedded

Um in Vaadin mit Hypermedia-Inhalten wie Videos und Flash-Animationen umzugehen, ist eine Reihe von Klassen vorgesehen. Die einfachste Form ist sicher die Klasse Link, mit der Hyperlinks zu internen und externen Ressourcen erstellt werden können. Zunächst müssen wir uns aber ansehen, wie Vaadin mit diesen umgeht.

Es gibt hierfür ein eigenes Interface Resource, das verschiedene Arten von Ressourcen zusammenfasst. Vaadin bietet uns hier die folgenden Formen:

- ExternalResource: eine extern zur Anwendung liegende, per URL bekannte Ressource
- ThemeResource: eine im eigenen Theme definierte Ressource
- ClassResource: eine über den Java-Classloader zugreifbare Ressource, die beispielsweise parallel zu unseren Class-Dateien liegt
- FileResource: eine im Dateisystem des Applikationsservers liegende Datei
- StreamResource: jede beliebige java.io.InputStream als Ressource

Wir können Links zu allen solchen Ressourcen vorsehen. Der folgende Quelltext gibt ein Beispiel für einen Link auf eine externe URL und einen Link zum Abrufen eines Textdokumentes.

```
final Link linkExtern = new Link("Google-Vaadin-Suche",
    new ExternalResource("https://www.google.de/#q=vaadin"));
layout.addComponent(linkExtern);

final Link linkDatei = new Link("Textdaten",
    new FileResource(new File("/tmp/daten.txt")));
layout.addComponent(linkDatei);
```

Listing 4–16
Links zu externen Seiten und zu Dateien

Um Anwendungslogik aufzurufen, die ausgeführt wird, wenn ein Link geklickt wird, sollten wir nicht die `Link`-Klasse verwenden, sondern Buttons. Hierfür stellt Vaadin eine Stilart zur Darstellung (*Style*) bereit. Diesen Style nutzen wir wie folgt:

Links, die Anwendungslogik aufrufen

```
Button btn = new Button("Eintrag löschen");
btn.setStyleName(BaseTheme.BUTTON_LINK);
layout.addComponent(btn);
```

Listing 4–17
Buttons in Link-Optik

Mit Audio und Video, beides Subklassen von `AbstractMedia`, können wir HTML5-Elemente für Audio und Video einbinden.

Für PDFs können wir beispielsweise `BrowserFrame` (als Subklasse von `AbstractEmbedded` nutzen). Diese Klasse erzeugt ein IFrame und lässt so den Browser das PDF darstellen. Weitere Subklassen können für Flash (`Flash`) und Bilder (`Image`) genutzt werden. Sollte man noch mit Java-Applets arbeiten, muss man allerdings die alte Vaadin-Klasse Embedded verwenden.

Darstellung von PDF-Dateien

4.2 Layout-Klassen

Nachdem wir jetzt einige Komponenten kennengelernt haben, ist unsere nächste Herausforderung, diese in unserer Webapplikation anzuordnen. Hierfür verwenden wir Layouts, die sehr ähnlich wie die Layouts in Swing-Applikationen funktionieren. So sprechen wir beispielsweise von vertikaler und horizontaler Ausrichtung von Komponenten sowie dem Erzeugen von Formular-GUIs.

Vaadin bietet eine Reihe von Klassen, mit deren Hilfe wir Elemente im Browser anordnen können. Hierfür stehen folgende Klassen zur Verfügung:

Tab. 4–4
Von Vaadin zur Verfügung gestellte Layoutklassen

Klasse	Aufgabe
AbsoluteLayout	Nutzt absolute Positionierung von HTML
FormLayout	Spezialisiert für die Darstellung von Bildschirmformularen
HorizontalLayout	Horizontale/waagerechte Anordnung von Elementen
VerticalLayout	Vertikale/senkrechte Anordnung von Elementen
CssLayout	Die Positionierung der Elemente wird über CSS festgelegt.
CustomLayout	Die Anordnung der Elemente basiert hier auf einer XHTML-Template-Datei und ebenfalls CSS.
GridLayout	Ermöglicht die Anordnung von Elementen in einem flexiblen Gitter

4.2.1 Elemente untereinander: VerticalLayout

Die Klasse `VerticalLayout` haben wir schon häufiger in den Beispielen verwendet. Dieses Layout sorgt dafür, dass hinzugefügte Elemente untereinander dargestellt werden. Im einfachsten Fall sieht dies wie folgt aus:

Abb. 4–16
Verwendung eines einfachen VerticalLayout

Im Ergebnis werden die als Beispiel eingefügten Buttons direkt untereinander dargestellt. Im Folgenden werden wir einige Einstellungsmöglichkeiten für das `VerticalLayout` genauer kennenlernen. Viele dieser Einstellungsmöglichkeiten sind auch für andere Layoutklassen verfügbar.

> Wir haben hier über einen CSS-Style eine Einfärbung erreicht. Hierdurch sehen wir den Bereich deutlicher, für den das VerticalLayout verantwortlich ist. Dies ermöglicht es uns, die Effekte der verschiedenen Layout-Einstellungen einfacher zu beobachten. Daher werden wir dies auch in den folgenden Beispielen immer wieder so machen.

Größe des VerticalLayout

Wir sehen an der Einfärbung, dass das VerticalLayout sich den gesamten zur Verfügung stehenden horizontalen Platz nimmt, aber vertikal nur so viel Platz ausnutzt, wie notwendig ist.

Dieses Standardverhalten können wir wie bei einfachen Elementen über die verschiedenen Methoden zur Größensteuerung verändern. So sorgt ein setSizeFull() oder auch setHeight(100, Unit.PERCENTAGE) dafür, dass nun auch vertikal die gesamte zur Verfügung stehende Fläche ausgenutzt wird. Alternativ kann über ein setWidth(50, Unit.PERCENTAGE) dafür gesorgt werden, dass das Layout horizontal nur die Hälfte des verfügbaren Raums einnimmt. Um auch horizontal nur den unbedingt benötigten Raum einzunehmen, nutzen wir setWidth(null).

Ränder um die Elemente im Layout

Wir können das Layout veranlassen, um jedes Element herum einen Rand (Margin) frei zu lassen. Dies geschieht über setMargin(true) oder setMargin(marginInfo). Das Ergebnis von setMargin(true) sehen wir in der folgenden Abbildung, wobei wir mit setWidth(null) und der Einfärbung gearbeitet haben, um das Ergebnis besser sichtbar zu machen.

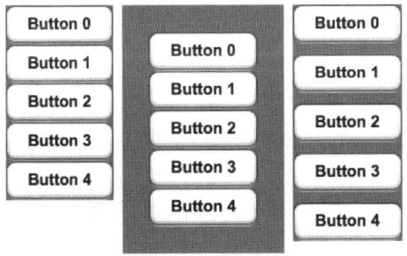

Abb. 4–17
VerticalLayout mit und ohne Margin und Spacing

Mittels setMargin(marginInfo) können wir die Ränder einzeln an- und ausschalten. So schaltet die Zeile

```
layout.setMargin(new MarginInfo(true, false, false, true));
```

nur den oberen und den linken Rand an. Die Breite der Ränder richtet sich nach den Theme-Einstellungen.

Abstand zwischen den Elementen im Layout

Wir können den Abstand, den das `VerticalLayout` zwischen zwei untereinanderliegenden Elementen lässt, etwas vergrößern, indem wir `setSpacing(true)` auf dem Layout aufrufen. Auch hier wird die eigentliche Breite des Abstands über das Theme gesteuert.

Ausrichtung der Elemente im Layout

Horizontale Ausrichtung bestimmen

Wenn wir mehr Breite verfügbar haben, als für ein Element im Layout benötigt wird, können wir bestimmen, wie das Element ausgerichtet werden soll: linksbündig, zentriert oder rechtsbündig.

Über `setDefaultComponentAlignment(alignment)` können wir bestimmen, wie alle Elemente die »ab jetzt« eingefügt werden, ausgerichtet werden; über `setComponentAlignment(childComponent, alignment)` können wir diese Ausrichtung nachträglich vornehmen bzw. ändern.

`Alignment` ist ein Aufzählungstyp, mit dem die Ausrichtung in den zwei Dimensionen horizontal und vertikal bestimmt werden kann. Dazu umfasst er Elemente wie bspw. TOP_RIGHT, MIDDLE_LEFT oder BOTTOM_CENTER.

Für das `VerticalLayout` ist die Angabe der vertikalen Ausrichtung (TOP, MIDDLE, BOTTOM) jedoch im Normalfall nicht relevant, so dass sich hier zum Beispiel TOP_RIGHT gleich verhält wie BOTTOM_RIGHT.

Element in der Höhe verteilen

Die Nutzung überschüssiger Höhe im `VerticalLayout` geschieht etwas anders als bei überschüssiger Breite. Zunächst: Wie wir oben gesehen haben, gibt es normalerweise im VerticalLayout keine überschüssige Höhe. Erst wenn wir zum Beispiel mit `setSizeFull()` das Layout über den Standard verlängern, stellt sich die Frage, was mit dem überschüssigen Bereich passiert. Hier lautet die Antwort: Normalerweise werden die Elemente gleichförmig auf den zur Verfügung stehenden Bereich verteilt. Wir können aber über die Methode `setExpandRatio(childComponent, expandRatio)` diese Verteilung beeinflussen und einzelnen Elementen mehr vom überschüssigen Platz zuordnen.

Die Verteilung der überschüssigen Höhe geschieht über das Verhältnis der unterschiedlichen `expandRatios` der Kindelemente des Layouts. Die konkreten Zahlen sind dabei nicht wichtig, wichtig ist das Verhältnis der Einzelangabe zur Summe aller Angaben. Beispiel: Wir haben drei Elemente mit folgenden Angaben:

Listing 4–18
Expand-Ratios beim Layout

```
layout.setExpandRatio(kind1, 60);
layout.setExpandRatio(kind2, 40);
layout.setExpandRatio(kind3, 0);
```

In diesem Fall würde kind1 60% (=60/(60+40+0)) vom überschüssigen Platz bekommen und kind2 40% (=40/(60+40+0)). Das kind3 wird nichts vom zusätzlichen Platz abbekommen (0%=0/(60+40+0)). Der Vorgabewert ist hierbei der Wert 0, so dass gegebenenfalls weitere eingefügte Felder ohne explizite Verwendung der Methode setExpandRatio() keinen zusätzlichen Platz bekämen.

4.2.2 Elemente nebeneinander: HorizontalLayout

Das HorizontalLayout ist das waagerechte Pendant zum VerticalLayout. Es verhält sich sehr ähnlich zum VerticalLayout, wenn man sich die Ausrichtung um 90° verdreht vorstellt. Interessanterweise gibt es jedoch auch ein paar Unterschiede. Im einfachsten Fall werden die Elemente bei HorizontalLayout nebeneinander dargestellt.

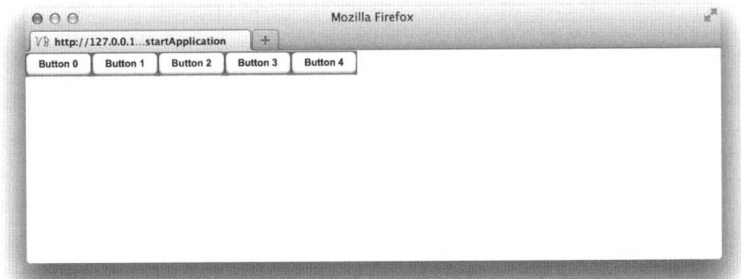

Abb. 4–18
HorizontalLayout

Größe des HorizontalLayout

Wie wir an der Einfärbung erkennen können, wird beim HorizontalLayout die Gesamtbreite durch die Breite der Elemente im Layout bestimmt. Dies entspricht dem Verfahren zur Gesamthöhenbestimmung im VerticalLayout.

Ein Unterschied zeigt sich bei der Bestimmung der Höhe im HorizontalLayout. Auch hier ist das HorizontalLayout genügsam und reserviert sich in der Standardeinstellung nur die unbedingt benötigte Höhe. Das VerticalLayout ist – wie wir im vorangegangenen Kapitel gesehen haben – anspruchsvoller und nimmt die gesamte zur Verfügung stehende Breite ein. Aber dies ist tatsächlich nur eine Frage der Vorgabeeinstellung. Wenn wir mit layout.setWidth(100, Unit.Percentage) oder layout.setSizeFull() diese Einstellung an das VerticalLayout angleichen, verhält sich das HorizontalLayout analog.

Ausrichtung der Kindelemente

Auch die Ausrichtung der Kindelemente geschieht analog zum VerticalLayout:

- Wir können nun über setComponentAlignment(alignment) die vertikale Ausrichtung einzelner Komponenten anpassen: oben, unten und in der Mitte zentriert.
- Wir können über setExpandRatio(childComponent, expandRatio) die Verteilung der zusätzlichen Breite auf die Kindelemente bestimmen.

Auch die beiden Methoden zum Margin und Spacing, die wir beim VerticalLayout kennengelernt haben, stehen im HorizontalLayout zur Verfügung. Mit dem Margin konnten wir ja zusätzlichen Platz um alle Kindelemente schaffen, per Spacing konnten die einzelnen Kindelemente jeweils mit freiem Platz umgeben werden.

4.2.3 Zwischenbetrachtung: Schachteln von Layouts

VerticalLayout- und HorizontalLayout-Instanzen können – genau wie alle weiteren Layouts, die wir im Folgenden noch kennenlernen werden – ineinandergeschachtelt werden. Bereits mit den zwei Layouts, die wir schon kennen, lassen sich so komplexe Gesamtlayouts wie das klassische Layout einer traditionellen Webseite mit Kopfzeile, Navigation links, einem Contentbereich und einer Fußzeile verwirklichen.

Allerdings müssen wir dabei bedenken, dass mit solchen Schachtelungen relativ schnell komplexe DOM-Strukturen im Browser entstehen. Dies kann für die Performanz im Browser schlecht sein, insbesondere, wenn der Benutzer zum Beispiel die Größe der Browserfenster ändert, so dass viele Layouts neu berechnet werden müssen. Die weiteren Layoutklassen, die wir im Folgenden kennenlernen werden, helfen uns, spezielle Anforderungen einfacher umzusetzen und eine höhere Laufzeitperformanz zu erzielen.

4.2.4 GridLayout – Elemente im Gitter

Während wir mit dem VerticalLayout Elemente nur untereinander und mit dem HorizontalLayout nur nebeneinander anordnen konnten, verbindet das GridLayout beide Funktionen. Wir können hier Elemente tabellenförmig in einem Gitter platzieren.

Die Größe des Gitters können wir mit einem der Konstruktoren von GridLayout festlegen. Wollen wir beispielsweise ein Gitter mit fünf Spalten und drei Zeilen erzeugen, so verwenden wir new GridLayout(5,3). Ein solches 5 × 3-Grid sieht wie folgt aus:

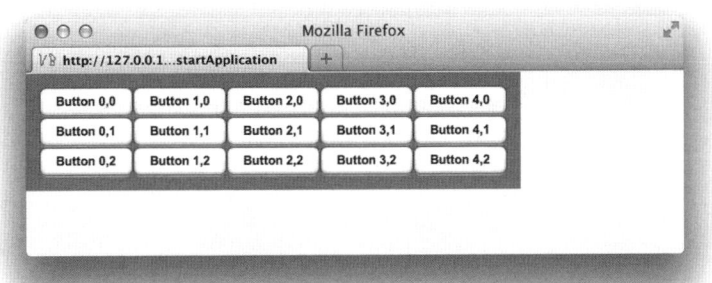

Abb. 4–19
GridLayout

Folgender Quelltext erzeugt diese Abbildung:

```
final GridLayout grid = new GridLayout(5, 3);

for (int i = 0; i < (5 * 3); i++) {
    grid.addComponent(
        new Button("Button " +
            grid.getCursorX() + "," + grid.getCursorY()));
}

layout.setMargin(true);
```

Listing 4–19
GridLayout mit Cursor

Wir verwenden hier eine einfache Version der addComponent()-Methode. Diese benutzt einen Cursor, der bestimmt, an welcher Position das nächste Element eingefügt wird. Über die Methoden get/setCursorX/Y() kann die aktuelle Position des Cursors abgefragt beziehungsweise bestimmt werden, wie im Beispiel demonstriert. Mit jedem eingefügten Element wird die Cursorposition automatisch weitergeschaltet: Er wandert eine Spalte nach rechts, außer er befand sich bereits in der letzten Spalte – dann wird er an den Anfang der neuen Zeile gesetzt. Es ist praktisch, dass sich das GridLayout hierbei automatisch um Zeilen erweitert: Wenn wir bei dem 5x3-GridLayout von oben ein sechzehntes Element einfügen, entsteht automatisch eine neue, vierte Zeile.

Einfügen von Elementen mit und ohne Cursor

Mit den zwei Methoden space() und newLine() können wir den Cursor auch weiterschalten, ohne dass wir Elemente einfügen. Mit space() wird die aktuelle Gitterzelle einfach leer gelassen und der Cursor trotzdem weitergeschaltet. Mit newLine() wird die gesamte restliche aktuelle Zeile leer gelassen, und der Cursor steht danach am Anfang der nächsten Zeile.

Es ist auch eine vom Cursor unabhängige Positionierung von Elementen beim Einfügen möglich. Wenn wir die Methode addComponent(component, column, row) verwenden, können wir direkt angeben, an welcher Position das Element gesetzt wird. Folgende Abbildung liefert ein Beispiel:

Abb. 4–20
GridLayout mit direkter Positionierung

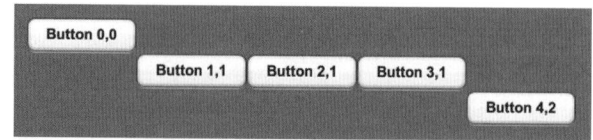

Listing 4–20
GridLayout mit direkter Positionierung

```
final GridLayout layout = new GridLayout(5, 3);
layout.setMargin(true);
layout.addComponent(new Button("Button 0,0"), 0, 0);
layout.addComponent(new Button("Button 1,1"), 1, 1);
layout.addComponent(new Button("Button 2,1"), 2, 1);
layout.addComponent(new Button("Button 3,1"), 3, 1);
layout.addComponent(new Button("Button 4,2"), 4, 2);

return layout;
```

Wichtig ist hierbei, dass sich noch kein anderes Element an dieser Position befinden darf und dass hier keine automatische Erweiterung des Gitters stattfindet: column und row müssen innerhalb der aktuellen Gittergröße liegen.

Ein Element kann auch mehrere Gitterzellen einnehmen.

Über eine weitere addComponent-Methode können wir auf die ganze Flexibilität des GridLayout zugreifen. Die Methode addComponent(component, column1, row1, column2, row2) erlaubt es uns, für Elemente mehr als eine Gitterzelle zur Verfügung zu stellen. Die nachfolgende Abbildung zeigt, wie verschieden große Bereiche für Elemente reserviert werden.

Abb. 4–21
Elemente mit mehreren Gitterzellen

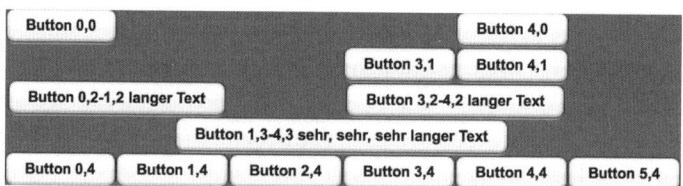

Größe der Gitterzellen

Im Gegensatz zu Fluid-Grid-Layouts, wie man sie vielleicht aus dem klassischen Webdesign kennt, sind allerdings beim Vaadin-GridLayout auch die einzelnen Zellen des Gitters nicht gleichförmig groß. Die Breite jeder Spalte richtet sich nach dem breitesten Element in der Spalte, die Höhe eine Zeile nach dem höchsten Element.

Zusätzlich haben wir wie beim VerticalLayout und HorizontalLayout die Möglichkeit, zu bestimmen, wie zusätzlich vorhandener Platz auf die Zeilen und Spalten verteilt wird. Die Methoden setRowExpandRatio() und setColumnExpandRatio() ähneln der Methode setExpandRatio() in den beiden einfacheren Layouts. Im Gegensatz zu diesen wird bei setRowExpandRatio() und setColumnExpandRatio() das Verhältnis des Zuwachses aber nicht auf einzelne Elemente festgelegt, sondern jeweils für eine Zeile beziehungsweise Spalte. Wenn wir also über gridLayout.setWidth(100, Unit.Percentage) dafür sorgen, dass das Layout größer wird, als es für die enthaltenen Elemente unbedingt erforderlich ist, dann können wir über gridLayout.setColumnExpandRatio(column, ratio) bestimmen, welche Spalte welchen Anteil des zusätzlichen Platzes bekommt. Der Vorgabewert hier ist 0, so dass wir mit einem gridLayout.setColumnExpandRatio(2,1) dafür sorgen können, dass der gesamte zusätzliche Platz der dritten Spalte zur Verfügung steht.

Auch beim GridLayout können wir wieder bestimmen, wie Elemente innerhalb dieses zusätzlichen Platzes ausgerichtet werden. Beim Grid-Layout ist es diesmal auch sinnvoll, dass mit setComponentAlignment() gleichzeitig die horizontale und die vertikale Ausrichtung bestimmt werden können. Mit folgender Zeile können wir dafür sorgen, dass ein erstes Element in seiner Zelle ganz unten rechts angezeigt wird.

Ausrichtung von Elementen in Gitterzellen

```
gridLayout.setComponentAlignment(gridLayout.getComponent(0,0),
                                 Alignment.BOTTOM_RIGHT);
```

Listing 4–21
Die Methode setComponentAlignment(

Mit den Methoden setRows(rows) und setColumns(cols) können wir die Anzahl der Spalten und Zeilen auch nach dem Einfügen von Elementen noch verändern. Dies geht problemlos, wenn wir das Gitter vergrößern. Wenn wir es jedoch verkleinern, dürfen wir zuvor keine Elemente in den äußeren, nun wegfallenden Zellen platziert haben, ansonsten bekommen wir eine GridLayout.OutOfBoundsException.

Nachträgliche Veränderung der Gittergröße

4.2.5 FormLayout

Für das Layout typischer Bildschirmformulare mit Eingabefeldern und deren Beschriftungen bietet Vaadin über das oben beschriebene Grid-Layout hinaus noch eine spezialisierte Unterstützung. Mit dem FormLayout können solche Formulare einfach erstellt werden. Beim FormLayout benötigen wir kein eigenes Element für die Beschriftung eines Eingabefeldes. Stattdessen verwendet Vaadin hierfür die »Caption« eines Elementes. So können wir ein Formular mit zwei Eingabefeldern einfach mit den Zeilen aus folgendem Listing erzeugen:

```
private TextField txtName = new TextField("Name");
private TextField txtVorname = new TextField("Vorname");

protected FormLayout erzeugeFormular() {

    final FormLayout layout = new FormLayout();
    layout.setMargin(true);

    layout.addComponent(txtName);
    layout.addComponent(txtVorname);

    return layout;
}
```

Listing 4–22
Verwendung von Formularen mit der Form-Komponente

Abb. 4–22
FormLayout

Name	
Vorname	

Bei Checkboxen wird die linke Spalte des `FormLayout` frei gelassen. Das Gleiche gilt für Buttons. Während dieses Verhalten bei Checkboxen noch zu recht ansehnlichen Ergebnissen führt, ist es bei Buttons etwas gewöhnungsbedürftig. Will man die typischen Buttons »OK«, »Abbruch« realisieren, ist es besser, unter dem `FormLayout` noch ein `HorizontalLayout` zu verwenden.

> Mittels der Methode `setCaption()` können wir auch in anderen Layouts einfach für eine Beschriftung unserer Eingabefelder sorgen. Beim `VerticalLayout` und `HorizontalLayout` beispielsweise wird die »Caption« oberhalb der Eingabefelder dargestellt.

4.2.6 AbsoluteLayout

Im Gegensatz zu den Layouts, die wir bisher betrachtet haben, richten sich die folgenden Layouts mehr an Entwickler mit einem Webhintergrund. `AbsoluteLayout`, `CssLayout` und `CustomLayout` arbeiten unter dem Rückgriff auf Webtechnologien wie CSS und HTML und versuchen nicht, diese zu kapseln, so wie es die anderen Layouts tun.

Das `AbsoluteLayout`, das wir als Erstes betrachten wollen, erlaubt es uns, Elemente im Layoutbereich frei zu positionieren. Hierzu können wir für jedes Element eine CSS-Positionierungsangabe machen. So lassen sich Buttons z.B. wie folgt als Treppe anordnen:

Listing 4–23
AbsoluteLayout

```
final AbsoluteLayout layout = new AbsoluteLayout();
layout.addComponent(new Button("Button 1"), "left: 200px; top: 100px;");
layout.addComponent(new Button("Button 2"), "left: 230px; top: 140px;");
layout.addComponent(new Button("Button 3"), "left: 260px; top: 180px;");
layout.addComponent(new Button("Button 3"), "left: 290px; top: 220px;");
```

Abb. 4–23
AbsoluteLayout

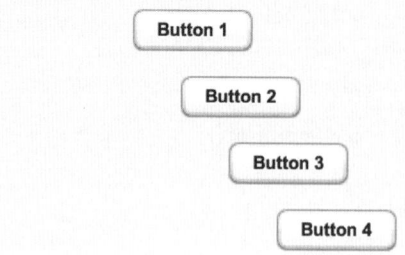

Mit `left` und `top` bestimmen wir die Position des einzelnen Elements ausgehend von der linken oberen Ecke des Layouts. Wir legen hier dann die Position der linken oberen Ecke des Elements fest. Alternativ können wir auch `right` und `bottom` verwenden, um die Position der rechten unteren Ecke des Elements relativ zur rechten unteren Ecke des Layouts zu definieren.

```
layout.addComponent(new Button("Button Links/Oben"),
    "left: 0px; top: 0px;");
layout.addComponent(new Button("Button Rechts/Unten"),
    "right: 0px; bottom: 0px;");
```

Listing 4–24
AbsoluteLayout mit Angabe relativ zur unteren rechten Ecke

Wenn wir für ein Element alle vier Angaben gleichzeitig machen, hat dies nur dann einen Einfluss auf das Layout, wenn wir vorher `setSizeFull()` auf dem jeweiligen Element aufrufen. Andernfalls wird die right/bottom-Angabe ignoriert. Mit `setSizeFull()` können wir dann aber die Größe des jeweiligen Elements festlegen:

```
TextArea mitte = new TextArea();
mitte.setSizeFull();
layout.addComponent(mitte,
    "top: 300px; left: 300px; right: 300px; bottom: 300px;");
```

Listing 4–25
AbsoluteLayout mit Angabe zur Größe

Wir sind beim `AbsoluteLayout` nicht auf Pixelangaben angewiesen. Stattdessen können wir z.B. auch »pt«-Angaben machen, also Angaben in typografischen Punkten. Auch prozentuale Angaben sind möglich. Hierdurch wird unser Layout unabhängiger von der konkreten Bildschirmauflösung.

```
layout.addComponent(new Button("Button 1"), "left: 10pt; top: 50pt;");
layout.addComponent(new Button("Button 2"), "left: 5%; top: 95%;");
```

Listing 4–26
AbsoluteLayout mit Angabe in Punkt (pt) und Prozent

4.2.7 CssLayout

Über `CssLayout` können wir noch stärker CSS-Funktionen nutzen, um unser Layout zu entwickeln. Das `CssLayout` besitzt zwei wesentliche Eigenschaften:

- Eingefügte Elemente werden in ein großes HTML-Element vom Typ `<div>` gepackt. Die Formatierung darin entspricht »normalen« CSS/HTML-Regeln, inklusive beispielsweise eines automatischen Zeilenumbruchs für Texte.

- Über eine zu überschreibende Methode `String getCss(Component c)` kann für jedes Element leicht ein CSS-Style-String festgelegt werden.

Dies macht es uns leicht, für das Layouting auf Standard-Webmittel zurückzugreifen. Beispielsweise können wir per CSS-float einen Labeltext zwischen zwei Textareas fließen lassen.

Listing 4–27
CssLayout mit CSS-»Floating«

```
final TextArea t1 = new TextArea();
final TextArea t2 = new TextArea();
final Label c = new Label(getSehrLangenText());

t1.setValue("Linker Block");
t2.setValue("Rechter Block");

final CssLayout layout = new CssLayout() {
    protected String getCss(Component c) {
        if (c == t1) {
            return "float:left;";
        }
        if (c == t2) {
            return "float:right;";
        }
        return "display: inline;";
    };
};

layout.addComponent(t1);
layout.addComponent(t2);
layout.addComponent(c);
```

Abb. 4–24
AbsoluteLayout

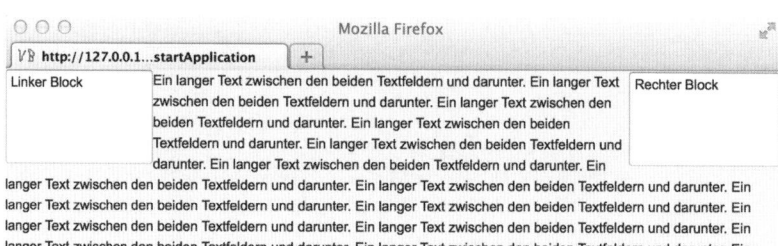

4.2.8 CustomLayout

Mit dem AbsoluteLayout und dem CssLayout hat mit CSS bereits eine Webtechnologie Einzug in unser Layouting mit Vaadin gehalten. Beim CustomLayout verwenden wir nun zusätzlich auch HTML. Die Idee ist hierbei, eine Art Schablone per HTML zu erstellen, die wir dann im Vaadin-Code mit unserer GUI-Logik verbinden. Dies ist besonders dann vorteilhaft, wenn unser Projekt an dieser Stelle arbeitsteilig organisiert ist: Ein Webdesigner baut statische HTML-Seiten, die wir als Entwickler dann »dynamisieren«.

Eine Schablonendatei kann beispielsweise wie folgt aussehen:

```
<body>
    <table>
        <tr>
            <td>Vorname:</td>
            <td><div location="vorname"></div></td>
        </tr>
        <tr>
            <td>Nachname:</td>
            <td><div location="nachname"></div></td>
        </tr>
    </table>
</body>
```

Listing 4–28
HTML-Schablone für ein CustomLayout

Die Verbindung geschieht über die `location`-Attribute der div-Elemente. Auf diese wird im Vaadin-Code beim Aufruf der Methode `addComponent()` Bezug genommen:

```
final CustomLayout layout = new CustomLayout("namenseingabe");
TextField vorname = new TextField();
TextField nachname = new TextField();
layout.addComponent(vorname, "vorname");
layout.addComponent(nachname, "nachname");
```

Listing 4–29
Nutzung des CustomLayout

Beim Erzeugen des `CustomLayout` kann der Name der Schablonendatei angegeben werden. Die Endung `.html` ergänzt Vaadin hierbei automatisch. Die Datei wird dann im Unterordner »layouts« des eigenen Theme-Verzeichnisses gesucht. Ohne eigenes Theme können wir daher auf diese Art kein `CustomLayout` nutzen.

Es stehen jedoch zwei alternative Konstruktoren zur Verfügung, mit denen wir selbst steuern können, woher die Template-Daten kommen: Der erste Konstruktor erwartet einen `InputStream`, der zweite Konstruktor erwartet überhaupt keine Daten und ermöglicht so den späteren Aufruf der Methode `setTemplateContents(String templateContents)`.

4.3 Sonderlayouts

Es gibt noch weitere Layouts, die über die reine Anordnung hinausgehen und weitergehende Funktionen bieten. Beispiele hierfür sind Karteireiter (TabSheets) und Splitter. Wir werden jetzt einige dieser Sonderlayouts betrachten.

4.3.1 Scrolling mittels Panel

Als erste Klasse der speziellen Layouts wollen wir uns `Panel` ansehen. Ein Panel setzen wir immer dann ein, wenn wir ein Scrolling mittels Scroll-Leisten realisieren wollen.

Ein `Panel` kann nur ein Element aufnehmen. Dabei kann es sich um ein weiteres Layout handeln oder auch um ein großes Bild, das wir ausschnittsweise anzeigen wollen. Wir setzen dieses innere, zu scrollende Element mit der Methode `setContent()`.

Zunächst richtet sich die Größe des Panels nach der Größe des inneren Elements, das heißt, in der Voreinstellung werden gar keine Scroll-Leisten sichtbar. Erst wenn wir die Größe des Panels über die Methoden `setHeight()` und `setWidth()` einschränken oder die verfügbare Größe bereits eingeschränkt ist, werden die Scroll-Leisten sichtbar.

Das Scrolling wird von Vaadin im Browser automatisch vorgenommen. Wir können jedoch die Position der Scroll-Leisten im Programm auch über die Methoden `getScrollLeft()` und `getScrollTop()` abfragen und über `setScrollLeft()` und `setScrollTop()` setzen. Die Angaben sind in Pixel vorzunehmen. Wir müssen hierbei beachten, dass die Angaben relativ zur Größe des inneren Elements sind, nicht zur Größe des Panels. Ein Beispiel:

- Wir zeigen ein 500 Pixel hohes inneres Element innerhalb des Panels an. Die Größe des Panels ist für unser Beispiel egal.
- Um zur Mitte des Elements zu scrollen, müssen wir dann `setScrollTop(250)` aufrufen, für ein Scrolling zum Ende des Elements `setScrollTop(500)`.

Da die Angaben hier ausschließlich in Pixel möglich sind und nicht wie sonst bei Vaadin üblich auch über andere Einheiten (wie z.B. Pt oder Picas oder relativ in Prozenten), ist es für uns leider schwierig, bei Elementen unbekannter Größe innerhalb des Programms in die Mitte oder ans Ende dieses Elements zu scrollen. Wir müssen die Größe zunächst ermitteln. Wenn wir ans Ende scrollen wollen, können wir es uns etwas einfacher machen, indem wir einfach einen viel zu hohen Wert angeben. Allerdings müssen wir auch hier vorsichtig sein, `Integer.MAX_VALUE` funktioniert zum Beispiel nicht im Firefox 18. Mit Werten wie 10.000.000 sollten wir auf der sicheren Seite sein.

4.3.2 Splitter mit Horizontal- und VerticalSplitPanel

Als Nächstes wollen wir uns die Klassen `HorizontalSplitPanel` und `VerticalSplitPanel` ansehen. Diese beiden Layouts können jeweils nur zwei Elemente aufnehmen, die dann horizontal beziehungsweise vertikal angeordnet werden. Die Besonderheit dieser Layouts ist es jedoch, dass der Benutzer die Verteilung des Platzes zwischen diesen beiden Elementen mithilfe der Maus verändern kann. Hierzu wird von Vaadin zwischen den beiden Elementen ein »Splitter« eingefügt, den der Benutzer anklicken und verschieben kann. Die Größenverhältnisse ändern sich dann dynamisch:

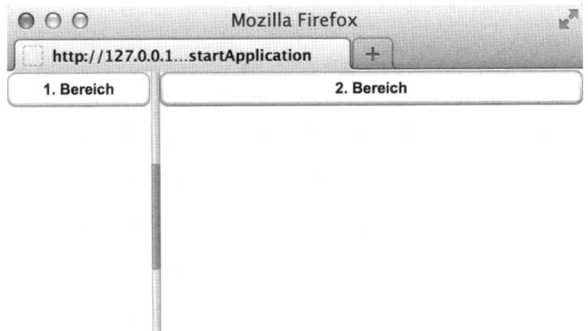

Abb. 4–25
HorizontalSplitter

Die Programmierschnittstelle der beiden Layouts ist gleich und recht übersichtlich. Insbesondere müssen wir mit setFirstComponent() und setSecondComponent() die beiden anzuzeigenden Elemente festlegen. Weiterhin haben wir folgende Möglichkeiten:

- Mittels setSplitPosition() können wir auch im Programm die Position des Splitters bestimmen. Wir haben hier wieder die Wahl zwischen verschiedenen Einheiten wie Pixel oder Prozent.
- Mittels setMinSplitPosition() und setMaxSplitPosition() können wir den Bereich bestimmen, in dem der Benutzer den Splitter bewegen kann.
- Über setLocked() können wir (gegebenenfalls auch nur zeitweise) die Veränderung der Position des Splitters durch den Benutzer vollständig verhindern.

Folgendes Codebeispiel zeigt, wie wir einstellen können, dass das erste Element zwischen 20% und 30% des Gesamtplatzes einnehmen kann und initial 25% einnimmt.

```
HorizontalSplitPanel sp = new HorizontalSplitPanel();

Component first = new Button("1. Bereich");
Component second = new Button("2. Bereich");

first.setSizeFull();
second.setSizeFull();

sp.setFirstComponent(first);
sp.setSecondComponent(second);
sp.setMinSplitPosition(20, Unit.PERCENTAGE);
sp.setMaxSplitPosition(30, Unit.PERCENTAGE);

sp.setSplitPosition(25, Unit.PERCENTAGE);
```

Listing 4–30
HorizontalSplitPanel

4.3.3 Karteireiter im TabSheet

Komplexe Formulare mit vielen Eingabeelementen können häufig nicht mehr auf einmal dargestellt werden, ohne dass die Maske überfrachtet und undurchschaubar erscheint. Bei Desktop-Anwendungen verwendet man hier häufig eine Karteireiter-Metapher. Mithilfe der Vaadin-Klasse TabSheet können wir dies auch im Web sehr leicht bewerkstelligen. Das folgende Bild zeigt ein Beispiel:

Abb. 4–26
TabSheet mit Fehlermarkierung für einen Tab

Wir benutzen das TabSheet, indem wir zunächst eine Instanz konstruieren, die wir dann später dem übergeordneten Layout hinzufügen. Mit der Methode addTab() können wir dem TabSheet einzelne Karteireiter hinzufügen. Dabei übergeben wir das Element, das auf dem Reiter darzustellen ist. In der Regel wird dies ein weiteres Layout sein, auf dem wir die verschiedenen Elemente des Reiters platziert haben. Optional können wir einen Namen für den Reiter und ein Icon übergeben. Wenn wir beides nicht tun, werden Name und Icon aus dem eingefügten Element übernommen. Ebenfalls optional können wir eine Einfügeposition angeben.

Listing 4–31
TabSheet

```
final TabSheet tabSheet = new TabSheet();

GridLayout reiterAllgemein = new GridLayout(2, 1);
reiterAllgemein.addComponent(new Label("Name: "));
reiterAllgemein.addComponent(new Label("Hans Mustermann"));
...

GridLayout reiterDetail = new GridLayout(2, 1);
...

GridLayout reiterHistorie = new GridLayout(2, 1);
...

Tab t1 = tabSheet.addTab(reiterAllgemein, "Allgemein");
Tab t2 = tabSheet.addTab(reiterDetail, "Detaildaten");
tabSheet.addTab(reiterHistorie, "Historie");
t2.setComponentError(
    new UserError(
        "Bitte Daten vervollständigen", null, ErrorLevel.ERROR));
```

Die Methode `addTab()` liefert uns jeweils eine neue Instanz der Klasse `Tab` zurück. Mit dieser haben wir weitere Steuerungsmöglichkeiten:

- Mit `setCaption()`, `setDescription()` und `setIcon()` können wir den Namen, den Tooltip und das Icon des Reiters auch nachträglich ändern.
- Über `setComponent()` können wir auch nachträglich das angezeigte Element ändern.
- Über `setEnabled(false)` können wir einen Reiter für Auswahl durch den Benutzer sperren
- Über `setVisible(false)` können wir den Reiter komplett unsichtbar machen.
- Über `setClosable(true)` können wir dafür sorgen, dass der Benutzer den Reiter über eine mit einem kleinen »x« gekennzeichnete Schaltfläche schließen kann.
- Über `setComponentError(userError)` können wir eine Fehlermarkierung anzeigen. Am einfachsten verwenden wir als Übergabeparameter hierzu Instanzen von `UserError`.

Über Methoden des `TabSheet` können wir auch später auf die verschiedenen Tab-Instanzen zugreifen oder diese auch wieder komplett löschen. Über `setSelectedTab()` können wir den selektierten Reiter ändern. Eine weitere interessante Möglichkeit ergibt sich durch die Methode `hideTabs()`. Hiermit können wir die Reiterauswahlleiste ausblenden und so die Reiterauswahl durch den Benutzer komplett verhindern.

4.3.4 Accordions

Die Klasse `Accordion` erweitert die Klasse `TabSheet` (`Accordion extends TabSheet`). Da `Accordion` keine neuen Methoden definiert, sind die beiden APIs identisch. Das Aussehen unterscheidet sich jedoch: Die Tabs sind vertikal angeordnet, und das jeweils selektierte Tab wird zwischen den übrigen angezeigt.

Abb. 4–27

Accordion

Der Quelltext unterscheidet sich nicht von dem vom letzten Kapitel, außer dass wir eine neue Instanz von Accordion erzeugen:

Listing 4–32
Accordion als TabSheet

```
final TabSheet tabSheet = new Accordion();
```

Ein Hinweis noch: Obwohl uns die gleiche API angeboten wird, gibt es zwei Einschränkungen, die wir beachten müssen. Im Gegensatz zum TabSheet können wir beim Accordion weder setClosable(true) noch setDescription(»Ein Tooltipp«) benutzen – vom Benutzer schließbare TabSheet bzw. Tooltipps an den TabSheet-Überschriften sind nicht möglich.

4.3.5 Popup-Fenster mit Window

Wenn wir über unsere normale GUI ein Popup-Fenster einblenden wollen, dann können wir die Klasse Window verwenden, eine Ableitung von Panel. Auch hier setzen wir den Inhalt wieder mit der Methode setContent(). Im Gegensatz zum Panel fügen wir ein Window aber nicht in unsere Layouthierarchie ein, sondern fügen es direkt unserer UI-Instanz hinzu, die Window-Komponente schwebt also vor dem Rest unseres Layouts.

Abb. 4–28
Window

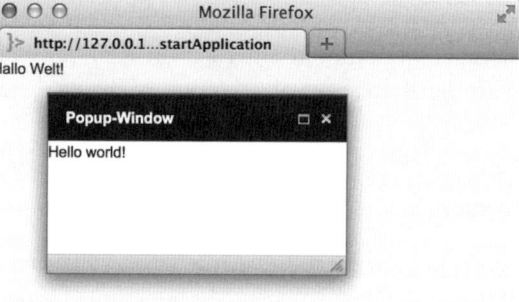

Listing 4–33
Nutzung der Komponente Window

```
final Label text = new Label("Hallo Welt!");
setContent(text);

Component content = new Label("Hello world!");
Window window = new Window("Popup-Window", content);
UI.getCurrent().addWindow(window);
```

Wie in der klassischen Desktop-GUI-Programmierung kann das Popup-Window modal oder nicht modal sein (zu ändern mit setModal (boolean)). Bei einem modalen Window sind darunterliegende Steuerelemente gesperrt.

Wir können noch weitere Eigenschaften des Windows bestimmen bzw. vom Benutzer bestimmen lassen. So können wir mit den Methoden `setDraggable()` und `setResizable()` die Position und Größe festlegen und auch, ob der Benutzer diese verändern kann. Auch können wir das Window mit der Methode `setWindowMode(WindowMode.MAXIMIZED)` maximieren, zentrieren mit der Methode `center()` und in der GUI ganz nach vorne bringen mit der Methode `bringToFront()`.

Am Ende schließen wir das Fenster wieder über `close()`, wodurch es auch automatisch aus der UI entfernt wird.

4.4 Eigene Komponenten und Eingabefelder

In größeren Applikationen wollen wir auch unsere GUI-Implementierung modularisieren. Beispielsweise könnten wir häufig benutzte Kombinationen von Eingabefeldern zu einer eigenen Komponente zusammenfassen, um sie dann in verschiedenen Kontexten wiederzuverwenden.

Der Ausgangspunkt für eigene Komponenten ist in Vaadin die Klasse `CustomComponent`. Hier können wir durch das Zusammenfassen von bestehenden Komponenten größere Komponenten zusammenbauen. Beispielsweise können wir zwei Eingabefelder (Vorname und Name) mit einem Ok-Button verbinden, um z.B. eine einfache Personeneingabe zu implementieren. Wir werden im Rahmen des Data Binding dafür gleich ein Beispiel sehen.

Ein wichtiger Punkt bei der `CustomComponent` ist, dass wir mit `setContentRoot()` das Layout unserer Komponente festlegen, um sie darzustellen.

Wenn wir nur ein einzelnes eigenes Eingabefeld erstellen wollen, können wir auch `CustomField` als Ausgangsbasis nutzen. Wenn wir von `CustomField` erben, müssen wir die Methode `initContent()` so implementieren, dass sie die GUI unseres Feldes erzeugt.

Listing 4–34
Ein eigenes CustomField

```
public class MyCustomToggle extends CustomField<Boolean> {

    private Button btn;

    protected Component initContent() {
        setValue(Boolean.FALSE);

        btn = new Button();
        updateBtn();
        btn.addClickListener(new Button.ClickListener() {

            public void buttonClick(ClickEvent event) {
                setValue(Boolean.valueOf(!getNullsafeValue()));
                updateBtn();
            }
        });
```

```
            return btn;
    }

    protected void setInternalValue(Boolean newValue) {
        super.setInternalValue(newValue);
        updateBtn();
    }

    private void updateBtn() {
        if (btn != null) {
            btn.setCaption(getNullsafeValue() ? "An" : "Aus");
        }
    }

    private boolean getNullsafeValue() {
        return getValue() != null && getValue().equals(Boolean.TRUE);
    }

    public Class<? extends Boolean> getType() {
        return Boolean.class;
    }
}
```

Wie man sieht, muss man beim `CustomField` einen Datentyp angeben, der den Typ des Feldwertes festlegt. Das `CustomField` hat insbesondere dann einen Vorteil gegenüber `CustomComponent`, wenn wir das im nächsten Kapitel beschriebene Data Binding nutzen wollen. Dies wird durch die Datentypzuordnung möglich.

> Natürlich können wir auch andere Vaadin-Klassen als Oberklassen für unsere eigenen Komponenten nehmen. Wir sollten uns hierbei aber von der IS-A-Semantik einer Vererbung leiten lassen. Wenn wir ein neues, spezielles `MySpecialVerticalLayout` entwickeln, kann `VerticalLayout` als Basisklasse geeignet sein. Aber: Auch wenn unsere Adressenkomponente »zufällig« eine vertikale Anordnung hat, sollten wir sie nicht von `VerticalLayout` erben lassen, da eine Adressenkomponente kein allgemeines `VerticalLayout` *ist*. Das `VerticalLayout` ist dann nur ein Implementierungsdetail unserer Komponente. Ganz praktisch spricht für `CustomComponent` als Oberklasse, dass vergleichsweise wenig public-Methoden geerbt werden, so dass die Schnittstelle unserer Komponente schmal bleibt.

4.4.1 CustomComponents mit dem visuellen Editor

Das Eclipse-Plugin zur Vaadin-Entwicklung, das wir in Abschnitt 2.1 kennengelernt haben, unterstützt uns dabei, auf `CustomComponent` basierende zusammengesetzte Komponenten für unsere GUI zu bauen. Dies kann so weit gehen, dass wir ganze Formulare oder auch die ganze Applikation als solche Komponenten auffassen.

4.4 Eigene Komponenten und Eingabefelder

Im Vaadin-Eclipse-Plugin wird eine solche zusammengesetzte Komponente als Composite bezeichnet. Wir können über das Dateimenü von Eclipse mit *Neu...* → *Andere...* einen entsprechenden Wizard aufrufen: *Vaadin Composite*. Hier müssen wir neben dem Quelltextordner unseres Projektes, der i.d.R. passend vorausgewählt ist, nur den Paketnamen und den Klassennamen angeben.

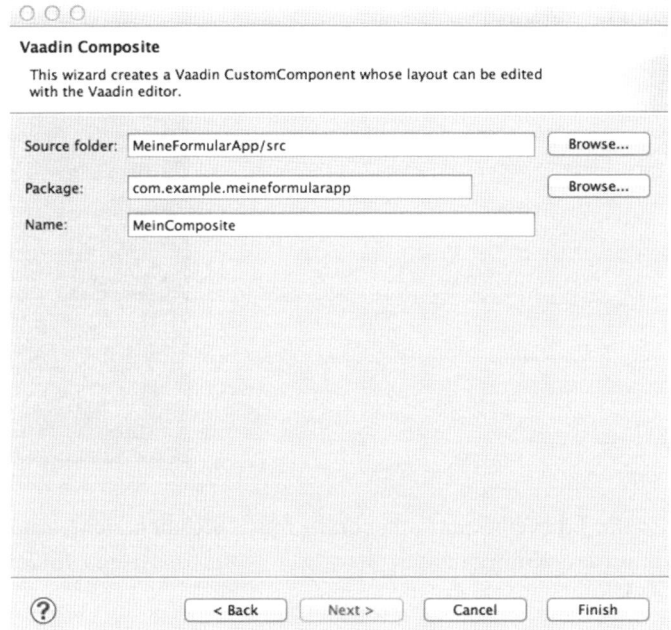

Abb. 4–29
Vaadin Composite Wizard

Der Wizard generiert uns daraufhin den in der folgenden Abbildung dargestellten Quelltext:

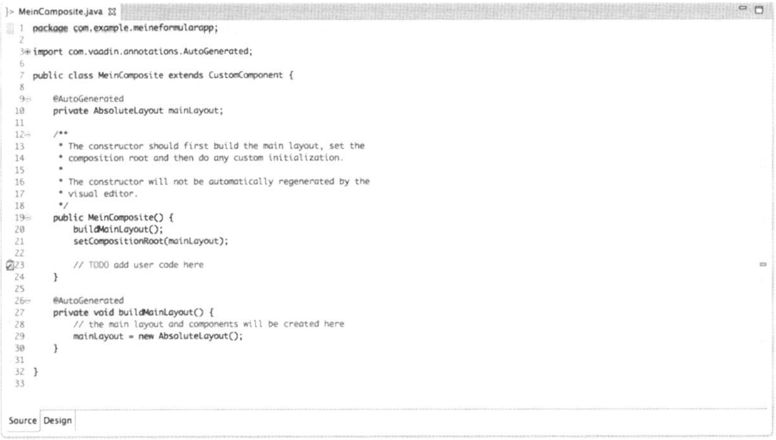

Abb. 4–30
Generierter Quelltext

Wir sehen zum einen, dass unser Composite wie für zusammengesetzte Komponenten vorgesehen von `CustomComponent` erbt. Zum anderen sehen wir aber auch am unteren Rand des Eclipse-Editors eine weitere Reiterlasche mit der Aufschrift *Design*. Über diese Lasche bekommen wir Zugriff auf den im Plugin integrierten visuellen Editor. Mithilfe des visuellen Editors können wir per Drag&Drop unsere Komponente zusammensetzen. Im nachfolgenden Bild haben wir schon begonnen, ein Formular aufzubauen:

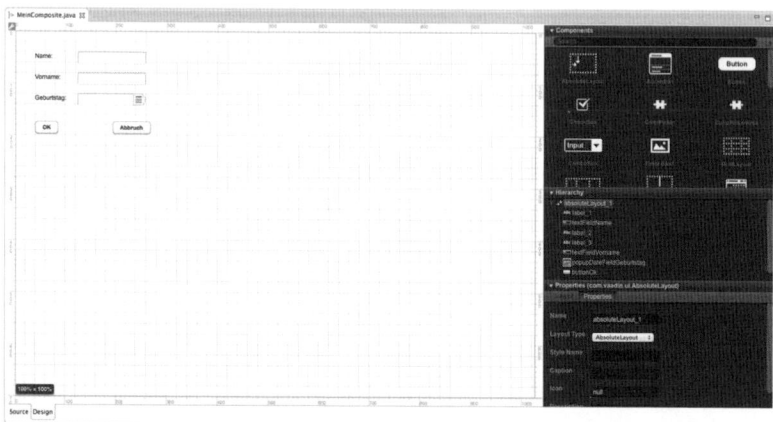

Abb. 4–31
Visueller Editor

Der visuelle Editor besteht aus einer großen Zeichenfläche links, auf der wir unsere Komponenten platzieren können. Rechts finden wir drei Bereiche:

- Oben werden die verfügbaren Komponenten angezeigt. Über ein Suchfeld können wir anhand des Klassennamens nach GUI-Komponenten suchen.
- In der Mitte haben wir Zugriff auf den Baum der Komponenten, die wir verwendet haben. Im Beispiel ist dieser Baum nur eine Liste, wenn wir aber z.B. mit geschachtelten Layouts arbeiten würden, könnte man hier diese Schachtelung nachvollziehen.
- Im unteren Teil haben wir Zugriff auf einige Einstellmöglichkeiten für die gerade selektierte Komponente. Diese Einstellmöglichkeiten sind unterteilt nach layoutspezifischen Einstellungen und weiteren Einstellungen.

Das gezeigte Bild erhalten wir, indem wir drei `Label`-Komponenten, zwei `TextField`-Instanzen, ein `PopupDateField` und zwei Buttons per Drag&Drop aus der Komponentenbibliothek auf die Zeichenfläche ziehen. Durch Führungslinien unterstützt uns der Editor dabei, die Komponenten gleichmäßig auszurichten.

Um den Text der Label zu ändern, müssen im unteren Properties-Bereich bei *Value* den entsprechenden Text eingeben. Für die drei Eingabefelder und die Buttons sollten wir hier auch sprechende Namen (Property Name) vergeben, da diese im Code als Variablennamen verwendet werden. Um die Buttons mit Funktionalität zu versehen, müssen wir wieder auf den *Source*-Reiter wechseln. Hier erweitern wir den Konstruktor z.B. wie folgt:

```
public MeinComposite() {
    buildMainLayout();
    setCompositionRoot(mainLayout);

    // TODO add user code here
    buttonOk.addClickListener(new Button.ClickListener() {

        @Override
        public void buttonClick(ClickEvent event) {
            Notification.show(
                textFieldName.getValue() +
                ", " + textFieldVorname.getValue() +
                " geb. " + popupDateFieldGeburtstag.getValue());
        }
    });
}
```

Listing 4–35
Konstruktor einer visuell erstellten CustomComponent

Hierdurch wird mit einem Klick auf den *Ok*-Button eine Nachricht mit dem Inhalt der Eingabefelder im Browser angezeigt.

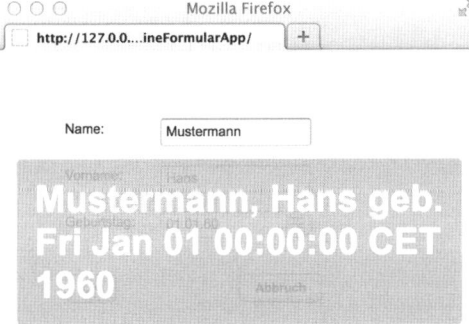

Abb. 4–32
Reaktion auf Button-Klick

Um unsere Composite-Komponente in unsere Applikation einzubinden, müssen wir die Methode `init(request)` von unserer UI-Ableitung anpassen:

Listing 4–36
Einbinden der CustomComponent in eine Applikation

```
@Override
protected void init(VaadinRequest request) {
    final VerticalLayout layout = new VerticalLayout();
    layout.setMargin(true);
    setContent(layout);

    layout.setSizeFull();
    layout.addComponent(new MeinComposite());
}
```

Layouts im visuellen Editor

Komponenten, die wir per Drag&Drop auf die Zeichenfläche ziehen, können wir pixelgenau positionieren. Hierzu verwendet der visuelle Editor das `AbsoluteLayout` von Vaadin. Wenn notwendig können wir Position und Größe einer Komponente auch eingeben:

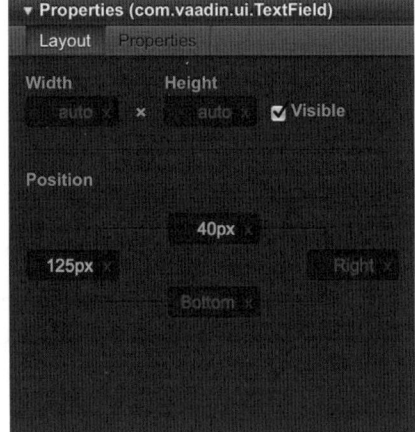

Abb. 4–33
Positions- und Größeneingabe

Während das Basislayout beim visuellen Editor immer ein `AbsoluteLayout` sein muss, können wir andere Layoutklassen wie z.B. das `VerticalLayout` in das Basislayout schachteln und verwenden. Hierdurch stehen uns im visuellen Editor umfangreiche Formatierungsmöglichkeiten für unsere CustomComponent zur Verfügung.

5 Data Binding

Prinzipiell können wir unsere Komponenten von Hand aus unserem Modell heraus aktualisieren, Vaadin bietet aber eine sehr elegante Abstraktion, das Data Binding, das eine Automatisierung der Übertragung der Zustände von Komponenten zu Modell erlaubt. In diesem Kapitel lernen wir die Verwendung des Data Binding in Vaadin kennen.

5.1 Einführung

In der Regel steht die GUI in unseren Anwendungen nicht allein: Neben ihr gibt es noch weitere Bestandteile oder Schichten, wie zum Beispiel eine Geschäftslogik- und eine Datenzugriffsschicht. Unser Ziel sollte es sein, diese Schichten von der GUI zu isolieren und in ihnen keine Abhängigkeiten zu irgendeinem GUI-Framework zu haben: Vielleicht müssen wir für unsere Applikation ja demnächst auch noch einen REST-Service mit den gleichen Funktionen anbieten? Dann wäre es doch schön, wenn wir die Implementierung der Geschäftslogik gemeinsam benutzen könnten.

Daten und deren Funktionen werden außerhalb der GUI in der Regel als Domain-Objekt in der Form von »POJOs« – Plain Old Java Objects – oder JavaBeans modelliert. Durch die Verwendung dieser Domain-Objekte entsteht die Aufgabe, sie an die GUI anzubinden: Wir müssen dafür sorgen, dass der Benutzer die in den Domain-Objekten gespeicherten Daten angezeigt bekommt und sie gegebenenfalls über Eingabefelder verändern kann.

Im einfachsten Fall kann dies natürlich über eine Kombination von Getter- und Setter-Aufrufen geschehen, mit denen die Werte übertragen werden:

Listing 5–1
Aktualisierung der Domänen-Objekte durch Aufruf von Getter- und Setter-Methoden

```
//JavaBean zu GUI (z.B. beim Aufruf eines Dialoges)
textFieldNachname.setValue(person.getNachname());

//GUI zu JavaBean (z.B. bei der Behandlung eines »OK«-Buttons)
person.setNachname(textFieldNachname.getValue());
```

Wenn man viele Felder hat, wird dies jedoch schnell lästig. Außerdem besteht die Gefahr, einzelne Felder zu vergessen oder zu vertauschen. Glücklicherweise bietet Vaadin hier unter dem Begriff *Data Binding* eine elegante Abstraktion an. Das Ziel ist es dabei, dass Daten quasi automatisch zwischen der GUI und den JavaBeans hin- und hertransportiert werden: Die in der JavaBean gespeicherten Daten werden automatisch in die GUI übertragen, und die vom Benutzer geänderten Werte gelangen automatisch wieder zurück in die JavaBean. Hierdurch können wir uns viel Schreibarbeit ersparen und Webformulare schneller realisieren.

Ein erstes Beispiel

Angenommen, wir haben eine einfache JavaBean namens Person, die wir an der GUI änderbar machen wollen. Sie ist wie folgt aufgebaut:

Listing 5–2
JavaBean Person

```
public class Person {
    private String vorname;
    private String nachname;
    // ... zuzüglich der getter und setter ...
}
```

Dann können wir mit folgender PersonComponent eine Eingabemöglichkeit für die Felder *Vorname* und *Nachname* schaffen:

Listing 5–3
PersonComponent

```
public class PersonComponent extends CustomComponent {

    private TextField vorname;
    private TextField nachname;

    private BeanFieldGroup<Person> fieldGroup;
    private Person person;

    public PersonComponent(Person person) {
        this.person = person;

        fieldGroup = new MeineBeanFieldGroup<Person>(Person.class);
        fieldGroup.buildAndBindMemberFields(this);
        fieldGroup.setItemDataSource(person);

        final Button okButton = new Button("OK");
        final FormLayout formLayout = new FormLayout();
        formLayout.addComponent(vorname);
        formLayout.addComponent(nachname);
        formLayout.addComponent(okButton);
        setCompositionRoot(formLayout);
```

```
        okButton.addClickListener(new Button.ClickListener() {
            @Override
            public void buttonClick(ClickEvent event) {
                onOkButtonClicked();
            }
        });
    }

    protected void onOkButtonClicked() {
        try {
            fieldGroup.commit();
            Notification.show(
                "Person: " + person.getVorname() + " " + person.getNachname());
        } catch (CommitException e) {
            Notification.show("Ungültige Eingabe!");
        }
    }
}
```

Das wesentliche Element für das Data Binding ist die Nutzung der Klasse `BeanFieldGroup` im obigen Beispiel.

1. Beim Aufruf des Konstruktors von BeanFieldGroup wird festgelegt, dass JavaBeans der Klasse `Person` an die GUI angebunden werden sollen.
2. Der Aufruf von `fieldGroup.buildAndBindMember(this)` sucht für die Eingabefelder in `PersonComponent` passende Properties in der JavaBean. Dies geschieht hier über Namensgleichheit, zum Beispiel passt `TextField vorname` in der GUI-Komponente zu `String vorname` in der JavaBean. Eingabefelder und Properties werden hier verknüpft.
3. Mittels `fieldGroup.setItemDataSource(person)` wird die JavaBean-Instanz festgelegt, deren Daten angezeigt und bearbeitet werden sollen.
4. Wurde der »OK«-Button gedrückt, so werden über `fieldGroup.commit()` alle Eingabedaten aus den Eingabefeldern in die JavaBean-Instanz übernommen.

Dies ist der einfachste Fall des »Data Binding«-Prozesses. Im Folgenden wollen wir einzelne Aspekte etwas detaillierter betrachten und sehen, wie wir in diesen Prozess eingreifen können.

5.2 Details zum »Data Binding«-Prozess

Mögliche Eingabefelder und »@PropertyId«

Beim Aufruf von `fieldGroup.buildAndBindMember(this)` sucht Vaadin nach möglichen Eingabefeldern in der GUI-Komponente. Hierfür kommen zunächst alle Instanzvariablen der GUI-Komponente in Betracht, die das Java-Interface `com.vaadin.ui.Field` implementieren. In Vaadin wird dieses Interface von `com.vaadin.ui.AbstractField` und damit von allen Dateneingabefeldern implementiert.

Das Eingabefeld muss eine Entsprechung in der JavaBean-Klasse haben – Eingabefelder ohne Entsprechung werden vom Data Binding einfach ignoriert. Wird keine weitere Konfiguration verwendet, dann wird nach einer namensgleichen Instanzvariable in der JavaBean-Instanz gesucht (`Person.vorname` und `PersonComponent.vorname` im obigen Beispiel). Dabei wird die Namensgleichheit etwas weniger streng betrachtet: Die Groß-/Kleinschreibung kann voneinander abweichen und Unterstriche werden ignoriert. `Person.vorname` würde also auch `PersonComponent.Vor_Name` entsprechen.

Alternativ kann über eine Annotation `@PropertyId` ein Eingabefeld mit einer anderen Instanzvariable in der JavaBean verbunden werden:

```
public class PersonComponent extends CustomComponent {
    @PropertyId("vorname")
    private TextField textFieldVorname;

    // ...
}
```

Als Wert wird der Name der Property in der JavaBean angegeben.

> **Achtung! Verdeckte Abhängigkeiten**
>
> Wir erzeugen hier Abhängigkeiten zwischen Code verschiedener Klassen, die der Compiler nicht prüfen kann. Wird bei einem Refactoring aus Person zum Beispiel vorname entfernt, weist kein Compile-Fehler darauf hin, dass PersonComponent das gelöschte Feld noch erwartet. In größeren Systemen sollte man diese Abhängigkeiten daher unbedingt per Unit-Test überprüfen lassen.

Beschriftungen für Eingabefelder durch »@Caption«

Normalerweise wird die Beschriftung für ein Eingabefeld aus dem Namen des Feldes in der JavaBean gewonnen. Hier verwendet Vaadin einen einfachen Algorithmus, welcher Namen in »propertyCamelCase«-Schreibweise (z.B. `strasseUndPostleitzahl`) in eine lesbarere

Form umwandelt (»Straße Und Postleitzahl«). Sollte uns das nicht genügen, können wir über eine @Caption-Annotation eine eigene Beschriftung setzen:

```
@Caption("Straße und PLZ")
private TextField strasseUndPostleitzahl;
```

Listing 5–4
Optionale Festlegung von Überschriften

Wie wir sehen, wird hier der GUI-Anzeigetext direkt im Code angegeben. Eine Übersetzung der GUI in verschiedene Sprachen wird so natürlich erschwert. Wenn an unser System Anforderungen bezüglich Internationalisierung/Nationalisierung gestellt werden, werden wir in der Regel setCaption() »von Hand« aufrufen.

Erzeugen von Eingabefeldern mit der FieldGroupFieldFactory

Wie im obigen Beispiel gezeigt, können die Instanzvariablen für die Eingabefelder uninitialisiert, das heißt gleich null sein, wenn buildAndBindMember() aufgerufen wird. In diesem Fall wird Vaadin versuchen, Instanzen selbst zu erzeugen. Dies geschieht mithilfe einer FieldGroupFieldFactory. Die von Vaadin bereitgestellte Implementierung kann anhand des Typs der JavaBean-Instanzvariablen und gegebenenfalls auch des Typs der Eingabefeld-Instanzvariable Eingabefelder erzeugen. Folgende Entsprechungen sind hier vorgesehen:

Property-Typ	Mögliche Field-Typen
String, Double, Float, Integer	TextField
	TextArea
	PasswordField
	RichTextArea
Date	InlineDateField
	PopupDateField
	TextField (und auch TextArea/PasswordField / RichTextArea)
Enum	ListSelect
	NativeSelect
	OptionGroup
	Table
	Combobox
	Hinweis: Die enum-Ausprägungen werden als Auswahlmöglichkeit in das Eingabefeld aufgenommen.
Boolean	CheckBox
	TextField (und auch TextArea / PasswordField / RichTextArea)

Tab. 5–1
Abbildung von Datentypen auf GUI-Komponenten

Nach dem Aufruf von `buildAndBindMember()` kann auf die erzeugten Eingabefelder über die Instanzvariablen zugegriffen werden. Sie stehen dann auch für weitere Konfigurationen zur Verfügung – und natürlich für die Aufnahme in das Layout.

Erweiterung der FieldGroupFieldFactory

Wir können eine eigene `FieldGroupFieldFactory` programmieren und der `FieldGroup` zur Verfügung stellen. Hierdurch können wir den Feld-Erzeugungsvorgang unseren Bedürfnissen anpassen. Besonders einfach ist dies, wenn wir von der Vaadin-Implementierung `DefaultField GroupFieldFactory` erben und nur die für uns relevanten Spezialfälle betrachten. Wollen wir zum Beispiel statt eines TextField immer Mein-SystemTextField instanziieren, können wir Folgendes tun:

Listing 5–5
Erweiterung der DefaultFieldGroup FieldFactory

```
fieldGroup.setFieldFactory(new DefaultFieldGroupFieldFactory() {
    @Override
    public <T extends Field> T createField(Class<?> type,
                                            Class<T> fieldType) {
        if (fieldType.isAssignableFrom(TextField.class)) {
            MeinTextField field = new MeinTextField();
            field.setImmediate(true);
            return fieldType.cast(field);
        } else {
            return super.createField(type, fieldType);
        }
    }
});
fieldGroup.buildAndBindMemberFields(this);
...

static class MeinTextField extends TextField {
    public MeinTextField() {
        addStyleName("meinStyle");
    }
}
```

Die `FieldGroupFieldFactoy` erzeugt nun für jedes Eingabefeld vom Typ TextField eine Instanz von `MeinTextField`, die automatisch einen Style hinzugefügt bekommt. Genau wie die ursprüngliche `FieldGroupField-Factory` setzen wir immediate auch bei unseren Feldern auf true.

Vorerzeugung von Eingabefeldern

Wenn wir die Erweiterung der `FieldGroupFieldFactory` scheuen, können wir als Alternative auch einfach die Eingabefelder in der GUI-Komponente selbst instanziieren. So können wir dann auch ohne eigene `FieldGroupFieldFactory` das `MeinTextField` aus dem vorherigen

Abschnitt binden. Allerdings müssen wir das Setzen vor dem Aufruf von `fieldGroup.buildAndBindMemberFields(this)` durchführen und die jeweilige Beschriftung selbst setzen.

```
strasseUndPostleitzahl = new MeinTextField();
strasseUndPostleitzahl.setCaption("Str./PLZ");
strasseUndPostleitzahl.setImmediate(true);
fieldGroup = new BeanFieldGroup<Person>(Person.class);
fieldGroup.buildAndBindMemberFields(this);
fieldGroup.setItemDataSource(person);
```

Listing 5–6
Vorerzeugen der Eingabefelder

Binding von Auswahlfeldern

Normalerweise kann Vaadin Comboboxen und andere Auswahlfelder beim Data Binding nur für Enums erzeugen: Wenn in der JavaBean eine Property einen enum-Typ hat und ein passendes Eingabefeld vorliegt (zum Beispiel `ListSelect`), dann erzeugt Vaadin ein Auswahlfeld mit allen Ausprägungen des Enums als Auswahlmöglichkeit.

Über die Vorerzeugung von Eingabefeldern können wir jedoch auch andere, Nicht-enum-Typen als Auswahl zulassen. Angenommen, wir haben folgenden einfachen Typ `Lieferadresse`:

```
public class Lieferadresse {

    private String anschrift;

    public Lieferadresse(String anschrift) {
        this.anschrift = anschrift;
    }

    public String getAnschrift() {
        return anschrift;
    }

    public void setAnschrift(String anschrift) {
        this.anschrift = anschrift;
    }

    @Override
    public boolean equals(Object obj) {
        if (obj instanceof Lieferadresse) {
            return this.anschrift.equals(((Lieferadresse) obj).anschrift);
        }
        return false;
    }

    @Override
    public String toString() {
        return "L:" + anschrift;
    }

}
```

Listing 5–7
JavaBean Lieferadresse

Weiterhin hätte `Person` ein Feld `Lieferadresse lieferadresse` mit entsprechenden Gettern und Settern. Dann könnten wir eine Auswahl der Lieferadresse wie folgt in das Data Binding von `PersonComponent` aufnehmen:

*Listing 5–8
JavaBean Lieferadresse als Auswahlmenge*

```
private ComboBox lieferadresse = new ComboBox("Lieferadresse");

    public PersonComponent(Person person) {
        this.person = person;
        fieldGroup = new BeanFieldGroup<Person>(Person.class);
        fieldGroup.buildAndBindMemberFields(this);
        fieldGroup.setItemDataSource(person);
        …
        formLayout.addComponent(lieferadresse);
        formLayout.addComponent(okButton);
        setCompositionRoot(formLayout);

        lieferadresse.addItem(new Lieferadresse("Dortmund"));
        lieferadresse.addItem(new Lieferadresse("Düsseldorf"));
        lieferadresse.addItem(new Lieferadresse("München"));
        lieferadresse.addItem(new Lieferadresse("Frankfurt"));
```

Wie wir sehen, müssen wir die Auswahlmöglichkeiten manuell in das Auswahlfeld einfügen. Dies hat jedoch den Vorteil, dass die Auswahlmöglichkeiten auch dynamisch erzeugt werden und zum Beispiel aus einer Datenbank kommen können.

Zwischengeschaltete Datentypkonverter

Häufig wollen wir in JavaBeans mit eigenen Werttypen arbeiten, um unser Modell aussagekräftiger zu gestalten. Wenn wir z.B. in `Person` eine Personennummer brauchen, erstellen wir hierfür eine eigene Klasse `Personennummer`. Hierdurch gewinnen wir mehr Typsicherheit und Übersicht, als wenn wir alles einfach als `String` modellieren.

Vaadin kann die Eingaben in ein Textfeld natürlich nicht ohne Weiteres in eine `Personennummer` umwandeln. Hierfür werden Implementierungen von `com.vaadin.data.util.converter.Converter` benötigt. Konverter konvertieren Typen aus dem Modell in Typen für die Anzeige und umgekehrt. Ein Personennummernkonverter könnte wie folgt aussehen:

*Listing 5–9
Beispiel für einen Datentyp-Konverter*

```
public class PersonennummerKonverter implements
        Converter<String, Personennummer> {

    @Override
    public Personennummer convertToModel(String value, Locale locale)
        throws
```

```
        com.vaadin.data.util.converter.Converter.ConversionException {
            return value == null ? null : new Personennummer(value);
        }

        @Override
        public String convertToPresentation(Personennummer value,
            Locale locale)
                throws
        com.vaadin.data.util.converter.Converter.ConversionException {
            return value == null ? null : value.getNr();
        }
    @Override
        public Class<Personennummer> getModelType() {
            return Personennummer.class;
        }

        @Override
        public Class<String> getPresentationType() {
            return String.class;
        }

    }
```

Wie wir anhand der Methodensignaturen sehen, muss der Konverter, wenn er eine Eingabe nicht konvertieren kann, eine `ConversionException` werfen. Andernfalls wandelt er einfach nullsicher Strings in Personennummern und umgekehrt.

Um den Konverter zu benutzen, muss er Vaadin noch bekannt gemacht werden. Dies ist zum einen direkt am entsprechenden Field möglich:

```
personennummerTextField.setConverter(new PersonennummerConverter());
```

Listing 5–10
Verwendung des Konverters

Dieses Vorgehen wird jedoch bei vielen Feldern wieder lästig und fehleranfällig. Vaadin bietet daher eine sessionweite `ConverterFactory`, die wir nutzen können, um Konverter global zu registrieren. Beim Erzeugen der Session, z.B. wenn eine UI-Subklasse unserer Anwendung erzeugt wird, registrieren wir unsere Erweiterung der ConverterFactory:

```
VaadinSession.getCurrent().setConverterFactory(
    new DefaultConverterFactory() {
        @Override
        public <PRESENTATION, MODEL>
            Converter<PRESENTATION, MODEL> createConverter(
                Class<PRESENTATION> presentationType,
                Class<MODEL> modelType) {
            Converter<PRESENTATION, MODEL> result = super
                .createConverter(presentationType, modelType);
```

Listing 5–11
Erweitern der DefaultConverterFactory

```
            if (result == null) {
                if (modelType.isAssignableFrom(Personennummer.class))
                {
                    result = (Converter<PRESENTATION, MODEL>)
                        new PersonennummerKonverter();
                }
            }
            return result;
        }
    });
```

> **Was überschreiben?**
>
> createConverter ist die allgemeinste Methode, die wir von DefaultConverterFactory überschreiben können. Wenn unser eigener Typ in einen String oder in ein java.util.Date umgewandelt werden soll, können wir auch die konkreteren Methoden createStringConverter oder createDateConverter überschreiben und uns damit etwas Java-Generic-Schreibarbeit sparen.

Hierdurch haben wir zunächst die Möglichkeit, das Feld den notwendigen Konverter anhand des Modelltyps über die Factory ermitteln zu lassen. Wir können nun auch folgende Methode benutzen:

Listing 5-12
Aktivieren des Konverters für ein Feld

```
personennummerTextField.setConverter(Personennummer.class);
```

Mit einer kleinen Erweiterung der BeanFieldGroup wird der Einsatz der Konverter dann deutlich praktischer:

Listing 5-13
Automatische Aktivierung von Feldern

```
public class MeineBeanFieldGroup<T> extends BeanFieldGroup<T> {
    public MeineBeanFieldGroup(Class<T> beanType) {
        super(beanType);
    }

    @Override
    protected void configureField(Field<?> field) {
        super.configureField(field);
        if (field instanceof AbstractField<?>) {
            ((AbstractField<?>) field)
                .setConverter(getPropertyType(getPropertyId(field)));
        }
    }
}
```

Der Konverter wird nun automatisch registriert.

Layouting

Es bietet sich an, für das Layout eines Formulars das `FormLayout` zu verwenden, da hier auf einfache Weise ein ansprechendes Design für Bildschirmformulare entsteht. Es sind aber ohne Einschränkungen auch alle anderen Layoutklassen aus dem vorangegangenen Kapitel möglich. Eine Verknüpfung zwischen Data Bindung und Layouting, die in früheren Vaadin-Versionen über die Klasse `Form` erzwungen wurde, ist heute nicht mehr erforderlich – `Form` ist nun `@deprecated`.

5.3 Das Vaadin-Container-Datenmodell im Allgemeinen

Unter der Haube des Vaadin-Data-Binding steckt ein eigenes Modell, wie Vaadin die Daten unserer Anwendung sieht. Wir haben zum Beispiel schon einige Male die Klasse `BeanItemContainer` gesehen, die als Teil dieses Modells genutzt wird, um eine Menge von Java-Beans/POJOs abzubilden. Eigentlich ist diese Klasse jedoch nur ein konkretes Beispiel für einen Container. Vaadin kennt hier weitere, und auch für diese können wir ein Data Binding einsetzen.

Vorab müssen wir uns jedoch die Struktur dieses Modells einmal ansehen. Es ist in drei Ebenen gegliedert:

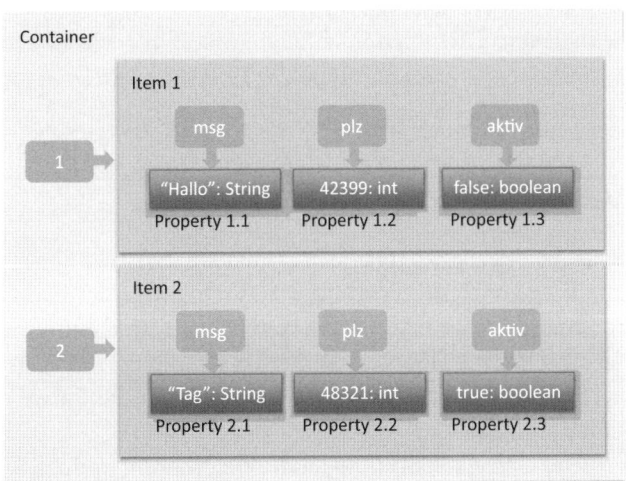

Abb. 5–1

Properties, Items und Container

- Die unterste Ebene ist die *Property*. Properties haben einen Wert, der einem ebenfalls durch die Property festgelegten Typ entsprechen muss.
- Die nächste Ebene ist das *Item*. Ein Item beinhaltet mehrere Properties, wobei jeder Property innerhalb des Items eine Id zugeordnet

wird. Erst mit dieser Id wird den Properties jeweils ein Name zugeordnet, wodurch Name/Wert-Paare entstehen. Es gibt beispielsweise die spezielle Art der BeanItems, mit denen eine JavaBean abgebildet wird: ein BeanItem mit Properties für jede Instanzvariable. Die Ids der Properties im BeanItem sind dann die Namen der Instanzvariablen.

- Die letzte Ebene bilden die *Container*. Sie umfassen jeweils mehrere Items, sind also z.B. mit den java.util.Collection-Objekten vergleichbar – beziehungsweise einer auch mit einer java.util.Map, da wieder jedem Item eine Id zugeordnet wird.

Bei Item, Property und Container handelt es sich um Java-Interfaces, für die verschiedene Implementierungen existieren. Wenn wir wie zuvor beschrieben unsere JavaBeans an die GUI anbinden wollen, dann arbeiten unter der Haube zum Beispiel BeanItems, die Method-Properties enthalten – und gegebenenfalls finden sich diese BeanItems noch in BeanItemContainern.

Neben dieser »JavaBean-Welt« gibt es auch noch andere Möglichkeiten, zum Beispiel:

- Mittels eines SQLContainers können wir direkt eine Datenbank an unsere GUI binden.
- Über das JPAContainer-Add-on geht das dann auch objektorientiert (JPA: Java Persistence API).
- Schließlich sind GUI-Komponenten häufig selbst wieder Properties oder Container, so dass wir Teile der GUI auch direkt mit anderen Teilen verbinden können.

5.4 Validierung in der GUI

Wenn man JavaBeans an die GUI anbindet, entsteht meist relativ schnell die Frage nach der Prüfung der »Gültigkeit« der Daten in der JavaBean: Sind die vom Benutzer eingegebenen Daten gültig oder enthalten sie zum Beispiel Tippfehler? Bei Fehlern muss das System dem Benutzer Meldungen anzeigen, damit der Benutzer die Eingabe korrigieren kann.

Um solche Gültigkeitsprüfungen durchzuführen, können wir Validatoren in Vaadin einbinden. Wir haben hier zwei Möglichkeiten: Zum einen kann beim Data Binding leicht auf JavaBean-Validatoren gemäß des JSR 303 »Bean Validation« zurückgegriffen werden. Zum anderen können wir Implementierungen des Interface com.vaadin.data.Validator benutzen, von denen Vaadin eine Reihe mitbringt. Die Nutzbarkeit des JSR 303 ist neu in Vaadin 7 und hat den

Vorteil, einem offiziellen Standard zu genügen. Daher wollen wir uns diese erste Möglichkeit etwas ausführlicher ansehen und die ältere Möglichkeit nur kurz betrachten.

5.4.1 Nutzung von JSR-303-Validatoren

JSR-303-Validatoren arbeiten im Gegensatz zu den Vaadin-eigenen Validatoren nicht an den GUI-Feldern, sondern an den JavaBeans. Dies hat den Vorteil, dass die Prüfung der Gültigkeit von Daten nicht mit der GUI verbunden ist, sondern von dieser unabhängig genutzt werden kann.

Beispiel zu JSR-303-Validatoren

JSR-303-Validatoren basieren auf Annotation an Datenfeldern, sogenannten *Constraints*. Wenn wir z.B. eine maximale Länge für vorname und name definieren wollen, erweitern wir Person um die Constraint-Annotation javax.validation.constraints.Size:

```
public class Person {
    @Size(max=20)
    private String vorname;
    @Size(max=30)
    private String nachname;

    // ... zuzüglich der getter und setter ...
}
```

Listing 5–14
Validator-Annotationen gemäß JSR 303

Wenn der Benutzer nun einen Vornamen mit mehr als 20 Zeichen eingibt und auf »OK« klickt, passiert ... das Gleiche wie zuvor auch! Der längere Vorname wird normal als Meldung angezeigt. Es gibt keine besondere Fehlermeldung von Vaadin. Das ist nicht das erwartete Ergebnis! Etwas fehlt...

Eine JSR-303-Implementierung hinzufügen

Das Problem ist, dass wir unserem Projekt noch keine Implementierungs-JARs für den JSR 303 hinzugefügt haben. Vaadin benötigt diese, um die entsprechenden Constraints auswerten zu können. Vaadin selbst bringt nur die notwendigen Interfaces mit.

Wir verwenden für dieses Buch die Hibernate-Validation-Implementierung des JSR 303. Wenn wir ein Maven-Projekt verwenden, können wir einfach folgenden Eintrag in die pom.xml aufnehmen:

Listing 5–15
Maven-Dependency für JSR-303-Implementierung

```
<dependency>
    <groupId>org.hibernate</groupId>
    <artifactId>hibernate-validator</artifactId>
    <version>4.3.0.Final</version>
</dependency>
```

Wenn wir jetzt noch einmal einen Versuch machen und als Vornamen mehr als 20 Zeichen eingeben, sehen wir eine Fehlermarkierung, sobald wir das Feld verlassen. Und sobald wir »OK« drücken, wird nun anstelle der Personendaten eine Fehlermeldung mit »Ungültige Eingabe!« angezeigt. Die Validierung findet also direkt bei Feldänderungen statt und noch einmal, wenn die Daten in die JavaBean übertragen werden. Ungültige Daten gelangen nicht in die JavaBean-Instanz.

Verfügbare Constraints

In jeder dem JSR 303 entsprechenden Implementierung werden mindestens die folgenden Constraints zur Verfügung gestellt (alle im Package `javax.validation.constraints`):

Tab. 5–2
Validator-Annotationen im JSR 303

Constraint	Prüfbare Typen	Prüfung
@AssertFalse	boolean, Boolean	Das annotierte Element muss »false« sein.
@AssertTrue	wie @AssertFalse	Das annotierte Element muss »true« sein.
@DecimalMax(string)	BigDecimal, BigInteger, String, byte, Byte, short, Short, int, Integer, long, Long	Der String-Parameter der Annotation muss eine gültige Zahl sein. Bei der Validierung wird dann geprüft, ob der eingegebene Wert kleiner oder gleich der angegebenen Zahl ist.
@DecimalMin(string)	wie @DecimalMax	Der String-Parameter der Annotation muss eine gültige Zahl sein. Bei der Validierung wird dann geprüft, ob der eingegebene Wert größer oder gleich der angegebenen Zahl ist.
@Digits(vork,nachk)	wie @DecimalMax	Der eingegebene Wert muss eine Zahl mit maximal »vork« Vorkomma- und maximal »nachk« Nachkommastellen sein.
@Future	Date, Calendar	Das eingegebene Datum muss in der Zukunft liegen.

→

Constraint	Prüfbare Typen	Prüfung
@Max(max)	BigDecimal, BigInteger, byte, Byte, short, Short, int, Integer, long, Long	Die eingegebene Zahl muss kleiner oder gleich »max« sein.
@Min(min)	wie @Max	Die eingegebene Zahl muss größer oder gleich »min« sein.
@NotNull	Alle	Die Eingabe darf nicht »null« sein.
@Null	Alle	Die Eingabe muss »null« sein.
@Past	Wie @Future	Das eingegebene Datum muss in der Vergangenheit liegen.
@Pattern(pattern)	String	Der eingegebene Text muss dem regulären Ausdruck in »pattern« entsprechen.
@Size(min,max)	String, Collection, Map, Array	Bei Strings muss die Eingabe zwischen »min« und »max« Zeichen umfassen. Bei den anderen Typen wird die Anzahl der Elemente betrachtet.

Die jeweilige Implementierung kann auch noch weitere Constraints unterstützen. Die Hibernate-Validation-Implementierung, die wir eingebunden haben, bietet z.B. noch folgende Constraints (alle im Package org.hibernate.validator.constraints):

Constraint	Prüfbare Typen	Prüfung
@CreditCardNumber	CharSequence	Prüft auf syntaktische Gültigkeit der eingegebenen Kreditkartennummer.
@Email	CharSequence	Prüft auf syntaktische Gültigkeit der eingegebenen E-Mail-Adresse.
@Length(min,max)	CharSequence	Die Eingabe muss zwischen »min« und »max« Zeichen umfassen.
@ModCheck(algo, multiplier)	CharSequence	Prüft die Eingabe gemäß der Checksummen-Algorithmen MOD 10 oder MOD 11.
@NotBlank	CharSequence	Die Eingabe muss – nach einem String.trim() – mindestens ein Zeichen umfassen.
@NotEmpty	CharSequence	Die Eingabe muss mindestens ein Zeichen umfassen. Dies können im Gegensatz zu »@NotBlank« auch Leerzeichen u.dgl. sein.

Tab. 5–3

Erweiterungen durch Hibernate Validator zu JSR 303

→

Constraint	Prüfbare Typen	Prüfung
@Range(min,max)	Wie @Max	Zusammenfassung der Standard-Constraints @Min und @Max
@SafeHtml	CharSequence	Prüft, ob es sich bei der Eingabe um »sicheres« HTML handelt, bspw. werden JavaScript-Tags unterbunden.
@URL	CharSequence	Prüft, ob es sich bei der Eingabe um eine valide URL handelt.

Zu beachten ist hierbei: Bei allen hier genannten Constraints außer @NotNull, @NotEmpty und @NotBlank gilt, dass »null« eine gültige Eingabe ist!

> **@NotNull und @Size und setRequired()**
>
> Das AbstractField von Vaadin bietet die Methode setRequired() an. Ein Eingabefeld, bei dem setRequired(true) aufgerufen wurde, gilt als Pflichtfeld. Nicht nur, dass diese Überprüfung automatisch für uns erfolgt, die Tatsache, dass es sich um ein Pflichtfeld handelt, wird auch optisch an der GUI hervorgehoben. Leider reagiert AbstractField (noch) nicht auf entsprechende Bean-Validation-Angaben wie @NotNull oder @Size, indem es das setRequired-Flag setzt.

Class-Level Constraints werden noch nicht unterstützt

Hibernate Validation bietet noch ein weiteres Constraint @ScriptAssert, welches in der obigen Tabelle nicht aufgeführt ist. Hierbei handelt es sich um ein sogenanntes Class-Level Constraint. Mit dieser Art von Constraints können nicht nur einzelne Felder geprüft werden, sondern auch Abhängigkeiten zwischen den Feldern. Zum Beispiel würden Regeln wie »Das Gültig-Ab eines Datensatzes muss kleiner oder gleich dem Gültig-Bis des Datensatzes sein« über Class-Level Constraints realisiert.

Leider bietet aber Vaadin derzeit noch keine Unterstützung für Class-Level Constraints. Diese werden nicht automatisch geprüft, wir müssten die Prüfung also selbst anstoßen.

Eigene Validatoren erstellen

Die verschiedenen Implementierungen des JSR 303 bieten nicht nur eine Reihe von vorgefertigten Validatoren an. Sie bieten auch ein Framework, um eigene anwendungsspezifische Validierungsprüfungen zu realisieren. Wenn wir also in unsere Anwendung eine Prüfung wie »Das eingegebene Datum darf maximal 30 Tage in der Zukunft liegen« aufnehmen wollen, sollten wir dies im Rahmen des JSR-303-Frameworks realisieren.

Hierfür brauchen wir zwei neue Java-Typen: eine Constraint-Annotation, mit der wir die relevanten Datenfelder annotieren können (hier: MaxDaysFuture), und einen Validator, der die wirkliche Prüfung übernimmt (MaxDaysFutureValidator). Zunächst die Annotation:

```java
@Constraint(validatedBy = { MaxDaysFutureValidator.class })
@Target({FIELD, ANNOTATION_TYPE, CONSTRUCTOR, PARAMETER })
@Retention(RUNTIME)
@Documented
public @interface MaxDaysFuture {
    String message() default " {validator.maxdaysfuture.message} ";
    /**
     * @return Maximale Anzahl Tage in der Zukunft
     */
    int value();

    Class<?>[] groups() default {};
    Class<? extends Payload>[] payload() default {};
}
```

Listing 5–16
Eine eigene JSR-303-basierende Validator-Annotation

Unsere Annotation hat selbst eine Reihe von Annotationen. Sie dienen folgenden Zwecken:

Annotation	Funktion
@Constraint	Legt fest, dass es sich überhaupt um ein Constraint handelt und welche Klasse die Constraint-Prüfung implementiert. Die hier festgelegte Klasse »MaxDaysFutureValidator" werden wir weiter unten kennenlernen.
@Target	Legt fest, welche Programmelemente mit dem Constraint annotiert werden können. Wir haben hier die Aufzählung aus den Standard-Constraints übernommen.
@Retention	Legt hier fest, dass die Annotation auch zur Laufzeit auswertbar bleibt. Dies ist für Constraint-Annotationen meist erforderlich.
@Documented	Legt fest, dass die Verwendung unserer »MaxDaysFuture«-Annotation in das Javadoc benutzender Klassen (z.B. »Person«) übernommen wird.

Tab. 5–4
Nutzung von Annotationen für den eigenen Validator

Das erste Feld der Annotation ist value, mit dem wir einen Parameter der Annotation deklarieren. Hiermit werden wir später festlegen, dass wir auf 30 Tage prüfen wollen.

Mit dem Feld message legen wir den Schlüssel einer Meldung fest, die dem Benutzer im Fehlerfall angezeigt wird. Die Meldung selbst wird in einer Property-Datei /ValidationMessages.properties festgelegt, die im Root-Verzeichnis im Classpath liegen muss:

Listing 5–17
Eigener Fehlertext für den Validator

```
validator.maxdaysfuture.message=Datum darf maximal {value} Tage
                         in der Zukunft liegen.
```

Wir sehen, wie wir hier über die geschweiften Klammern die Meldung parametrisieren und auf den value-Wert der Annotation zugreifen können.

Die eigentliche Prüfung implementieren wir in MaxDaysFutureValidator:

Listing 5–18
Implementierung des Validators

```java
public class MaxDaysFutureValidator implements
        ConstraintValidator<MaxDaysFuture, Date> {

    private int max;

    @Override
    public void initialize(MaxDaysFuture constraintAnnotation) {
        max = constraintAnnotation.value();
    }

    @Override
    public boolean isValid(Date value,
            ConstraintValidatorContext context) {
        if (value == null) {
            return true;
        }

        final Calendar c = Calendar.getInstance();
        c.set(Calendar.MILLISECOND, 0);
        c.set(Calendar.SECOND, 0);
        c.set(Calendar.MINUTE, 0);
        c.set(Calendar.HOUR, 0);
        c.set(Calendar.DAY_OF_MONTH, c.get(Calendar.DAY_OF_MONTH) + 1);
        final long minTime = c.getTimeInMillis();
        final long maxTime = minTime + (max * 24L * 60L * 60L * 1000L);

        return minTime <= value.getTime() && value.getTime() <= maxTime;
    }
}
```

In der Deklaration legen wir fest, dass dieser Validator für den Constraint MaxDaysFuture verantwortlich ist und java.util.Date-Klassen prüfen kann. Dann implementieren wir noch zwei Methoden:

In der initialize()-Methode müssen wir Parameter aus der Annotation in die Prüfungsklasse übertragen, um sie in isValid() prüfen zu können. Wie bei den Standard-Constraints implementieren wir auch hier das Verhalten »null ist gültig«.

5.4.2 Nutzung Vaadin-spezifischer Validatoren

Vor Vaadin 7 konnten JSR-303-Validatoren nicht in Vaadin verwendet werden. Stattdessen wurde nur eine eigene Infrastruktur angeboten. Wir wollen kurz auf diese ältere Möglichkeit eingehen, da einige Beispiele im Internet dies gegebenenfalls noch zeigen. Auch bei der Verwendung anderer Container als des `BeanItemContainer` muss auf diese Infrastruktur zurückgegriffen werden.

Vaadin-spezifische Validatoren müssen manuell dem jeweiligen Eingabefeld hinzugefügt werden. Dafür bietet `AbstractField` die Methode `addValidator()`, die eine Implementierung der Schnittstelle `com.vaadin.data.Validator` übergeben bekommt. In der Regel bieten die Implementierungen einen Konstruktor, der zusätzlich zu benötigten Parametern noch eine Fehlerfall-Meldung erwartet.

```
eMailTextField.addValidator(
    new EmailValidator("Gültige E-Mail-Adresse erforderlich"));
alterTextField.addValidator(
    new IntegerRangeValidator("Ungültiges Alter", 0, 115));
```

Listing 5–19
Vaadin-spezifische Validierung

Vaadin bietet die in folgender Tabelle genannten Validatoren (alle in Paket `com.vaadin.data.validator`, als @deprecated gekennzeichnete Validatoren sind nicht aufgeführt):

Constraint	Zusatzparameter	Prüfung
RegexpValidator	Regulärer Ausdruck	Der eingegebene Text muss einem regulären Ausdruck entsprechen.
EmailValidator	-	Prüft auf syntaktische Gültigkeit einer eingegebenen E-Mail-Adresse.
StringLengthValidator	Min/Max/ Null gültig?	Prüft die Länge eines Strings, kann auch »null«-Werte verhindern.
DateRangeValidator	Min/Max/ (Genauigkeit)	Prüft, ob ein Datum in einem bestimmten Intervall liegt. Achtung! Die übergebbare Genauigkeit wird nicht ausgewertet!
DoubleRange	Min/Max	Prüft, ob Zahlenwert in einem bestimmten Intervall liegt.
IntegerRange	Min/Max	Analog @DoubleRange
NullValidator	Nur null erlaubt?	Prüft, ob ein Feld null ist, wenn nur Nullen erlaubt sind, bzw. ob ein Feld ungleich null ist.
CompositeValidator	Kombinationsmodus	Wenn man mehrere Validatoren einem Eingabefeld hinzufügt, dann müssen sie alle erfüllt sein, damit der Wert gültig ist (UND). Über CompositeValidator kann man komplexere UND/ODER-Strukturen von Validatoren erzeugen.

Tab. 5–5
Vaadin-spezifische Validatoren

Auch hier können wir eigene Validatoren programmieren. Dies geschieht, indem wir `com.vaadin.data.Validator` implementieren. Hier müssen wir nur die Methode validate so implementieren, dass sie bei Bedarf eine Validator.InvalidValueException wirft:

Listing 5–20
Ein eigener Vaadin-spezifischer Validator

```
public AOderBVaadinValidator(String errorMessage) {
    this.errorMessage = errorMessage;
}

@Override
public void validate(Object value) throws InvalidValueException {
    if (value != null && !"A".equals(value.toString()))
            && !"B".equals(value)) {
        throw new InvalidValueException(errorMessage);
    }
}
```

5.5 Erkennen von Änderungen

Wir können Änderungen an den Eingabefeldern genauso erkennen, als würden wir kein Data Binding verwenden. Wir nutzen dazu ValueChangeListener an den einzelnen Eingabefeldern. Die Klasse BeanFileGroup bietet uns die Methode getFields(), mit deren Hilfe wir leicht einen ValueChangeListener an alle Eingabefelder hängen können:

Listing 5–21
Erkennen von Änderungen

```
for (Field<?> f : fieldGroup.getFields()) {
    final AbstractField<?> field = (AbstractField<?>) f;
    field.addValueChangeListener(
        new AbstractField.ValueChangeListener() {
        @Override
        public void valueChange(ValueChangeEvent event) {
            logger.debug("valueChanged in Bean:" +
                fieldGroup.getItemDataSource().getBean());
        }
    });
}
```

Gepufferter Modus bei Eingabefeldern

Wenn wir diesen Code ausführen und im Browser Änderungen am Feld »Vorname« durchführen, sehen wir an der Ausgabe, dass sich zwar der Wert des Eingabefelds ändert, nicht aber der in der Person-JavaBean gespeicherte Wert. Dies liegt daran, dass Vaadin standardmäßig in einem »gepufferten« Modus arbeitet: Neue Werte werden lokal in den Eingabefeldern gespeichert und erst beim Aufruf eines fieldGroup.commit() in die angebundene JavaBean übertragen. In unserem Beispiel rufen wir das commit() immer dann auf, wenn der Benutzer auf den »OK«-Button drückt (siehe Listing am Anfang dieses Kapitels). Bis dahin bleibt das darunterliegende Bean also unverändert.

Dies ist nicht immer das gewünschte Verhalten. Wenn wir bereits weitere Logik ausführen wollen, während der Benutzer noch Änderungen am Formular vornimmt, wäre es zum Beispiel gut, wenn wir hier schon die JavaBean nutzen könnten, um auf die Eingabedaten zuzugreifen. Wir erreichen dies durch einen Aufruf von `fieldGroup.setBuffered(false)`. Hierdurch wird die Pufferung ausgeschaltet und Wertänderungen werden direkt in die JavaBean übertragen.

Führen wir nun erneut im Browser Änderungen im Feld »Vorname« durch, sehen wir, dass die Werte direkt übertragen werden. Allerdings gilt dies nicht für alle Werte. Geben wir einen Wert ein, der unseren Validierungsregeln nicht entspricht, dann sehen wir, dass der ungültige Wert zwar in das Eingabefeld übernommen wurde, nicht aber in die JavaBean. Wenn wir jedoch auch ungültige Werte in der JavaBean sehen wollen, dann können wir das am einzelnen Eingabefeld einstellen:

Festschreiben von ungültigen Werten

```
vorname.setInvalidCommitted(true);
nachname.setInvalidCommitted(true);
```

Listing 5–22
Ungültige Werte festschreibbar machen

Eine Anmerkung: Natürlich werden wir nur Werte in der JavaBean sehen, die sich im entsprechenden Datentyp speichern lassen. Erwarten wir einen Integer-Wert und geben in das Eingabefeld eine Buchstabenfolge ein, wird diese nicht übernommen werden können.

Jetzt, da die Daten im POJO sind und wir Berechnungen darauf ausführen können, wollen wir die Ergebnisse auch wieder anzeigen. Wenn sich das Ergebnis auch wieder in einem gebundenen Feld einer JavaBean findet, ist das einfach: Wir müssen mit `markAsDirty()` veranlassen, dass das entsprechende Eingabefeld neu gezeichnet wird. Wenn wir also wollen, dass jede Änderung des Nachnamens bei einer Person dazu führt, dass der »Mitglied-Ab«-Wert zurückgesetzt wird, gehen wir wie folgt vor:

Aktualisierung der GUI

```
nachname.addValueChangeListener(
    new AbstractField.ValueChangeListener() {
        @Override
        public void valueChange(ValueChangeEvent event) {
            Person person = PersonComponent.this.person;
            person.setMitgliedAb(null);
            mitgliedAb.markAsDirty();
        }
    });
```

Listing 5–23
POJO-Änderungen an die GUI bringen

6 Real-Time-Webapplikationen mit Vaadin Server Push

Der normale Kommunikationsverlauf bei Webapplikationen folgt dem Request-Response-Muster, bei dem der Browser den Kontakt aufnimmt. Es gibt aber viele Anwendungsfälle, in denen die andere Kommunikationsrichtung sehr wertvoll ist. Vaadin bietet dies mit Server Push seit Version 7 an. In diesem Kapitel werden wir sehen, wie einfach die Verwendung dieses Mechanismus von Vaadin ist.

Wie wir gesehen haben, können wir mit Vaadin relativ leicht eine GUI für eine moderne *Single Page Web Application* bauen. Wir können in übersichtlichen Formularen Eingaben des Benutzers empfangen, sie verarbeiten lassen und die GUI entsprechend aktualisieren – das alles ohne ein Neuladen der Seite.

Was ist aber, wenn wir auf Ereignisse von außen reagieren wollen? Angenommen, wir wollen einen E-Mail-Client bauen, der das Eintreffen einer neuen E-Mail anzeigen soll. Oder – noch anspruchsvoller, weil zeitkritischer – einen Chat-Client? Ein externes Ereignis, das unser Applikationsserver empfängt, soll also zeitnah zu einer Änderung der Anzeige im Browser des Benutzers führen... Man spricht hier davon, dass Änderungen vom Server zum Browser des Benutzers ge»push«t werden – im Gegensatz zum üblichen »Pull« neuer Daten durch den Browser beim Server.

Dank neuerer Standards und Frameworks wie WebSockets oder Atmosphere ist dies heutzutage möglich, Und Vaadin integriert diese Funktionalität in das eigene Programmiermodell.

6.1 Ein kleines Beispiel

Als Erstes wollen wir uns ein kleines Beispiel anschauen, das auf Knopfdruck einen langlaufenden asynchronen Task startet und dann – nach Abschluss des Tasks – das Ergebnis anzeigt. Um den Fortschritt ein wenig anschaulicher zu machen, implementieren wir auch eine Fortschrittsanzeige mittels einer `ProgressBar`.

> Wir sollten einen relativ modernen Browser und einen modernen Applikationsserver einsetzen. Hier verwenden wir Apache Tomcat 7.0.47 und Mozilla Firefox 26.

Als vorbereitende Schritte müssen wir unserem Projekt die Bibliothek `vaadin-push-7.1.x.jar` hinzufügen und die `web.xml` unseres Projektes so editieren, dass Vaadin Server Push genutzt werden kann. Hierzu geben wir unserer UI-Subklasse die Annotation `@Push` und dem Vaadin-Servlet folgende Einstellung:

Listing 6–1
Asynchrone Servlet-Antworten zulassen

```
<async-supported>true</async-supported>
```

Kleine Erinnerung: Jede Session ist bei Vaadin mit einer Instanz einer Subklasse von `UI` verbunden. Welche Klasse verwendet wird, definieren wir in der Datei `web.xml`.

Weiter müssen wir zunächst nichts mehr tun. Den langlaufenden Task können wir ganz natürlich als `java.lang.Thread` implementieren, der nebenläufig zu den üblichen Request-Threads auf dem Server läuft. Innerhalb des Thread können wir dann die Vaadin-Komponenten der GUI manipulieren, um GUI-Änderungen an den Benutzer zu pushen. Wir müssen jedoch eines berücksichtigen: Wir dürfen nicht zu beliebiger Zeit auf die GUI-Komponente zugreifen. Vergleichbar zu einem synchronized-Block in Java müssen wir die Zugriffe klammern. Hier jedoch in einem `java.lang.Runnable`, welches wir der Methode `access` der `UI`-Instanz übergeben.

Das Ganze sieht im Code dann an der entscheidenden Stelle wie folgt aus:

Listing 6–2
GUI-Änderungen zum Browser pushen

```
private void aktualisiereGUI(final int schritt) {
    if (myUI.getSession() != null) {
        myUI.access(new Runnable() {

            @Override
            public void run() {
                progressBar.setValue(
                    getFortschrittZwischen0Und1(schritt));
                if (istLetzterSchritt(schritt)) {
                    buttonLongRunning.setEnabled(true);
                    buttonLongRunning.setCaption("Ergebnis: 42");
                    progressBar.setVisible(false);
                }
            }
        });
```

```
    } else {
        Thread.currentThread().interrupt();
    }
}
```

Die access()-Methode synchronisiert den Zugriff auf die GUI und stellt sicher, dass immer nur ein Thread gleichzeitig Veränderungen vornimmt. Nach Abarbeiten des Runnable werden vorgenommene Änderungen automatisch von Vaadin an den Browser gepusht.

Wir fragen am Anfang die Session ab, um zu prüfen, ob der Benutzer vielleicht zwischenzeitlich die Applikation verlassen oder neu geladen hat. Ohne diese Abfrage bekämen wir unkritische, aber störende UIDetachedException-Einträge im Server-Log.

> **Inkrementelles Laden von Daten**
>
> Während wir hier im Laufe der Verarbeitung nur die ProgressBar weitergeschaltet haben, könnten wir natürlich genauso umfangreiche Änderungen an der GUI vornehmen. Wenn wir einen Task haben, der lange braucht, um Daten zu laden, könnten wir im access-Block immer wieder die bereits geladenen Daten direkt zur Anzeige bringen.

6.2 Ein Mini-Chat

Unser Beispiel von gerade können wir zu einem Mini-Chat ausbauen. Im Mini-Chat können Benutzer Nachrichten in einen großen Chat-Raum senden, der alle Benutzer enthält. Alternativ können sie sich gegenseitig persönliche Nachrichten senden. Der Mini-Chat dient als Stellvertreter für all die Probleme, bei denen eine externe Nachricht eintrifft und es nicht direkt klar ist, welcher Client zu aktualisieren ist. Entscheidend ist es, dass wir die richtigen Instanzen von UI finden, auf denen wir access() aufrufen müssen – und natürlich die richtigen GUI-Komponenten.

Wir lösen das hier durch eine einfache statische HashMap, die den Chat-Namen jedes Benutzers und den String »Alle« für den großen Raum auf eine Liste von Chatuser-Instanzen abbildet. Für jeden Benutzer existiert eine ChatUser-Instanz. ChatUser enthält die UI-Instanz des Users und die zu aktualisierenden GUI-Komponenten (hier zur Vereinfachung ein TextArea). Um eine Nachricht also zu einem anderen Benutzer oder zu »Alle« zu senden, wird folgender Code verwendet:

Listing 6–3
GUI-Änderungen an mehrere Browser verteilen

```
public void sendMessageToChatRoom(final String nameOfChatroom,
                                  final String message) {
    final List<MiniChatExampleUI> listOfUserUIs =
                                  chats.get(nameOfChatroom);
    if (listOfUserUIs != null) {
        for (final MiniChatExampleUI otherUi : listOfUserUIs) {
            if(otherUi.getSession() != null) {
                otherUi.access(new Runnable() {

                    @Override
                    public void run() {
                        otherUi.appendChatMessage(
                            myChatname, nameOfChatroom, message);
                    }
                });
            } else {
                removeUI(otherUI);
            }
        }
    }
}

protected void appendChatMessage(String senderChatname,
    String nameOfChatroom, String message) {
    nachrichtenlogTextArea.setValue(
        baueStringNeueLogAnzeige(
            senderChatname, nameOfChatroom, message));
}
```

Es ist zu beachten, dass der Aufruf von access() nicht blockiert, wenn gerade ein anderer Thread auf dieselbe UI-Instanz zugreift. Unser Programm läuft also weiter, noch bevor die Nachricht zum Benutzer gesendet wird. Und auch das Senden selbst läuft asynchron. Dies hat den Vorteil, dass wir uns keine Gedanken darum machen müssen, ob die Anwendung durch Netzwerkverzögerung zu einem Client an dieser Stelle ausgebremst wird. Wir können in einer einfachen Schleife den Push für jedes UI durchführen.

Auch hier prüfen wir wieder vor dem Versenden, ob die Session zur UI noch existiert, wodurch wir UIDetachedExceptions vermeiden. Der MiniChat-Client entfernt beim Ausloggen eines Benutzers die entsprechende UI aus der HashMap, um Memory-Leaks zu vermeiden. Dies funktioniert auch beim sauberen Schließen des Browsers und bei einem Session-Timeout.

In größeren Projekten wird man sich nicht mit einer HashMap begnügen können, um das passende UI zu finden. Bei einer geclusterten Umgebung für unseren Chat müssten wir z.B. Nachrichten zwischen den Servern des Clusters austauschen, da nicht jede UI auf jedem Server vorhanden ist. Hierfür könnten wir z.B. JMS einsetzen. Die Benachrichtigung des Clientbrowsers selbst wird durch Vaadin aber vergleichsweise einfach.

7 Layout und Styling

Das Aussehen einer Vaadin-Anwendung lässt sich den eigenen Wünschen entsprechend anpassen. Dazu bietet Vaadin einen sehr mächtigen Theme-Mechanismus, der auf Cascading Style Sheets (CSS) und der darauf aufsetzenden Spracherweiterung SCSS[1] basiert. SCSS ist eine zu CSS3 kompatible Syntaxvariante von SASS[2] und erweitert CSS um Variablen, Schachtelung von Selektoren, Mixins[3], Funktionen und viele weitere nützliche Features.

In diesem Kapitel wird beschrieben, wie wir Themes in eigenen Anwendungen nutzen und eigene Themes auf Basis von CSS bzw. SCSS erstellen können.

7.1 Auswahl eines Theme

Vaadin selbst bringt bereits mehrere Themes mit, die wir entweder direkt verwenden oder als Ausgangsbasis für unser eigenes angepasstes Theme nutzen können.

Name	Beschreibung
base	Dient als Grundlage aller Vaadin-Themes
reindeer	Standard-Theme seit Vaadin 6
runo	Früheres Standard-Theme
chameleon	Einfach anpassbares Theme
liferay	Theme zur Nutzung in Liferay-Portlets

Tab. 7–1
Von Vaadin mitgelieferte Themes

---

1. SCSS == Sassy CSS (freches CSS)
2. SASS == Syntactically Awesome Stylesheets, siehe [SASS]
3. Auf Mixins und andere Erweiterungen gehen wir später noch ausführlich ein.

Das anzuwendende Theme können wir einfach über die Annotation @Theme an der UI-Klasse festlegen:

Listing 7–1
Statische Theme-Auswahl per Annotation

```
@Theme(»runo«)
public class SampleUI extends UI {
    ...
}
```

Dynamische Theme-Auswahl

Das dynamische Setzen bzw. Wechseln des Theme per setTheme(), wie es Vaadin 6 noch bot, ist seit Vaadin 7 nicht mehr möglich. Allerdings können wir durch Ableiten der Klasse UIProvider das anzuwendende Theme zum Initialisierungszeitpunkt zum Beispiel anhand von URL-Parametern festlegen:

Listing 7–2
Dynamische Theme-Auswahl per Request-Parameter

```
public class DynamicThemeUIProvider extends DefaultUIProvider {
    @Override
    public String getTheme(UICreateEvent event) {
        String theme = event.getRequest().getParameter("theme");
        if (theme != null) {
            return theme;
        } else {
            return super.getTheme(event);
        }
    }
}
```

Unseren UIProvider müssen wir der Anwendung noch bekannt machen. Dies geschieht über einen Servlet-Init-Parameter:

Listing 7–3
Registrieren eines eigenen UIProvider

```
@WebServlet(value = "/*", asyncSupported = true,
    initParams =@WebInitParam(name="UIProvider",
        value="de.vaadinbuch.examples.themes.DynamicThemeUIProvider"))
@VaadinServletConfiguration(ui = MyVaadinUI.class,
    widgetset = "de.vaadinbuch.examples.themes.AppWidgetSet")
public static class Servlet extends VaadinServlet { }
```

Auf die gleiche Weise können auch die zu instanziierende UI-Klasse oder das zu verwendende WidgetSet dynamisch festgelegt werden.

7.2 Erstellung eines eigenen Theme

7.2.1 Struktur eines Theme

Ein Theme besteht im Wesentlichen aus CSS bzw. SCSS-Dateien, Bildern und HTML-Templates, die innerhalb eines Theme-Unterordners <WebContent>/VAADIN/themes/mytheme abgelegt sind. Das Vaadin Servlet liefert die Inhalte des <WebContent>/VAADIN-Ordners automatisch als statische Dateien an den Browser aus. Zusätzlich werden Ressourcen aus dem Classpath-Ordner /VAADIN/* geliefert. So sind die von Vaadin mitgelieferten Themes in vaadin-themes.jar enthalten. Die Paketierung eigener Themes in einem JAR ist so ebenfalls möglich.

Die Ordnerstruktur innerhalb dieses Ordners ist weitgehend frei gestaltbar. Die einzige Vorgabe ist, dass eine styles.css-Datei mit Stylesheet-Informationen im Hauptordner liegt. Für alle weiteren referenzierten Bilder und Stylesheets ist es sinnvoll, sich an den Konventionen der Standard-Themes zu orientieren.

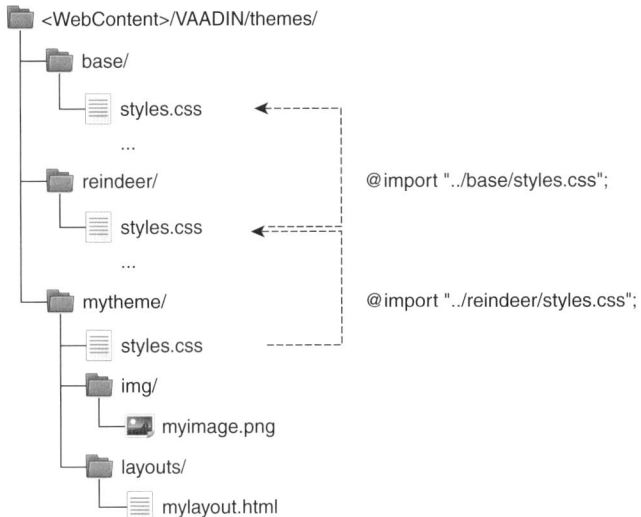

Abb. 7–1
Struktur von CSS-basierten Themes

7.2.2 Erstellung eines CSS-basierten Theme

Will man nur die Standard-CSS-Mittel nutzen, sieht eine minimale styles.css-Datei wie folgt aus:

```
@import "../reindeer/legacy-styles.css";

.v-app {
    background: yellow;
}
```

Listing 7–4
Theme mit geändertem Hintergrund

Die erste Zeile sorgt dafür, dass der Browser zunächst die Style-Informationen des Reindeer-Theme lädt und auswertet, das uns hier als Vorlage für das eigene Theme dient.

Darauf folgen unsere eigenen Anpassungen. Im Beispiel wird die Hintergrundfarbe der Anwendung auf Gelb geändert (background: yellow). Wie schon in Kapitel 3 beschrieben weist Vaadin zur Unterscheidung zwischen eigenen und möglichen fremden Seiteninhalten dem äußersten `<div>` den Name unseres Theme sowie v-app als Klassen zu:

Listing 7–5
Das eine Vaadin-Applikation im HTML umgebende Wurzelelement

```
<div class="v-app mytheme"> ... </div>
```

7.2.3 Erstellung eines SCSS-basierten Theme

Selbst bei einfachen Themes ergibt es Sinn, statt normalem CSS die Spracherweiterung SCSS zu nutzen. In diesem Fall wird die `styles.css` nicht durch uns geschrieben, sondern durch den in Vaadin enthaltenen SCSS-Compiler generiert – entweder durch einen expliziten Compile-Schritt oder im Debug-Modus automatisch beim ersten Zugriff.

Unser eigenes Theme `vaadinbooktheme` enthält zunächst die drei Dateien `styles.scss`, `vaadinbooktheme.scss` und `addons.scss`. Diese Dateien können von Hand erstellt werden oder zum Beispiel mit dem Vaadin-Eclipse-Plugin.

Der Aufbau ist auf den ersten Blick etwas komplexer als bei einem CSS-Theme, dies ermöglicht jedoch unter anderem die spätere Verwendung unseres eigenen Theme als Vorlage für weitere Themes, zum Beispiel für eine kontrastreichere, mit größerer Schrift versehene Variante für sehbehinderte Menschen.

Abb. 7–2
Struktur von SCSS-basierten Themes

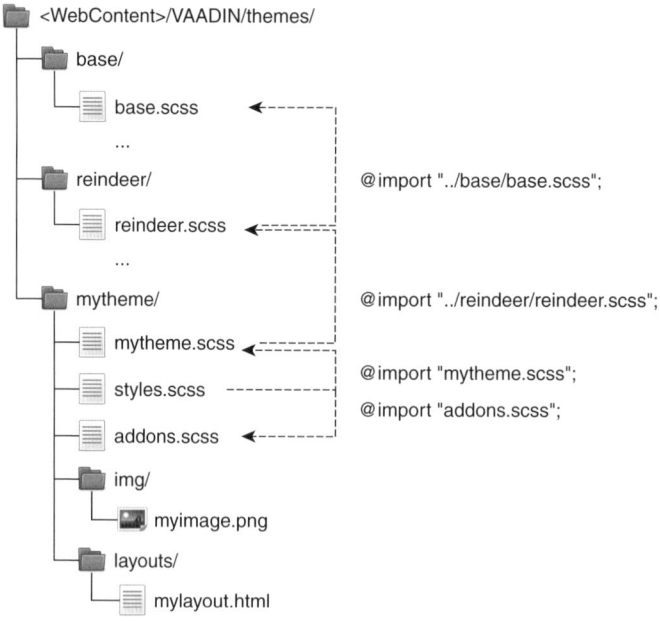

> **Editieren von SCSS-Dateien in Eclipse**
>
> Eine einfache Möglichkeit, Eclipse auch ohne Installation eines Plugin zu einer (beschränkten) Unterstützung des Editierens von SCSS-Dateien zu bewegen, ist das Hinzufügen der Endung »*.scss« unter *Preferences → Content Types → Text / CSS*. Eine umfangreichere Unterstützung ist in *Aptana Studio* enthalten, das sich auch als Plugin installieren lässt.

Die Datei styles.scss dient als direkte Vorlage für styles.css. Sie enthält selbst keine Style-Definitionen, sondern bettet die in addons.scss und vaadinbooktheme.scss enthaltenen Definitionen ein, wobei allen dort genannten CSS-Selektoren das Präfix .vaadinbooktheme vorangestellt wird:

```
@import "addons.scss";
@import "vaadinbooktheme.scss";

.vaadinbooktheme {
   @include addons;
   @include vaadinbooktheme;
}
```

Listing 7–6
Über das Vaadin-Plugin generierte styles.scss

Das Präfix ermöglicht es verschiedenen auf der gleichen Seite befindlichen Vaadin-UIs, unterschiedliche Themes zu verwenden. Dies ist insbesondere im Kontext von Portlets oder bei in bestehende Webseiten eingebetteten Vaadin-Anwendungen wichtig.

> Im Unterschied zu CSS-Imports werden Imports von SCSS-Dateien bereits im Compile-Schritt ausgewertet, und es wird aus ihnen eine einzige große styles.css-Datei generiert. Dies verringert die Anzahl der Server-Requests beim Anwendungsstart und erlaubt es uns, unsere eigenen Themes aus vielen kleineren Dateien zusammenzustellen, ohne dass längere Ladezeiten entstehen.

vaadinbooktheme.scss ist die zentrale Datei für unsere eigenen Theme-Anpassungen und erfüllt im Wesentlichen die gleiche Aufgabe wie die in Abschnitt Erstellung eines CSS-basierten Theme beschriebene styles.css:

```
@import "../reindeer/reindeer.scss";

@mixin vaadinbooktheme {
   @include reindeer;

   /* Hier stehen unsere eigenen Style-Anpassungen */
   &.v-app {
      background: yellow;
   }
}
```

Listing 7–7
Über das Vaadin-Plugin generierte vaadinbooktheme.scss

Zunächst wird über das Import-Statement das Reindeer-Theme verfügbar gemacht. Im Unterschied zur CSS-Variante enthält das SCSS die Definitionen allerdings in Form des Mixins `reindeer`. Die Definitionen werden daher nicht bereits an der Stelle des Imports eingefügt, sondern erst an der Position der `@include`-Anweisung innerhalb unseres eigenen Mixins `vaadinbooktheme`.

Darauf folgen dann wieder unsere eigenen Anpassungen, wobei wir nun auf die Spracherweiterungen von SCSS zurückgreifen können. Im Beispiel verwenden wir im Selektor für unseren gelben Hintergrund den Platzhalter &, der für den in `styles.scss` definierten übergeordneten Selektor `.vaadinbooktheme` steht.

Die Datei `addons.css` referenziert Style-Informationen aus Vaadin-Add-ons, die sich im Classpath befinden, und wird vom Vaadin-Plugin für Eclipse oder dem Maven-Plugin über das Goal `vaadin:update-theme` automatisch gefüllt.

Verwendung des Ruby-SASS-Compilers statt des Vaadin-Compilers

Der von Vaadin bereitgestellte SCSS-Compiler ist im Vergleich zum Ruby-Pendant (siehe [SASS]) noch sehr jung. Einerseits wurde noch nicht der volle Funktionsumfang abgebildet, andererseits stolpert man selbst bei einfacheren Operationen noch gelegentlich über Compiler-Fehler[4]. Falls Sie hier Probleme bekommen, ist es zum Glück recht einfach möglich, die Stylesheets über die Ruby-Implementierung zu kompilieren.

Bei Verwendung des Ruby-Compilers reicht es nicht, wenn die Basis-Themes in `vaadin-themes.jar` liegen. Sie müssen aus dem JAR neben das eigene Theme in das Dateisystem kopiert werden und sind danach natürlich bei jedem späteren Vaadin-Update auszutauschen.

Der Compile-Schritt kann über die Kommandozeile erfolgen: In diesem Fall installieren wir zunächst den SASS-Compiler gemäß der Anleitung auf der Homepage. Danach wechseln wir in unser Theme-Verzeichnis und führen folgenden Befehl aus:

Listing 7–8
Aufruf des Ruby-SASS-Compilers

```
sass styles.scss styles.css
```

Eine praktische Alternative ist die Verwendung des `sass-maven-plugin` [SAMP] oder des `wro4j-maven-plugin` [WRO4J]. Diese nutzen JRuby, um die Ruby-Implementierung in die Java-Welt zu integrieren. Damit ersparen wir uns die separate Installation von SASS.

---

4. Stand: Vaadin 7.1.9

7.2.4 Theme-Vorlagen

Bei der Erstellung eines eigenen Theme stellt sich immer auch die Frage, ob eine Vorlage zu verwenden ist und welches der Standard-Themes sich dafür am besten eignet.

Das Basis-Theme, auf dem alle Standard-Themes basieren, enthält eine Menge grundlegender Style-Definitionen, die für das Funktionieren der Komponenten notwendig sind. Vaadin achtet hier auf eine gute Erweiterbarkeit und hält dabei das Theme möglichst stabil, es bietet also beste Voraussetzungen auch für eigene Themes.

Die komplexeren Standard-Themes wie Runo, Reindeer oder Chameleon eignen sich dann, wenn man nur wenige Änderungen an ihnen vornehmen möchte. Insbesondere bei Reindeer wurden an vielen Stellen browserspezifische Optimierungen vorgenommen – so wird zum Beispiel in auf der WebKit-Engine basierenden Browsern die Schriftart Helvetica verwendet, während andere Browser Arial verwenden. Diese Optimierungen sind bei eigenen Anpassungen gegebenenfalls zu berücksichtigen, was die Wartbarkeit erschwert. Runo ist in dieser Hinsicht weniger komplex.

Selbst wenn das eigene Look & Feel von den Standard-Themes völlig abweicht, ist es nur in den seltensten Fällen sinnvoll, auf ein Basis-Theme völlig zu verzichten. In diesem Fall sind umfangreiche Kenntnisse der clientseitigen Funktionalität von Vaadin erforderlich. Wenn die Größe des generierten CSS minimiert werden soll, kann man auch nur Teile des Basis-Theme referenzieren – dies ist möglich, weil das Basis-Theme selbst neben der base.scss aus vielen komponentenspezifischen Teilskripten besteht, die sich direkt in das eigene Theme importieren lassen.

Weitere Tipps zur Auswahl und der Erweiterung von Themes lassen sich im Vaadin Wiki (siehe [VTTT] nachlesen.

7.2.5 CSS-Selektor-Strategien

Zur Erstellung eigener CSS-Regeln müssen wir zunächst wissen, wie wir CSS-Eigenschaften auf spezifische Seitenelemente anwenden wollen. Im Folgenden werden die üblichsten Strategien und deren Verwendung mit Vaadin aufgelistet. Zur richtigen Anwendung sollten Grundkenntnisse in CSS – insbesondere zu Kaskadierungsregeln (siehe [KSKR]) – vorhanden sein.

Selektion per ID

Die Selektion einer Komponente per ID ist die einfachste, aber auch die beschränkteste Variante, eine Komponente im HTML eindeutig zu identifizieren. Die ID ist der Komponente per setId(String) zuzuweisen, wobei es in unserer Verantwortung liegt, diese ID eindeutig über alle Komponenten zu halten. Durch die Anforderung der Eindeutigkeit lassen sie sich allerdings nicht überall verwenden.

Selektion per CSS-Klassen

Will man in Themes ganze Komponentenklassen über ein eindeutiges Merkmal identifizieren und Styles darauf anwenden, sind CSS-Klassen die erste Wahl. Die primäre CSS-Klasse einer Komponente hängt vom verwendeten clientseitigen Widget ab. In vielen Fällen (insbesondere bei Vaadin-eigenen Komponenten) lässt sich daher die CSS-Klasse auch direkt vom Komponentennamen ableiten und entspricht Komponentennamen in Kleinbuchstaben, versehen mit dem Präfix v-. Einen ersten Überblick gibt Standard-CSS-Klassen nach Komponente (entnommen aus dem Book of Vaadin) Zu beachten ist, dass eine Komponente abhängig von dessen Einstellungen clientseitig unterschiedliche Widgets verwenden kann. Außerdem können sich verschiedene Komponenten das gleiche Widget teilen.

Tab. 7–2
Standard-CSS-Klassen nach Komponente (entnommen aus dem Book of Vaadin)

Serverseitige Komponente	Clientseitiges Widget	CSS-Klassenname
AbsoluteLayout	VAbsoluteLayout	v-absolutelayout
Accordion	VAccordion	v-accordion
Button	VButton	v-button
CheckBox	VCheckBox	v-checkbox
CssLayout	VCssLayout	v-csslayout
CustomComponent	VCustomComponent	v-customcomponent
CustomLayout	VCustomLayout	v-customlayout
DateField	VDateField	v-datefield
	VCalendar	v-datefield-entrycalendar
	VDateFieldCalendar	v-datefield-calendar
	VPopupCalendar	v-datefield-calendar
	VTextualDate	
Image	VImage	-
Form	VForm	v-form
FormLayout	VFormLayout	-

→

Serverseitige Komponente	Clientseitiges Widget	CSS-Klassenname
GridLayout	VGridLayout	-
Label	VLabel	v-label
Link	VLink	v-link
OptionGroup	VOptionGroup	v-select-optiongroup
HorizontalLayout	VHorizontalLayout	v-horizontallayout
VerticalLayout	VVerticalLayout	v-verticallayout
Panel	VPanel	v-panel
Select		
	VListSelect	v-listselect
	VFilterSelect	v-filterselect
Slider	VSlider	v-slider
SplitPanel	VSplitPanel	-
	VSplitPanelHorizontal	-
	VSplitPanelVertical	-
Table	VScrollTable	v-table
	VTablePaging	v-table
TabSheet	VTabSheet	v-tabsheet
TextField	VTextField	v-textfield
	VTextArea	
	VPasswordField	
Tree	VTree	v-tree
TwinColSelect	VTwinColSelect	v-select-twincol
Upload	VUpload	-
Window	VWindow	v-window
-	CalendarEntry	-
-	CalendarPanel	v-datefield-calendarpanel
-	ContextMenu	v-contextmenu
-	VUnknownComponent	vaadin-unknown
-	VView	-
-	Menubar	gwt-MenuBar
-	MenuItem	gwt-MenuItem
-	Time	v-datefield-time

Ein mit `new Label("Hello World")` erstelltes Label generiert z. B. folgendes HTML:

Listing 7–9
CSS-Klassen einer Label-Komponente

```
<div class="v-label v-widget v-has-width" style="width: 100%;">
    Hello World</div>
```

Neben der Komponentenklasse werden, wie hier zu sehen, noch weitere Klassen zugewiesen: Alle Vaadin-Komponenten erhalten die Klasse v-widget. Hat eine Komponente eine definierte relative oder absolute Breite oder Höhe, werden außerdem die Klassen v-has-width und/oder v-has-height hinzugefügt. Abhängig von der Komponente und deren Zustand gibt es noch weitere spezifischere Klassen.

Verwendung eigener CSS-Klassen

Über die Methoden setStyleName() bzw. addStyleName() können wir einer Komponente weitere CSS-Klassen hinzufügen. Die Erstellung des folgenden Labels

Listing 7–10
Hinzufügen eigener CSS-Klassen

```
Label label = new Label("Hello World");
label.addStyleName("mylabel");
label.addStyleName("error");
```

führt zur Generierung des folgenden HTML-Codes:

Listing 7–11
In HTML gerenderte CSS-Klassen

```
<div class="v-label v-widget v-has-width mylabel v-label-mylabel
    error v-label-error" style="width: 100%;">Hello World</div>
```

Wie zu sehen ist, wird die CSS-Klasse sowohl wie angegeben als auch mit dem Komponentenpräfix versehen hinzugefügt. Dies gibt uns bei der Erstellung unseres Theme die Möglichkeit, verschiedenen Komponententypen gleichartige Eigenschaften zuzuweisen:

Listing 7–12
Beispiel für komponentenübergreifendes Styling

```
/* nur Labels mit styleName 'error' zeigen roten Text */
.v-label-error { color: red; }/* alle Komponenten mit styleName 'error'
zeigen roten Text */
.v-widget.error { color: red; }
```

Subkomponenten

Viele komplexere Komponenten bestehen aus Subelementen, die wiederum eigene CSS-Klassen erhalten und somit ein einfaches Customizing erlauben. Diese sind aus dem Hauptklassennamen und einem Postfix zusammengesetzt, wie an der Klasse Panel schön zu sehen ist:

Listing 7–13
Subkomponenten am Beispiel eines Panel

```
<div class="v-panel v-widget v-has-width v-has-height"
    style="overflow: hidden; height: 100%; width: 100%; padding-top:
        20px; padding-bottom: 1px;">
```

```
        <div class="v-panel-captionwrap" style="margin-top: -20px;">
            <div class="v-panel-caption">
                <span>Panel caption</span>
            </div>
        </div>
        <div class="v-panel-content v-scrollable" tabindex="-1"
            style="position: relative;">
            ...
        </div>
        <div class="v-panel-deco" style="margin-bottom: -1px;"></div>
    </div>
```

Die CSS-Struktur der Komponenten ist in der jeweiligen Komponentenbeschreibung im Book of Vaadin dokumentiert.

Leider ist die Dokumentation nicht immer aktuell und entspricht teilweise noch dem Stand von Vaadin 6. Es empfiehlt sich daher, die Komponenten außerdem mit den Entwicklertools der aktuellen Browser zu inspizieren. Eine gute Grundlage hierfür ist der Vaadin 7 Sampler, mit dem die Komponenten einfach in ihren verschiedenen Darstellungsvarianten getestet werden können.

Bei der Angabe von Selektoren sollte auf die Angabe des HTML-Tagnamen verzichtet werden, um die eigene Anwendung robuster gegenüber Änderungen in Vaadin zu gestalten. Tagnamen sind ein Implementierungsdetail der Komponente und können sich damit eher ändern als die CSS-Klassennamen, die als Teil der API gesehen werden und bei denen durchaus auf Stabilität geachtet wird. Entsprechend sind die Tagnamen in der Dokumentation auch nicht zu finden.

```
/* zu vermeiden: */
div.v-panel-caption { color: #ccbbff; }

/* besser: */
.v-panel-caption { color: #ccbbff; }
```

Listing 7–14
Selektoren ohne Tagnamen verwenden

Hierarchische Selektoren

Hierarchische Selektoren benötigen wir spätestens dann, wenn wir auf die Darstellung von Elementen Einfluss nehmen wollen, die selbst keine eindeutige Signatur besitzen. Ein Beispiel ist die Subkomponente v-panel-caption (siehe Beispiel oben). Möchten wir die Caption eines bestimmten Panels andersfarbig darstellen, können wir dem Panel zwar eine eigene Klasse zuweisen, die Subkomponente erhält aber keinen Zusatz. Hierarchische Selektoren lösen dieses Problem:

Listing 7–15

Verwendung hierarchischer Selektoren

```
/* Panel-Deklaration */
Panel panel = new Panel("Error");
panel.addStyleName("marked-as-red");

/* Styling */
.v-panel-marked-as-red .v-panel-caption {
    color: #ff0000;
}
```

Hierarchische Selektoren sind ein mächtiges Instrument, denn sie erlauben uns unter Berücksichtigung des Designs der Anwendung eine klare Strukturierung des CSS-Codes.

Nehmen wir an, wir erstellen eine Anwendung für Nachrichten, die seitlich neben einem zentralen/aktuell ausgewählten News-Eintrag eine Reihe von weiteren News-Boxen darstellt. Die News-Boxen können Überschriften und einen Abstract enthalten. Die gleichen Inhalte können auch als News-Liste im Hauptinhaltsbereich erscheinen, hier aber mit abweichenden Schriftgrößen (siehe Abb. 7–3).

Bei der Implementierung wollen wir der logischen Seitenstruktur folgen und Suchergebnisse, Boxen und deren Inhalte durch eigene Komponenten (SearchResults, NewsBox, NewsEntry) abbilden.

Abb. 7–3

Beispiellayout

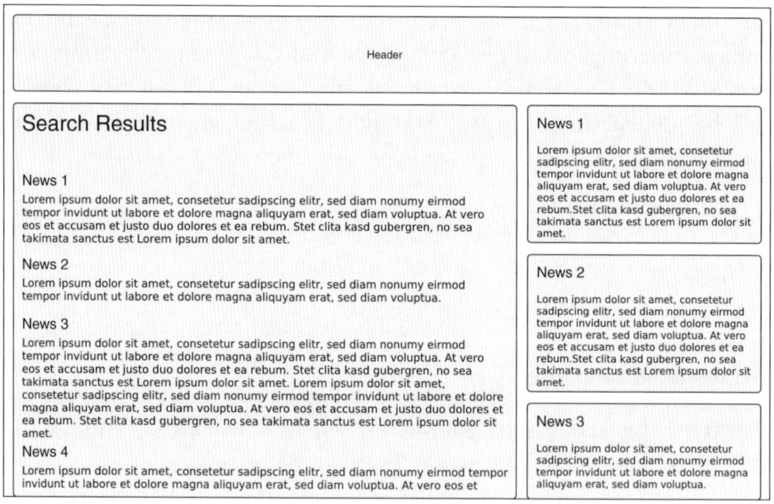

Wir können nun natürlich den Absätzen und Überschriften eines NewsEntry jeweils separate CSS-Klassen zuweisen, abhängig davon, wo er in der Seite eingefügt wird:

```
. newsentry-in-searchresults-title { font-size: 24pt; line-height: normal; }
. newsentry-in-searchresults-body { font-size: 12pt; line-height: normal;}
. newsentry-in-newsbox-title{ font-size: 16pt; line-height: normal; }
. newsentry-in-newsbox-body { font-size: 10pt; line-height: normal; }
```

Listing 7–16
Styling ohne hierarchische Selektoren

> Wir geben hier absichtlich kein Widget-Präfix an, damit das Styling sowohl auf Label- als auch auf Link-Komponenten anwendbar ist.

Es ist jedoch auch möglich, die Seitenhierarchie in unseren Selektoren zu nutzen:

```
.searchresults .newsentry .title { font-size: 24pt; line-height: normal; }
.searchresults .newsentry .body { font-size: 12pt; line-height: normal; }
.newsbox .newsentry .title { font-size: 16pt; line-height: normal; }
.newsbox .newsentry .body { font-size: 10pt; line-height: normal; }
```

Listing 7–17
Styling mit hierarchischen Selektoren

Hier reicht es, den Komponenten eines NewsEntry feste CSS-Klassen zuzuweisen und diesen in einen Container einzufügen, der den passenden Style-Namen `searchresults` oder `newsbox` besitzt.

Zusammen mit den Sprachmitteln von SCSS (insbesondere Verschachtelung) lassen sich Wiederholungen im CSS weitgehend vermeiden und die Lesbarkeit weiter verbessern:

```
.searchresults {
    .newsentry {
        .title { font-size: 24pt; line-height: normal; }
        .body { font-size: 12pt; line-height: normal; }
    }
}
.newsbox {
    .newsentry {
        .title { font-size: 16pt; line-height: normal; }
        .body { font-size: 10pt; line-height: normal; }
    }
}
```

Listing 7–18
Hierarchische Selektoren mit SCSS

7.2.6 SCSS-Sprachkonstrukte nutzen

Durch die Verwendung von SCSS können wir unsere Stylesheets insbesondere in puncto Wartbarkeit erheblich aufwerten, indem wir Codeduplikation vermeiden und die Lesbarkeit der Quelldateien erheblich verbessern. Dabei orientiert sich die SCSS-Sprachsyntax sehr an bestehendem CSS3 und erweitert diese um nützliche Features wie Variablen, Mixins und Funktionen. SASS ist sehr mächtig, daher geben wir im Folgenden nur einen Überblick über die wichtigsten Features.

Variablen

Variablen speichern Eigenschaftswerte wie zum Beispiel Schriften und Schriftgrößen oder Farben unter einem sprechenden Namen. Variablen werden einmalig deklariert und können überall im CSS eingesetzt werden – selbst als Teil von Selektoren und Eigenschaftsnamen:

Listing 7–19
Verwendung von SCSS-Variablen

```
$defaultFontSize: 12pt;
$errorColor: #ff0000;

.v-widget {
    font-size: $defaultFontSize;
}
.v-label-error {
    color: $errorColor;
}
```

Variablen können überschrieben werden. Aufgrund der Art und Weise, wie Vaadin Variablen und Mixins verwendet, können wir zum Beispiel die Standardschriftgröße des Basis-Theme für unser Theme anpassen, indem wir diese *nach* dem Import, aber *vor* dem Einbinden des Basis-Themes per @include auf einen anderen Wert setzen:

Listing 7–20
Anpassung von Standard-Theme-Parametern

```
@import "../base/base.scss";

@mixin mytheme {
    $font-size: 14px;
    @include base;
    // ...
}
```

Schachtelung von Selektoren und Eigenschaften

Hierarchische Selektoren mit gleichem übergeordneten Selektor lassen sich sehr viel lesbarer und ohne Codeduplikation in SCSS schreiben.

```
/* CSS */
.v-panel-mypanel .title { ... }
.v-panel-mypanel .content { ... }

/* SCSS */
.v-panel-mypanel {
    .title { ... }
    .content { ... }
}
```

Listing 7–21
Schachtelung hierarchischer Selektoren

Soll der übergeordnete Selektor auf eine andere Weise referenziert werden, kann er über das &-Symbol explizit als Platzhalter referenziert werden:

```
/* CSS */
a { text-decoration : none; }
a:hover { ... }
a:active { ... }

/* SCSS */
a {
    text-decoration: none;
    &:hover { ... }
    &:active { ... }
}
```

Listing 7–22
Referenzierung des übergeordneten Selektors per »&«

Auch bestimmte Eigenschaften lassen sich schachteln, wenn sie über das gleiche Präfix verfügen, zum Beispiel font-xxx oder background-yyy. Hierzu wird das Präfix mit Doppelpunkt vor die gruppierende Klammer geschrieben:

```
/* CSS */
.v-widget {
    font-size: 12px;
    font-family: serif;
}

/* SCSS */
.v-widget {
    font: {
        size: 12px;
        family: serif;
    }
}
```

Listing 7–23
Schachtelung bei gleichen Eigenschaftspräfixen

Imports

CSS-Imports helfen uns, unsere Stylesheets zu strukturieren und die Übersicht zu behalten, haben aber den Nachteil, dass für jeden Import ein weiterer HTTP-Request erforderlich ist, was die Ladezeit unserer Anwendung erhöht.

7 Layout und Styling

SCSS-Imports haben diesen Nachteil nicht. Die importierten SCSS-Files werden durch den Compiler an der Stelle des Import-Statements in das generierte CSS eingefügt und ausgewertet.

Mixins

CSS-Eigenschaften oder auch ganze Regelsätze können wir in Mixins auslagern. Mixins können wir uns wie CSS-Templates vorstellen, die per `@include` an der gewünschten Stelle eingefügt und dabei gegebenenfalls noch parametrisiert werden können.

Nehmen wir an, wir wollen bestimmte Zeilen einer Personentabelle farbig hervorheben. Für verschiedene Arten von Zeilen werden unterschiedliche Farben verwendet.

Ohne Mixins gehen wir hierfür wie folgt vor: Wir registrieren per `table.setCellStyleGenerator()` einen eigenen `CellStyleGenerator`, der den Zeilen abhängig von den Feldinhalten zusätzlich CSS-Klassen hinzufügt:

Listing 7–24
CellStyleGenerator zur Hervorhebung von Tabellenzeilen

```
public String getStyle(Table source, Object itemId, Object propId) {
    BeanItem<Person> item = container.getItem(itemId);
    if (propId == null)
        // only row styles
        if (item.getItemProperty("firstName")
                .getValue().equals("Frank")) {
            return "yellow";
        } else if (item.getItemProperty("surname")
                .getValue().equals("Baumann")) {
            return "red";
        }
    return null;
}
```

Abb. 7–4
Einfärbung von Tabellenzeilen

firstName	phoneNumber	surname
Daniel	+49 456 789012	Arndt
Joachim	+49 234 567890	Baumann
Frank	+49 567 890123	Engelen
Frank	+49 345 678901	Hardy
Carsten	+49 123 456789	Mjartan

Zudem sollen die Farben der besseren Lesbarkeit halber auch noch alternierend dargestellt werden. Dafür wird von Vaadin bereits eine passende CSS-Klasse `v-table-row-odd` gesetzt.

Mit CSS würden wir die entsprechenden Zeilen wie folgt formatieren:

```
.v-table-colored .v-table-row-yellow {
    background: #F3F781;
}
.v-table-colored .v-table-row-odd.v-table-row-yellow {
    background: #E3E771;
}
.v-table-colored .v-table-row-red {
    background: #DF013A;
}
.v-table-colored .v-table-row-odd.v-table-row-red {
    background: #CF012A;
}
```

Listing 7–25
Einfärbung von Tabellenzeilen in CSS

Mit einem Mixin können wir das eleganter lösen:

```
@mixin colored-table-row($style-name, $light-color, $dark-color) {
    .v-table-row-#{$style-name} {
        background: $light-color;
    }
    .v-table-row-odd.v-table-row-#{$style-name} {
        background: $dark-color;
    }
}

.v-table-colored {
    @include colored-table-row(yellow, #F3F781, #E3E771);
    @include colored-table-row(red, #DF013A, #CF012A);
}
```

Listing 7–26
Einfärbung von Tabellenzeilen über SCSS-Mixins

Über den Interpolations-Operator #{} können wir die Mixin-Parameter hierbei auch in Selektoren oder Eigenschaftsnamen verwenden.

Erweiterungen

Über @extend lassen sich Eigenschaften von allgemeineren CSS-Regeln erben. Ein schönes Beispiel[5] hierfür ist das Styling von Meldungen, die alle den gleichen Rahmentyp, ein Padding und eine Schriftfarbe verwenden und sich nur in der Farbe des Rahmens unterscheiden.

---

5. Beispiel aus der SASS-Dokumentation (siehe [SAGU])

Listing 7–27
SCSS zur »Vererbung« gleicher Eigenschaften

```
.message {
    border: 1px solid #ccc;
    padding: 10px;
    color: #333;
}

.success {
    @extend .message;
    border-color: green;
}

.error {
    @extend .message;
    border-color: red;
}

.warning {
    @extend .message;
    border-color: yellow;
}
```

Das generierte CSS sieht wie folgt aus:

Listing 7–28
Generiertes CSS

```
.message, .success, .error, .warning {
    border: 1px solid #cccccc;
    padding: 10px;
    color: #333;
}

.success {
    border-color: green;
}

.error {
    border-color: red;
}

.warning {
    border-color: yellow;
}
```

Funktionen und Operatoren

SCSS erlaubt die Durchführung von Rechenoperationen per »+«, »-«, »/« und »*«. Es unterscheidet dabei zwischen verschiedenen Datentypen wie Zahlen, Strings, Listen, Farben.

Listing 7–29
Rechenoperationen in SCSS

```
$ratio: 40%;
.left { width: $ratio; }
.right { width: 100% - $ratio; }
```

Weiterhin gibt es eine umfassende Liste an Funktionen, die uns das Arbeiten mit CSS erleichtern. Zum Beispiel lässt sich das Mixin-Beispiel noch über die Funktion darken vereinfachen, wenn wir annehmen, dass sich die Farbe ungerader Zeilen aus der helleren Farbe gerader Zeilen berechnen lässt:

```scss
@mixin colored-table-row($style-name, $light-color) {
    .v-table-row-#{$style-name} {
        background: $light-color;
    }
    .v-table-row-odd.v-table-row-#{$style-name} {
        background: darken($light-color, 20%);
    }
}


.v-table-colored {
    @include colored-table-row(yellow, #F3F781);
    @include colored-table-row(red, #DF013A);
}
```

Listing 7–30
Verwendung von Funktionen in SCSS

7.2.7 CSS Injection

Page Style Injection

Manchmal ist es notwendig, CSS zur Laufzeit zu injizieren. Dies ist insbesondere dann der Fall, wenn Farben, Größen oder andere Werte dynamisch einstellbar sein sollen.

Unterstützung hierfür gab es schon unter Vaadin 6 durch das CSSInject-Add-on. Vaadin 7 unterstützt CSS Injection nun direkt. Folgendes Beispiel illustriert die Verwendung in Kombination mit einem Color-Picker zur dynamischen Anpassung der Anwendungshintergrundfarbe:

```java
ColorPicker backgroundColor
    = new ColorPicker("Color", Color.YELLOW);
backgroundColor.setWidth("150px");
backgroundColor.setCaption("Color");
backgroundColor.setPopupStyle(PopupStyle.POPUP_NORMAL);
backgroundColor.addColorChangeListener(
        new ColorChangeListener() {
    @Override
    public void colorChanged(ColorChangeEvent event) {
        Color color = event.getColor();
        Styles styles = Page.getCurrent().getStyles();
        styles.add(".vaadinbooktheme.v-app { background-color:"
                + color.getCSS() + "; }");
    }
});
```

Listing 7–31
CSS Injection

Wie wir sehen, lässt sich über `Page.getCurrent().getStyles().add(...)` jegliches CSS der Seite hinzufügen.

8 Navigation in Ajax-Anwendungen

Anders als bei klassischen Webapplikationen haben wir bei Anwendungen in Vaadin das Problem, dass der aktuelle Zustand der Applikation nicht in der URL reflektiert wird. Damit sind natürlich Funktionen des Browsers wie das Setzen von Lesezeichen oder Bookmarks nicht ohne Weiteres möglich. In diesem Kapitel lernen wir Lösungen für dieses Problem kennen.

8.1 Einleitung

Anders als bei klassischen Webanwendungen, bei denen man zwischen mehreren, verschiedenen Webseiten umhernavigiert, sind Vaadin-Anwendungen üblicherweise an eine einzige Webseite gebunden. Das heißt, die Inhalte einer Ajax-Anwendung werden immer in ein und derselben Webseite dargestellt. Daher nennen wir diese Form von Webanwendungen Single-Page-Anwendungen. Das ist auch der Grund dafür, dass sich die URL in der Adresszeile im Browser nicht ändert, wenn man zwischen den verschiedenen Bereichen einer solchen Anwendung navigiert. Es scheint daher auf den ersten Blick für Single-Page-Anwendungen nicht möglich zu sein, die Browsernavigation zu nutzen, da sie auf Basis der URL beziehungsweise des URI[1] (siehe [RFC3986]) der Seite funktioniert. Diese wird in der Historie des Browsers vermerkt oder kann auch als Lesezeichen dort gespeichert und wieder abgerufen werden. Manchmal ist es aber durchaus wünschenswert, dass bestimmte Bereiche einer Vaadin-Anwendung über die Browsernavigation erreichbar sind. Wie also lässt sich dies bewerkstelligen?

Vaadin-Anwendungen sind Single-Page-Anwendungen.

Im Prinzip bräuchte man eine Möglichkeit, den URI einer Webseite zu verändern, so dass dieser in einem Lesezeichen oder der Histo-

---

1. Statt URL werden wir im Folgenden nur noch URI verwenden.

rie des Browsers gespeichert werden kann. URI-Fragmente bieten diese Möglichkeit.

8.2 URI-Fragmente

URI-Fragmente ermöglichen die browsergestützte Navigation in Ajax-Anwendungen.

Für die lokale Navigation innerhalb eines HTML-Dokuments ist es möglich, dieses in logische Abschnitte zu unterteilen. Dazu können wir an einem beliebigen HTML-Tag, das den Beginn des jeweiligen Dokumentenabschnitts markiert, entweder ein id-Attribut oder ein name-Attribut setzen. Damit geben wir dem Abschnitt eine eindeutige Bezeichnung. Um auf diesen Abschnitt zu verweisen, können wir einen Anchor-Tag verwenden. In dem Anchor-Tag definieren wir im Attribut href die ID beziehungsweise den Namen des Abschnitts, auf den wir verweisen wollen. Diesem müssen wir noch ein Hash-Zeichen (#) voranstellen.

Listing 8–1 Lokale Navigation innerhalb eines HTML-Dokumentes

```
<a href=«#Kapitel2«>Zu Kapitel 2</a>
...
<h2 id=«Kapitel2«>Kapitel 2</h2>
```

Es ist aber auch möglich, auf Abschnitte in anderen Dokumenten zu verweisen, indem wir den URI des Dokuments mit dem Bezeichner des Abschnitts kombinieren. Dazu müssen wir den Bezeichner an das Ende des URI anhängen.

Listing 8–2 Dokumentübergreifende Navigation

```
<a href=«http://server.de/dokument.html#kapitel3«>Kapitel 3</a>
```

Das Hash-Zeichen separiert den Bezeichner vom URI. Diesen Teil bezeichnen wir als Fragment oder URI-Fragment. Die Besonderheit in der Verwendung von URI-Fragmenten liegt nun darin, dass bei der lokalen Navigation innerhalb einer Webseite der Browser diese nicht beim Server anfragen muss, da das Dokument ja bereits im Speicher existiert. Der URI der Webseite wird aber verändert, denn an diesen wird der Bezeichner des jeweiligen Dokumentenabschnitts als Fragment angehängt beziehungsweise geändert. Somit wird auch die Navigation zwischen den lokalen Abschnitten innerhalb einer Webseite in der Historie des Browsers vermerkt. Und selbstverständlich lassen sich URIs mit Fragmenten auch als Lesezeichen im Browser speichern. Zudem ist es auch möglich, über JavaScript-Code das URI-Fragment in der Adresszeile zu verändern. Das macht das URI-Fragment zu einem idealen Werkzeug für die browsergestützte Navigation in Ajax- beziehungsweise Vaadin-Anwendungen.

8.3 Format der URI-Fragmente

Für die Definition eines URI-Fragments können wir im Wesentlichen dieselben Zeichen verwenden, die auch für einen URI erlaubt sind (siehe [RFC 3986]). Wir könnten beispielsweise einen URI selbst als URI-Fragment verwenden oder wir können Pfade und Parameterlisten definieren.

Auf diese Weise lässt sich auch der Applikationszustand in einem URI-Fragment speichern. Allerdings sollte man hier vorsichtig sein und diese Möglichkeit nicht generell zur Zustandsspeicherung oder Parameterübermittlung missbrauchen. Im folgenden Abschnitt werden wir dies genauer beleuchten.

In einem URI-Fragment lassen sich nahezu alle Zeichen verwenden. Das macht es leicht, Zustände in das URI-Fragment zu codieren.

8.4 URI-Fragmente und Applikationszustand

Mithilfe von URI-Fragmenten können wir also bestimmte Ansichten beziehungsweise Bereiche in Ajax-getriebenen Webanwendungen als logische, navigierbare Bereiche definieren. Wir sollten aber bedenken, dass einer Ansicht zum Zeitpunkt ihrer Anzeige im Browser auch immer ein bestimmter Zustand auf dem Server zugrunde liegt. Wird eine Ansicht im Browser als Lesezeichen gespeichert und dann zu einem späteren Zeitpunkt, in einer komplett neuen Sitzung, wieder aufgerufen, kann der Zustand der Anwendung, der zum Zeitpunkt der Speicherung des Lesezeichens auf dem Server existierte, unter Umständen nicht ohne Weiteres wiederhergestellt werden.

Applikationszustand in URI-Fragmenten sollte mit Vorsicht benutzt werden.

Auf der technischen Seite ist dies in vielen Fällen möglich, indem wir den Zustand in das URI-Fragment als Parameter hineincodieren und in der Applikation den Zustand aus dem URI-Fragment wiederherstellen.

Allerdings kann eine solche Verfahrensweise auch zu einem Sicherheitsproblem werden. Speziell bei Anwendungen, die eine Authentifizierung ihrer Benutzer verlangen, kann die Nutzung des URI-Fragments zur Zustandsspeicherung zu einem Sicherheitsleck führen.

Die falsche Verwendung von Zuständen in URI-Fragmenten kann ein Sicherheitsleck darstellen.

Um dies zu verstehen, stellen wir uns vor, wir haben eine Anwendung, die die Anmeldung eines Benutzers verlangt, und bestimmte Bereiche dieser Anwendung sind über URI-Fragmente navigierbar. Dann muss für die Navigation auf Bereiche, für die ein angemeldeter Benutzer erforderlich ist, geprüft werden, ob auch ein Benutzer angemeldet ist, bevor auf den jeweiligen Bereich navigiert werden kann. Andernfalls würden wir sonst auf diese Weise die Anmeldepflicht umgehen können, was einem Sicherheitsleck entspräche, oder der jeweilige Bereich beziehungsweise die Anwendung wäre in einem undefinierten Zustand, da kein Benutzer angemeldet ist, beziehungsweise die notwendigen Daten nicht in der Session existieren. Daher sollte man sich sorgfältig überlegen, welche Anwendungsbereiche über URI-Fragmente zugänglich sein sollen.

8.5 Manipulation und Überwachung des URI-Fragments

Vaadin bietet eine API zur Überwachung und Manipulation des URI-Fragments. Diese API wird über die Schnittstelle des `Page`-Objekts bereitgestellt. Wir können mit der Methode `getUriFragment()` das aktuell gesetzte URI-Fragment ermitteln und mit `setUriFragment(String)` ein neues URI-Fragment setzen. Des Weiteren haben wir die Möglichkeit, mit einem `UriFragmentChangedListener`, den wir am `Page`-Objekt registrieren müssen, auf Änderungen am URI-Fragment der Seite zu reagieren:

Listing 8–3
Verwendung des UriFragmentChanged Listener-Interface

```
Page.getCurrent().addUriFragmentChangedListener(
    new UriFragmentChangedListener() {
        public void uriFragmentChanged(UriFragmentChangedEvent e)
        {
            // hier auf geändertes Fragment reagieren...
        }
});
```

Wird das URI-Fragment der Seite geändert, wird dies dem `Page`-Objekt mitgeteilt, und Vaadin generiert ein `UriFragmentChangedEvent`, welches dann an alle dort registrierten Listener verteilt wird. Über den Event haben wir Zugriff auf das geänderte URI-Fragment und das `Page`-Objekt. Über das `Page`-Objekt können wir aber ebenfalls auf das URI-Fragment zugreifen.

Nun stellt man sich vielleicht die Frage, warum der Event überhaupt das URI-Fragment enthält, wenn man doch direkt über das `Page`-Objekt darauf zugreifen kann?

Dies ergibt insofern Sinn, als dass der Event den Zustand des URI-Fragments zum Zeitpunkt der Änderung widerspiegelt, die zur Generierung des Events geführt hat. Es kann nämlich durchaus auch vorkommen, dass während der Event-Verteilung in der Event-Verarbeitung einer Listener-Implementierung das URI-Fragment am `Page`-Objekt geändert wird und als Folge daraus ein weiterer Event generiert und verteilt wird. Somit lässt sich feststellen, ob sich das URI-Fragment bereits geändert hat. Wir vergleichen einfach das URI-Fragment im Event mit dem URI-Fragment am `Page`-Objekt:

```
boolean hasChangedDuringEventDistribution =
    !event.getUriFragment().equals(event.getPage().getUriFragment());
```

Listing 8–4
Prüfung, ob sich das URI-Fragment während der Event-Verteilung verändert hat

Wenn wir daran nicht interessiert sind, empfiehlt es sich generell, das URI-Fragment aus dem `Page`-Objekt direkt zu nutzen, da wir hier den aktuellen Stand des URI-Fragments bekommen und somit, was die Aktualität angeht, auf der sicheren Seite sind.

Wollen wir in einer Listener-Implementierung das URI-Fragment verändern, so empfiehlt es sich, durch den Aufruf der Methode `setUriFragment(String, boolean)` am `Page`-Objekt die Generierung eines `UriFragmentChangedEvent` zu unterbinden. Mit dem `boolean`-Parameter können wir verhindern, dass die Änderung ein `UriFragmentChanged`-Event auslöst. Dazu setzen wir den `boolean`-Parameter auf den Wert `false`:

```
Page.getCurrent().addUriFragmentChangedListener(
    new UriFragmentChangedListener() {
        public void uriFragmentChanged(UriFragmentChangedEvent e)
        {
            …
            e.getPage().setUriFragment(newFragment, false);
            …
        }
    });
```

Listing 8–5
Verändern des URI-Fragments in einer Listener-Implementierung ohne die Generierung eines UriFragmentChangedEvent

> **Vorsicht, Endlosschleife!**
> Setzen wir in dieser Situation den `boolean`-Parameter von `setUriFragment(String, boolean)` auf `true` oder verwenden wir stattdessen die Methode `setUriFragment(String)`, laufen wir Gefahr, eine Endlosschleife zu erzeugen.

8.6 Die Navigator-API

Um die Navigation zwischen den verschiedenen Bereichen einer Vaadin-Anwendung zu ermöglichen, ist es nicht unbedingt erforderlich, eine eigene Navigationslösung zu implementieren (zum Beispiel indem wir die API zur Manipulation von URI-Fragmenten nutzen).

Vaadin bietet hier bereits eine Lösung in Form der Navigator-API an. Die Navigator-API befindet sich im Paket `com.vaadin.navigator`. Das Paket beinhaltet die Klasse `Navigator` und die folgenden Interfaces:

- View
- ViewDisplay
- ViewProvider
- NavigationStateManager
- ViewChangeListener

Die Grundidee hinter der Navigator-API ist die Möglichkeit, innerhalb einer UI-Instanz aus einer Menge von Ansichten jeweils eine Ansicht auf einer Anzeige darzustellen. Dabei soll es möglich sein, zwischen den verschiedenen Ansichten zu wechseln. Folgendes Klassendiagramm soll die Beziehungen zwischen der Navigator-Klasse und den Interfaces der Navigator-API verdeutlichen:

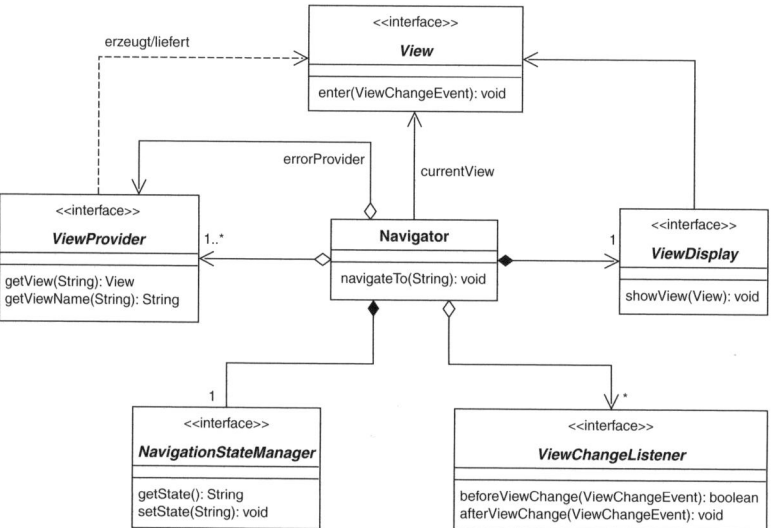

Abb. 8-1
Beziehungen der Klassen in der Navigator-API

Ansichten werden durch das Interface View und die Anzeige durch das Interface ViewDisplay repräsentiert beziehungsweise abstrahiert. Die Klasse Navigator ist das zentrale Element dieser API.

8.6.1 Der Navigator

Der Navigator benötigt für seine Erzeugung ein ViewDisplay und einen NavigationStateManager. Ferner muss mindestens ein ViewProvider registriert sein und des Weiteren sollte auch ein ViewProvider als Error-Provider gesetzt werden. Optional kann man noch einen oder mehrere ViewChangeListener am Navigator registrieren. Für die Instanziierung eines Navigators stehen folgende Konstruktoren zur Verfügung:

- Navigator(UI, ComponentContainer)
- Navigator(UI, SingleComponentContainer)
- Navigator(UI, ViewDisplay)
- Navigator(UI, NavigationStateManager, ViewDisplay)

Bei allen Konstruktoren muss eine UI-Instanz mit übergeben werden, da eine Navigator-Instanz immer an genau eine UI-Instanz gebunden ist. Implizit wird dann eine Beziehung zwischen Navigator- und UI-Instanz hergestellt. Die ersten beiden Varianten erzeugen ViewDisplay-Adapter-Instanzen für die übergebenen Vaadin-Containertypen und delegieren dann an die dritte Variante. Diese erzeugt implizit einen UriFragmentManager als NavigationStateManager und delegiert den Aufruf seinerseits an die vierte Variante. Diese kann man dazu nutzen, eine eigene NavigationStateManager- und ViewDisplay-Implementierung zu übergeben.

Üblicherweise wird eine Navigator-Instanz in der init()-Methode der UI-Instanz erzeugt und initialisiert. Wenn man dann beispielsweise die UI-Instanz selbst als ViewDisplay verwenden möchte, so sieht die Instanziierung in der init()-Methode der UI folgendermaßen aus:

```
protected void init(VaadinRequest request) {
    ...
    Navigator navigator = new Navigator(this, this);
    ...
}
```

Listing 8–6
Instanziierung eines Navigators innerhalb der init()-Methode der UI mit der UI-Instanz als ViewDisplay

Es ist hier nicht notwendig, die Navigator-Instanz in einer lokalen Variablen zu speichern, da sich der Navigator implizit im Konstruktor mit der übergebenen UI-Instanz verlinkt. Nach der Erzeugung des Navigators können wir auch über die Methode getNavigator() auf die gerade erzeugte Navigator-Instanz zugreifen.

Da die Klasse UI ein SingleComponentContainer ist, wird implizit ein SingleComponentContainerViewDisplay erzeugt, welches die übergebene UI-Instanz adaptiert. Wir können aber auch zum Beispiel ein VerticalLayout an Stelle eines ViewDisplay übergeben. Da ein VerticalLayout ein ComponentContainer ist, wird dieses implizit mit einer Instanz eines ComponentContainerViewDisplay adaptiert.

```
protected void init(VaadinRequest request) {
    ...
    new Navigator(this, new VerticalLayout());
    ...
}
```

Listing 8–7
Instanziierung eines Navigators mit einem VerticalLayout

Wir müssen den Navigator auch nicht unbedingt in der init()-Methode der UI-Instanz erzeugen und initialisieren. Wir können dies an einer beliebigen anderen Stelle im Code der Anwendung tun. Die

Voraussetzung hierfür ist lediglich, dass zum Zeitpunkt der Erzeugung des Navigators schon eine UI-Instanz existieren muss. Bezogen auf unser initiales Beispiel würde dies dann so aussehen:

```
...
UI ui = UI.getCurrent();
Navigator navigator = new Navigator(ui, ui);
...
```

*Listing 8–8
Instanziierung eines Navigators außerhalb der init-Methode einer UI-Instanz*

8.6.2 Die ViewProvider

Die `ViewProvider` haben die Aufgabe, den `Navigator` mit `View`-Instanzen zu versorgen. `ViewProvider` können mit `addProvider(ViewProvider)` am `Navigator` registriert werden. Zusätzlich bietet der `Navigator` mit `addView(String, View)` die Möglichkeit, eine `View`-Instanz direkt zu registrieren. Dazu muss beim Aufruf der Name und die Instanz der `View` übergeben werden. Intern erzeugt der `Navigator` dann eine Instanz eines `StaticViewProvider` und registriert diesen dann über die Methode `addProvider(ViewProvider)`.

```
...
navigator.addView(»myView«, new MyView());
...
```

*Listing 8–9
Hinzufügen einer View-Instanz*

Der StaticViewProvider

Wie der Name schon erahnen lässt, liefert diese `ViewProvider`-Implementierung immer nur die gespeicherte `View`-Instanz aus. Die Implementierung der Methode `getViewName(String)` prüft, ob der übergebene Navigationszustand mit dem gespeicherten Namen der `View` beginnt. Ist dies der Fall, wird der Name der `View` zurückgegeben. Wenn nicht, wird `null` zurückgegeben.

Die Implementierung der Methode `getView(String)` prüft, ob der übergebene Name der `View` dem gespeicherten Namen entspricht, und liefert in diesem Falle die gespeicherte `View`-Instanz zurück. Andernfalls wird `null` zurückgegeben.

Neben der Möglichkeit, eine einzelne View-Instanz zu registrieren, können wir mit `addView(String, Class<? extends View>)` auch eine View-Implementierungsklasse am `Navigator` registrieren. Der `Navigator` erzeugt dann implizit eine Instanz eines `ClassBasedViewProvider` und registriert diesen am Navigator.

```
...
navigator.addView(»myView«, MyView.class);
...
```

*Listing 8–10
Hinzufügen einer View-Implementierungsklasse*

Der ClassBasedViewProvider

Diese `ViewProvider`-Implementierung kapselt den Namen einer `View` und deren Implementierungsklasse. Die Implementierung der Methode `getViewName(String)` verhält sich analog zu der von `StaticViewProvider`. Die Implementierung der Methode `getView(String)` prüft, ob der übergebene Name dem gespeicherten Namen entspricht. Ist das der Fall, so wird eine neue Instanz der gespeicherten Implementierungsklasse über die Methode `newInstance()` erzeugt und zurückgegeben. Im Gegensatz zum `StaticViewProvider` liefert der `ClassBasedViewProvider` bei jeder Anfrage eine neue Instanz der `View`-Implementierungsklasse.

Der Error Provider

Neben den normalen `ViewProvider`-Instanzen können wir am `Navigator` mit `setErrorProvider(ViewProvider)` einen zusätzlichen `ViewProvider` setzen. Dieser stellt eine `View` für den Fehlerfall bereit. Wenn keiner der registrierten `ViewProvider` in der Lage ist, eine `View`-Instanz zu liefern, wird der Error Provider nach einer `View`-Instanz gefragt. Wenn in diesem Fall der `Navigator` keinen Error Provider hat oder der Error Provider bei dem Aufruf von `getView` `null` zurückliefert, wird eine Exception geworfen. Der Navigator erzeugt keinen Error Provider selbstständig, daher ist es wichtig, diesen nach der Instanziierung der `Navigator`-Instanz entsprechend zu setzen. Genau wie bei den normalen `ViewProvider`-Instanzen mit der Methode `addView(View)` bietet der `Navigator` auch hier die Möglichkeit, eine `View`-Instanz oder die Implementierungsklasse einer `View` mit `addErrorView(View)` zu registrieren.

```
...
navigator.addErrorView(new MyErrorView());
...
```

Listing 8–11
Hinzufügen einer Error View

8.6.3 Der NavigationStateManager

Wie schon erwähnt benötigt der `Navigator` einen `NavigationStateManager` bei seiner Instanziierung. Wie sein Name schon verrät, ist der `NavigationStateManager` dafür verantwortlich, den Navigationszustand zu verwalten. Aber was genau ist denn nun der Navigationszustand? Prinzipiell ist das abhängig von der jeweiligen Implementierung eines `NavigationStateManager`, und um das besser zu verstehen, schauen wir uns im Folgenden die von Vaadin bereitgestellte Standardimplementierung des `NavigationStateManager` an.

Der UriFragmentManager

Der `UriFragmentManager` ist eine von Vaadin zur Verfügung gestellte Implementierung des `NavigationStateManager`. Er implementiert zusätzlich das `UriFragmentChangedListener`-Interface. Neben einer Referenz auf den `Navigator` besitzt er auch eine Referenz auf ein `Page`-Objekt, das bei der Konstruktion übergeben werden muss. An diesem `Page`-Objekt registriert er sich selbst sofort nach der Instanziierung als Listener für Änderungen am URI-Fragment der Webseite.

Wenn sich nun das URI-Fragment ändert, wird am `Navigator` die Methode `navigateTo(String)` aufgerufen, wobei der aktuelle Navigationszustand aus `getState()` übergeben wird. Der aktuelle Navigationszustand wiederum ergibt sich aus dem URI-Fragment der Webseite. Im Falle einer Zustandsänderung durch den `Navigator` wird der neue Navigationszustand als URI-Fragment am `Page`-Objekt und damit an der Webseite gesetzt.

Die Aufgabe des `UriFragmentManager` ist also, das URI-Fragment der Webseite entsprechend der aktuell angezeigten `View` anzupassen und umgekehrt, bei Änderungen des URI-Fragments, die entsprechende `View` anzuzeigen. Und um die eingangs gestellte Frage zu beantworten: Der Navigationszustand entspricht bei dieser `NavigationStateManager`-Implementierung dem URI-Fragment der Webseite.

> **History-Add-on als Alternative**
>
> Das History-Add-on (siehe [HistoryAddon]) bietet eine alternative Implementierung für die Navigation, welche auf dem *pushState*-Verfahren basiert. Dieses Verfahren nutzt die in HTML 5 verfügbare JavaScript History-API für die Navigation.
>
> Der Vorteil hierbei ist, dass man für die Navigation keine URI-Fragmente mehr benötigt[a]. Die History-API macht es möglich, den gesamten URI in der Browserzeile zu verändern und in der Historie zu speichern. Somit können die logischen Bereiche einer Anwendung über ganz normale URIs abgebildet werden.
>
> Da dieses Verfahren aber auf HTML 5 basiert, müssen die Browser dies unterstützen. Das heißt, dass das pushState-Verfahren auch nur auf modernen Browsern genutzt werden kann.
>
> Mit dem History-Add-on wird eine entsprechende `NavigationStateManager`-Implementierung bereitgestellt. Über den Aufruf von `HistoryExtension.createNavigationStateManager(String)` kann man sich eine Instanz erzeugen und dem Navigator bei der Konstruktion übergeben.
>
> Die Implementierung basiert auf einer JavaScript-Extension. Damit ist es nicht notwendig, das WidgetSet neu zu kompilieren.
>
> a. Die Verwendung von URI-Fragmenten für die Navigation wird in Fachkreisen sehr kontrovers diskutiert, siehe [HashbangVsPushState].

8.6.4 Ablauf eines View-Wechsels

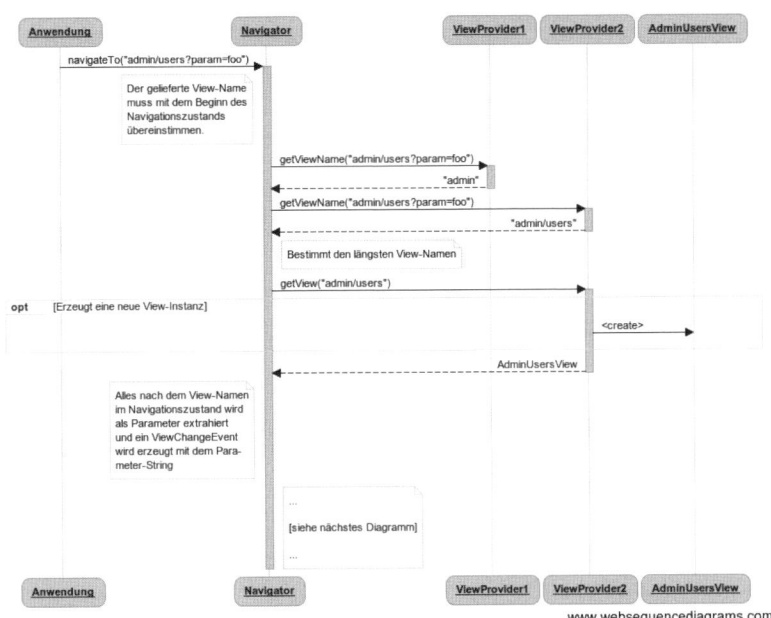

Abb. 8–2
Ermitteln der Views auf Basis des Navigationszustands

Über den Aufruf der Methode navigateTo(String) wird am Navigator ein View-Wechsel eingeleitet. Der übergebene String repräsentiert den Navigationszustand. Dieser Navigationszustand wird dann vom Navigator an jeden seiner ViewProvider über die Methode getViewName(String) weitergereicht.

Jeder ViewProvider muss nun aus dem Navigationszustand ermitteln, ob er dazu eine entsprechende View zur Verfügung stellen kann. Ist dies der Fall, so extrahiert der ViewProvider aus dem Navigationszustand den Namen der View und gibt diesen an den Navigator zurück. Andernfalls muss null zurückgeliefert werden.

Der Name der View muss sich immer mit dem Beginn des Navigationszustands decken. In unserem Beispiel entspricht der übergebende Navigationszustand dem String »admin/users?param=foo«. Die von den ViewProvider-Instanzen zurückgegebenen Namen admin und admin/users sind jeweils Fragmente vom Beginn des Navigationszustands. Der Navigator ermittelt den längsten Namen und holt sich die entsprechende View-Instanz mit getView(String) an dem ViewProvider, der diesen Namen geliefert hat.

Als Nächstes extrahiert der Navigator aus dem Navigationszustand den Parameterstring. Dieser entspricht dem Navigationszustand ohne den Namen der View und dem darauffolgenden Zeichen. Dann erzeugt der Navigator ein ViewChangeEvent. Dieser Event beinhaltet die aktuelle View, die neue View, den Namen der View und den Parameterstring.

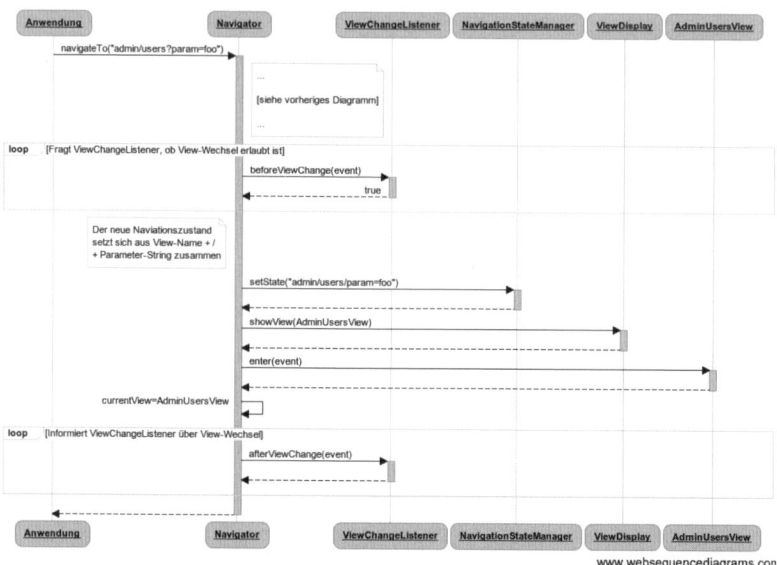

Abb. 8–3
Informieren der ViewChangeListener

Jetzt werden vom Navigator alle registrierten ViewChangeListener mit beforeViewChange(ViewChangeEvent) über den anstehenden View-Wechsel informiert. Dabei hat jeder ViewChangeListener die Möglichkeit, durch die Rückgabe von false den View-Wechsel zu verhindern. Hat keiner der ViewChangeListener den View-Wechsel verwehrt, wird der Zustand am NavigationStateManager mit setState(String) aktualisiert. Der neue Zustand entspricht dem Namen der View gefolgt von einem / und dem Parameterstring.

Nun wird dem ViewDisplay die neue View-Instanz über die Methode showView(View) zur Anzeige übergeben. Die neue View wird mit dem Aufruf der Methode enter(ViewChangeEvent) über die Anzeige informiert. Da der Event den Parameterstring enthält, hat die View die Möglichkeit, diesen auszuwerten. Die daraus gewonnenen Werte können beispielsweise für weitere Initialisierungen der View genutzt werden.

Schließlich wird die neue View-Instanz im Navigator als aktuelle View gesetzt, und zum Schluss werden nochmals alle ViewChangeListener mit dem Aufruf der Methode afterViewChange(ViewChangeEvent) darüber informiert, dass der View-Wechsel abgeschlossen wurde.

Was passiert, wenn keine View gefunden wird?

Es kann natürlich auch durchaus vorkommen, dass keine View aus dem übergebenen Navigationszustand ermittelt werden kann. Für diesen

Fall kann beziehungsweise müssen wir am `Navigator` mit `setErrorProvider(ViewProvider)` einen `ViewProvider` setzen. An diesem `ViewProvider` wird dann eine `View` angefordert, wenn alle anderen `ViewProvider` keine `View` für den Navigationszustand liefern konnten. Auch bei diesem `ViewProvider` wird zuerst die Methode `getViewName(String)` aufgerufen. Danach wird die Methode `getView(String)` mit dem aus dem übergebenen Navigationszustand ermittelten Namen aufgerufen. Gibt es keinen Error Provider oder hat dieser keine `View` geliefert, wird vom `Navigator` eine `IllegalArgumentException` geworfen.

9 Anwendungsarchitektur mit Vaadin

Das Thema Anwendungsarchitektur ist höchst komplex und kann ganze Bücher füllen. In diesem Kapitel werden wir uns darauf beschränken, die gängigsten Architekturmuster für Benutzeroberflächen zu beleuchten, mit Vaadin umzusetzen und zu bewerten. Trotzdem ist dieses Kapitel das längste des ganzen Buchs mit einer Struktur, die den jeweiligen Mustern folgt. Wenn Sie es gelesen haben, werden Ihnen viele Designentscheidungen bei Vaadin sehr viel folgerichtiger erscheinen.

9.1 Einleitung

Jeder professionelle Softwareentwickler weiß, dass die Entwicklung einer Benutzeroberfläche für eine Anwendung alles andere als einfach ist. Wir haben allerdings sehr häufig die Erfahrung gemacht, dass die Komplexität und der Aufwand, die mit der Entwicklung einer Benutzeroberfläche einhergehen, immer wieder stark unterschätzt werden.

Leider werden bei der Aufwandsschätzung Themen wie beispielsweise die Fehlerbehandlung, Internationalisierung, Validierung, Sicherheit, Nebenläufigkeit (Multithreading), die Anbindung an die Geschäftslogik und schließlich auch das Testen der Applikation oft nur unzureichend oder gar nicht berücksichtigt. Zudem ist vielen nicht bewusst, wie viel Aufwand und Planung man in eine Benutzeroberfläche stecken muss, so dass sie letztendlich die Anwender mit ihren nicht selten sehr unterschiedlichen[1] Vorstellungen bezüglich des Designs und der Bedienbarkeit zufriedenstellt.

In Anbetracht dessen entpuppt sich die Benutzeroberfläche häufig als einer der kritischsten und sensibelsten Bereiche einer Anwendung, der letztlich über den Erfolg oder Misserfolg des gesamten Projektes entscheiden kann.

---

1. ... und manchmal auch äußerst exzentrischen...

9.2 Überblick

Neben den vielen Themen, die für die Entwicklung einer Benutzeroberfläche berücksichtigt werden müssen, ist aber eines noch viel grundlegender und wichtiger: Die Definition einer guten und soliden Architektur bildet das Fundament einer jeden Art von Software.

In diesem Kapitel werden wir darauf eingehen, wie man Anwendungen auf Basis von Vaadin realisiert. Wir werden hier nur einen kleinen Ein- beziehungsweise Überblick zum Thema Architektur geben. Bezogen auf die Architektur einer gesamten Anwendung werden wir uns auf den Aspekt der Benutzeroberfläche konzentrieren und hierbei überwiegend auf die MVx-Architekturmuster (Model-View-x-Varianten). Alles andere würde den Rahmen dieses Einsteigerbuches um ein Vielfaches sprengen.

Zuallererst betrachten wir, was wir im Allgemeinen unter Architektur verstehen und was Architekturmuster sind. Dann gehen wir kurz auf das sehr häufig in der Anwendungsentwicklung eingesetzte Architekturmuster – die Schichtenarchitektur – ein. Schließlich werden wir die drei bekanntesten Architekturmuster, die bei der Entwicklung von grafischen Oberflächen zum Einsatz kommen, vorstellen und gehen dann in die Praxis über.

Da es in diesem Kapitel vornehmlich um die Entwicklung von Anwendungen mit Vaadin gehen soll, werden wir im weiteren Verlauf die vorgestellten Architekturkonzepte mithilfe einer kleinen Beispielanwendung demonstrieren. Wir werden für einige der vorgestellten Architekturmuster zeigen, wie man diese in der Praxis umsetzen kann. In diesem Zuge zeigen wir einige Designkonzepte, wie die Bildung einer Komponente aus einem MVP-Verbund und das Konzept der Humble View, das die Wiederverwendung und Testbarkeit der View verbessern kann. Des Weiteren werden wir einen Event-Bus einsetzen und wir zeigen, dass es um einiges einfacher wird, wenn man einen Dependency-Injection-Container für den Aufbau der Anwendungsinfrastruktur nutzt.

9.3 Was verstehen wir unter Architektur?

In der Architektur geht es in erster Linie um die Organisation und Strukturierung eines Systems.

Prinzipiell geht es in der Architektur um die generelle Organisation eines zu entwickelnden Systems. Hierbei gilt es, die grundlegende Struktur des Systems festzulegen. Zur Strukturierung wird dazu das gesamte System in immer kleinere, logische Teile zerlegt, wie beispielsweise in Schichten, Subsysteme, Module und Komponenten. Für alle diese logischen Bestandteile wiederum müssen Schnittstellen zur Kapselung und Entkopplung definiert werden. Weiterhin muss bestimmt werden, welche Teile mit welchen kommunizieren dürfen beziehungsweise müssen. Und schließlich müssen auch Regeln und Prinzipien bestimmt werden, die die Erhaltung dieser Systemstruktur sicherstellen. Die Einhaltung dieser Regeln und Prinzipien soll eine langfristige Stabilität des Systems gewährleisten.

Was macht eine Architektur aus?

Im Rahmen einer Architekturdefinition wird eine Reihe von Entscheidungen getroffen. Manche dieser Entscheidungen sind so fundamental, dass sie sich im späteren Verlauf des Projektes nur schwer und unter großem Aufwand und Kosten ändern lassen. Speziell diese Entscheidungen bezeichnen wir als architekturrelevant, und sie machen im Wesentlichen eine Architektur aus.

Die Summe aller fundamentalen Entscheidungen ist das, was eine Architektur im Wesentlichen ausmacht.

9.4 Architekturmuster

9.4.1 Ein kurzer Überblick

Bei der Definition einer Architektur bilden Architekturmuster ein grundlegendes und wichtiges Element. Sie beschreiben auf abstrakter Ebene ein Konzept beziehungsweise einen Lösungsansatz für häufig auftretende Problemstellungen in Bezug auf die Definition einer Architektur. In diesem Zusammenhang beschreibt ein Architekturmuster die Beziehungen der Bestandteile eines Systems zueinander und ihre Interaktionen miteinander. Genauso wie die Entwurfsmuster werden Architekturmuster in Kategorien unterteilt (siehe [WikiArchPatterns]).

Ein Architekturmuster beschreibt die Beziehungen von Komponenten eines Systems zueinander und ihre Interaktionen.

> **Architektur- und Entwurfsmuster**
>
> Es kommt vor, dass Architekturmuster als Entwurfsmuster bezeichnet werden. Aus unserer Sicht gibt es einen Unterschied zwischen diesen beiden Arten von Mustern. Dieser liegt im Detaillierungsgrad der Beschreibung. Während ein Architekturmuster eine Lösungsstrategie auf einer hohen Abstraktionsebene beschreibt, definiert ein Entwurfsmuster einen allgemeingültigen, sehr konkreten Lösungsansatz für ein ganz bestimmtes Programmierproblem und lässt damit nur wenig Spielraum für Variationen. Wie die Umsetzung eines bestimmten Architekturmusters auszusehen hat, ist hingegen nicht konkret festgelegt und kann von Fall zu Fall in bestimmten Bereichen variieren. Bei der Umsetzung eines Architekturmusters kommen in der Regel mehrere verschiedene Entwurfsmuster zum Einsatz.

9.4.2 Die Schichtenarchitektur

Ein typisches Architekturmuster, das immer wieder in vielen Anwendungen zum Einsatz kommt, ist die Schichtenarchitektur. Hierbei wird eine Anwendung zur groben Strukturierung in Schichten unterteilt.

> **Zur Erinnerung: Was ist eine Schichtenarchitektur?**
>
> Wir betrachten eine Schichtenarchitektur als vertikal aufeinandergestapelte Schichten. Jede Schicht in diesem Stapel hat ausschließlich Kenntnis von ihrer direkt darunter liegenden Schicht, jedoch keinerlei Kenntnis von ihrer darüber liegenden Schicht. Die Kommunikation zwischen den Schichten erfolgt immer von oben nach unten. Streng betrachtet darf dabei keine Schicht übersprungen werden, diese Einschränkung wird aber in der Realität häufig aufgeweicht. Jede Schicht kapselt eine bestimmte Verantwortlichkeit innerhalb des Systems.

Bei der Entwicklung heutiger Geschäftsanwendungen kommt sehr häufig die *Dreischichtenarchitektur* (siehe [DreiSchichtenArch]) zum Einsatz. Bei dieser Architektur wird die Anwendung in die folgenden drei Schichten unterteilt:

- die Präsentationsschicht
- die Domänenschicht
- die Datenhaltungsschicht

Die Präsentationsschicht kümmert sich ausschließlich um die Präsentation beziehungsweise Darstellung der Daten. Sie stellt die Benutzeroberfläche und deren Steuerung und verarbeitet die Eingaben der Anwender. Für die Präsentation und die weitere Verarbeitung der Daten greift sie auf die Domänenschicht zu. Die Domänenschicht wiederum liefert und verarbeitet die darzustellenden Geschäftsdaten. Des Weiteren implementiert sie auch die gesamte Geschäftslogik. Die Verwaltung und Speicherung der Daten obliegt allerdings nicht der Domänenschicht. Das ist wiederum die Aufgabe der Datenhaltungsschicht. Diese wird üblicherweise durch eine Datenbank repräsentiert.

Eine Schichtenarchitektur fördert die Skalierbarkeit einer Anwendung.

Da die einzelnen Schichten in einer Schichtenarchitektur logisch voneinander getrennt und entkoppelt sind, wird es beispielsweise möglich, diese auf unterschiedliche Prozesse zu verteilen, die wiederum auf verschiedenen Rechnern in einem Netzwerk ablaufen können. Dies fördert die Skalierbarkeit einer Anwendung.

Wir werden uns im Folgenden ausschließlich auf die Präsentationsschicht konzentrieren.

9.4.3 Die MVx-Architekturmuster

Die drei bekanntesten Architekturmuster, die insbesondere bei der Architekturdefinition für Anwendungen mit einer Benutzeroberfläche zum Einsatz kommen, sind:

- Model View Controller (MVC)
- Model View Presenter (MVP)
- Model View ViewModel (MVVM)

In Bezug auf unsere zuvor beschriebene Schichtenarchitektur werden diese Muster zur Strukturierung innerhalb der Präsentationsschicht eingesetzt.

Jedes der MVx-Architekturmuster trennt die Anzeige von der Steuerung und den Daten.

Alle drei Muster haben gemeinsam, die Aspekte Anzeige, Steuerung und Daten voneinander zu trennen.

Oberflächlich und auf den ersten Blick betrachtet sind die Unterschiede zwischen diesen drei Architekturmustern nur marginal. Jedoch bei genauerer Betrachtung jedes einzelnen Musters erweisen sich diese marginalen Unterschiede als sehr signifikant. Im Wesentlichen betreffen sie die Verantwortlichkeiten der drei Bestandteile sowie deren Beziehungen zueinander. Bevor wir aber auf jedes dieser drei Architekturmuster im Detail eingehen, widmen wir uns im Folgenden zunächst einmal den Gemeinsamkeiten der drei Bestandteile.

Die Unterschiede zwischen den einzelnen Mustern wirken marginal, sind aber sehr wichtig.

Die Gemeinsamkeiten der drei Bestandteile

Das Model

In der Domänenschicht eines Softwaresystems befinden sich typischerweise Services, welche die Geschäfts- und Datenzugriffslogik implementieren. Die Präsentationsschicht, als Nutzer der Domänenschicht, bekommt über diese Services Zugriff auf die Geschäftslogik und die Geschäftsdaten.

Das Model ist ein Teil der Präsentationsschicht und soll zur Kapselung der Zugriffe auf die Domänenschicht dienen. Hierdurch erreichen wir eine Entkopplung und damit Unabhängigkeit der Präsentation von der Domäne.

Das Model entkoppelt die Präsentation von der Domäne.

In seiner Rolle als Bindeglied zur Domänenschicht darf das Model keinerlei Kenntnis von oder gar Abhängigkeiten zu seinen Nutzern haben.

Das Model hat keinerlei Kenntnis oder Abhängigkeiten zu seinen Nutzern.

Die View

Die View ist dafür verantwortlich, die Geschäftsdaten, die vom Model bereitgestellt werden, zu visualisieren. Sie implementiert den Teil der

Die View kapselt alle Aspekte der Darstellung.

Benutzeroberfläche, der die jeweiligen Geschäftsdaten zur Anzeige bringt, und kapselt alle Aspekte der visuellen Präsentation.

Idealerweise kapselt die View die Anzeigetechnologie vollständig.

Idealerweise sollte die View die verwendete Anzeigetechnologie vor der Anwendungslogik vollständig verbergen. Hierdurch erreichen wir eine Unabhängigkeit von der verwendeten Anzeigetechnologie.

In Vaadin-Anwendungen sollte die View idealerweise alle Abhängigkeiten zu Vaadin-Datentypen nach außen hin verbergen.

Vaadin ist eine Anzeigetechnologie. Das heißt, dass in einer Vaadin-Anwendung idealerweise auch nur die Implementierung der View Abhängigkeiten zu Vaadin-spezifischen Datentypen haben sollte. An den Schnittstellen der View sollten keine Vaadin-spezifischen Datentypen exponiert werden.

> **Abhängigkeit zu Vaadin außerhalb der View**
>
> Dennoch kann man es durchaus als legitim betrachten, wenn bestimmte Teile der Vaadin-API auch in der Anwendungslogik zum Einsatz kommen[a]. Als Faustregel sollte dann gelten, dass möglichst alle Datentypen aus den Paketen `com.vaadin.ui` und `com.vaadin.event` von der View gekapselt werden müssen und nicht nach außen gegeben werden dürfen. Die Datentypen aus `com.vaadin.data`, insbesondere `Property`, `Item` und `Container` sowie deren Implementierungen, können in der Anwendungslogik genutzt werden. Da aber beispielsweise auch von den Datentypen aus `com.vaadin.data` Abhängigkeiten zu Datentypen aus `com.vaadin.ui` bestehen, ist hier eine konsequente Trennung nicht möglich. Die Konsequenz aus dieser Vorgehensweise ist dann, dass wir uns in unserer gesamten Anwendung auf Vaadin als Anzeigetechnologie festlegen. Ein Wechsel zu einer anderen Anzeigetechnologie zu einem späteren Zeitpunkt im Projekt wäre dann höchstwahrscheinlich nur mit hohen Aufwänden und damit auch hohen Kosten verbunden. Letztlich ist dies eine dieser fundamentalen Architekturentscheidungen, die frühzeitig getroffen werden muss. Für eine strikte Trennung ist die vollständige Kapselung aus unserer Erfahrung die bessere Vorgehensweise. Vom Aufwand her macht es keinen großen Unterschied, ob man sauber trennt oder Vaadin in der Anwendungslogik zulässt. Die Vorteile durch eine strikte Trennung überwiegen aus unserer Sicht.
>
> a. Wir haben das in einigen unserer Projekte auch schon so gemacht.

Controller, Presenter und ViewModel

Controller, Presenter und ViewModel implementieren die Anbindung an die Anwendungslogik und kommunizieren dazu mit View und Model.

Je nach eingesetztem Architekturmuster sind der Controller, Presenter oder das ViewModel für die Anbindung der Anwendungslogik verantwortlich. Dazu müssen sie mit View und Model kommunizieren. Zum einen müssen hier die Daten und Ereignisse aus der View verarbeitet werden, die dann an das Model weitergereicht werden. Zum anderen müssen die Daten aus dem Model für die Präsentation in der View aufbereitet werden.

9.4 Architekturmuster

Während sich die View darum kümmert, *wie* die Inhalte darzustellen sind, kümmern sich der Controller, Presenter oder das View Model im Wesentlichen darum, *was* darzustellen ist. Wir werden in den folgenden Unterkapiteln auf jeden dieser drei noch im Detail eingehen.

Während die View für das Wie verantwortlich ist, ist Controller, Presenter oder View Model für das Was verantwortlich.

Model View Controller

MVC ist das älteste der drei Architekturmuster. Es entstand mit dem Aufkommen der ersten UI-Toolkits, im Umfeld von Smalltalk-80, in den späten 1970er und 80er Jahren[2]. Die Zielsetzung von MVC war, das Prinzip zur Trennung von Eingabe, Verarbeitung und Ausgabe[3] auf ein Architekturmodell abzubilden. Die Wiederverwendung im Kontext der Oberflächentechnologien unterschiedlicher Betriebssysteme stand dabei im Vordergrund. In diesem Zusammenhang ist der Controller für die Eingabe, das Model für die Verarbeitung und die View für die Ausgabe verantwortlich.

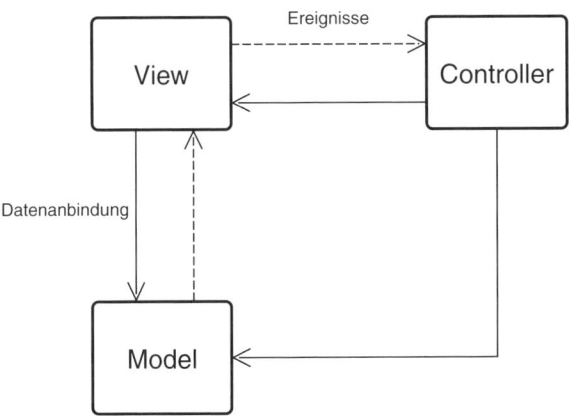

Abb. 9–1
Model View Controller

Der Controller hat die Aufgabe, die Interaktion der Anwender mit der Benutzeroberfläche zu koordinieren und auf die entsprechenden Ereignisse aus der View zu reagieren. Zu diesem Zweck hat der Controller Zugriff auf die View und das Model. Die View hat direkten Zugriff auf das Model, hat aber keine Kenntnis vom Controller.

In MVC bilden View und Controller eine Einheit. Mehrere View-Controller-Paare können auf ein gemeinsames Model zugreifen. Dadurch ist es möglich, auf ein und dasselbe Model verschiedene Ansichten abzubilden.

---

2. Auch bekannt als Seeheim-Modell. Erstmals beschrieben 1978 durch Trygve Reenskaug siehe [WikiMVC].
3. das aus der Informatik altbekannte EVA-Prinzip

Das Model repräsentiert die Daten, die von der View dargestellt werden sollen, und hat keinerlei Kenntnis von der View oder dem Controller. Da bei MVC die View direkten Zugriff auf das Model hat, findet der Datenaustausch direkt über eine Datenanbindung statt. Die View bindet sich dabei an das Model. Die Anwendungslogik liegt im Controller. Klicks auf Buttons oder andere Ereignisse aus der View müssen hier verarbeitet werden.

MVC eignet sich sehr gut im Umfeld klassischer Webanwendungen, die zum Beispiel ihre Views über JSPs abbilden. Selbstverständlich kann man auch Vaadin-Anwendungen auf Basis von MVC entwickeln. Aus unserer Sicht ist dies jedoch nicht zu empfehlen.

Die Gründe hierfür liegen vornehmlich in der Struktur von MVC. Die enge Kopplung der View an das Model hat den Nachteil, dass die View nur im Zusammenspiel mit diesem Model verwendet werden kann. Damit ist ihre Wiederverwendbarkeit sehr eingeschränkt. Des Weiteren sehen wir die Frage, wo die Logik zur Verarbeitung der Daten liegen soll, als ein weiteres Problem. Wenn es darum geht zu bestimmen, wo die Logik zur Verarbeitung der Daten aus der View zu liegen hat, wird es knifflig. Einige ordnen diese Verantwortung dem Model, andere dem Controller zu. Beides ist möglich. Wenn wir nach unserer allgemeinen Definition gehen, müsste sie im Model liegen, da dieses ja die Domänenschicht kapseln soll. Der Controller wäre dann lediglich ein schlanker Verarbeiter von Ereignissen, der den größten Teil der Logik in das Model weiterdelegiert. Dadurch läge der überwiegende Teil der Logik im Model. Gleichzeitig muss das Model auch noch den Zustand der Daten für die View verwalten. Im Prinzip ist das nicht unbedingt schlecht, dennoch bieten MVP oder MVVM insbesondere mit Blick auf die Beziehungsstrukturen die bessere Alternative.

Man merkt MVC sein Alter von mittlerweile über 30 Jahren an. Es ist unserer Ansicht nach nicht für die Problemstellungen ausgelegt, die die heutigen komponentenbasierten UI-Toolkits aufwerfen. Daher werden wir im Praxisteil MVC nicht berücksichtigen.

Model View Presenter

Die amerikanischen Unternehmen IBM und Taligent haben das MVP-Architekturmuster Anfang der 1990er Jahre in einem Whitepaper (siehe [MVPIBMTaligent]) beschrieben und veröffentlicht.

Bei diesem Architekturmuster handelt es sich um eine Weiterentwicklung von MVC. Hier ist die Trennung zwischen den einzelnen Bestandteilen viel strikter als bei MVC. Im Unterschied zu MVC hat die View hier keine Kenntnis vom Model. Nur der Presenter darf auf das Model zugreifen. Es ist die Aufgabe des Presenter, als Vermittler den Datenaustausch zwischen der View und dem Model zu regeln. Daher konzentriert sich die Anwendungslogik im Presenter. Anders als bei MVC bilden bei MVP alle drei Bestandteile üblicherweise eine Einheit[4]. Dadurch, dass die View hier nicht an das Model gebunden ist und auch sonst keinerlei Abhängigkeiten nach außen hat, lässt sie sich in anderen Kontexten problemlos wiederverwenden.

Martin Fowler hat das MVP-Architekturmuster in die zwei Varianten *Passive View* und *Supervising Controller* unterteilt (siehe [MFowlerGuiArchs]).

Die Passive-View-Variante

Abb. 9–2
Model View Presenter – Passive View

Wie der Name dieser Variante schon verrät, verhält sich die View hier absolut passiv. Das heißt, dass die gesamte Logik im Presenter liegt. Ereignisse aus der Oberfläche müssen von der View direkt an den Presenter delegiert werden. Der Presenter trifft alle Entscheidungen und steuert die View, die sich ausschließlich um die Darstellung kümmert. Daraus folgt, dass der Presenter auch für die gesamte Datensynchronisation zwischen View und Model verantwortlich ist. Das kann mitunter ziemlich aufwendig werden, da der Presenter ja keine Abhängigkeit zur jeweiligen Anzeigetechnologie haben soll. Aus diesem Grund eignet sich diese Variante vor allem für Anwendungsteile, die kleinere Ansichten mit einfacher Logik repräsentieren, da hier der Kommunikationsaufwand zwischen View und Presenter meist gering ist.

Die Supervising-Controller-Variante

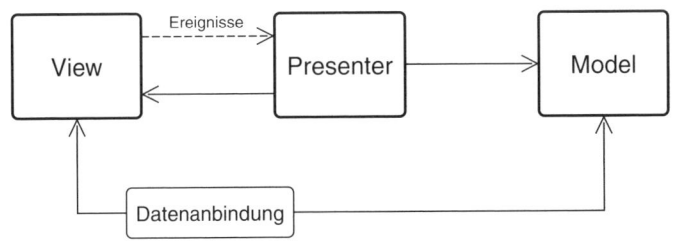

Abb. 9–3
Model View Presenter – Supervising Controller

---

4. Dennoch ist es möglich, dass mehrere View-Presenter-Paare auf ein und dasselbe Model zugreifen.

Für Anwendungsteile, die größere Ansichten mit komplexer Logik und vielen Daten repräsentieren, ist die *Supervising-Controller-Variante* besser geeignet. Hier erfolgt die Datensynchronisierung nicht direkt durch den Presenter, sondern über eine Datenanbindung von der View zum Model. Die Datenanbindung kümmert sich dann selbstständig um die Synchronisierung der Daten, während der Presenter nur noch für die Verarbeitung der reinen Logik verantwortlich ist.

Im Gegensatz zu *Passive View* kann die View hier auch Logik enthalten. Entscheidungen, die ausschließlich die Anzeige betreffen, können in der View stattfinden. Nur die Logikanteile, die nicht anzeigespezifisch sind, müssen von der View an den Presenter weiterdelegiert werden. Das heißt, die Logik teilt sich unter Umständen zwischen View und Presenter auf, was es nicht immer leicht macht zu entscheiden, welcher Teil der Logik wo genau hingehört. In der Praxis kann es dazu führen, dass zu viel beziehungsweise die falschen Logikanteile in die View oder in den Presenter wandern. Wie und wo die Datenanbindung erfolgt, ist von den Möglichkeiten der jeweils eingesetzten Technologien abhängig. Da bei Vaadin die Komponenten von Haus aus eine Datenanbindung bieten, verlagert man hier am besten die Datenanbindung in die View, indem der Presenter ein einfaches Datenobjekt mit den für die Anzeige relevanten Daten an die View übergibt. In der View kann dann die Anbindung über das übergebene Datenobjekt vorgenommen werden. Dieses Datenobjekt wird häufig auch als View Model bezeichnet, darf aber nicht mit dem ViewModel aus dem MVVM-Muster verwechselt werden.

Model View ViewModel

MVVM ist ursprünglich im Umfeld der UI-Plattformen[5] von Microsoft entstanden und wurde 2005 von John Grossman veröffentlicht.

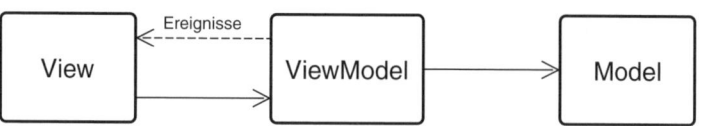

Abb. 9–4
Model View ViewModel

MVVM ist eine Abwandlung von MVC, hat aber auch Ähnlichkeiten zu MVP.

Bei MVVM handelt es sich um eine Abwandlung von MVC. Wie bei MVC hat auch hier die View eine Beziehung zu einem Modell – dem *ViewModel*. Das ViewModel repräsentiert aber nicht das eigentliche Datenmodell, also die Geschäftsdaten und -logik, sondern die gesamte View mit all ihren Zuständen und ihrem Verhalten. Auf den ersten Blick erinnert die Beziehungsstruktur auch mehr an MVP als an MVC,

---

5. genauer gesagt: der Windows Presentation Foundation (WPF)

mit dem Unterschied, dass der Presenter durch das ViewModel ersetzt wird und die View das ViewModel kennt. Zur Erinnerung: Bei MVP kennt der Presenter die View, also genau andersherum.

Wie schon zuvor erwähnt, hat das ViewModel die Aufgabe, die Oberfläche in Zustand und Verhalten komplett abzubilden. Die View implementiert die reine Oberfläche und ist die visuelle Repräsentation des ViewModel. Sie kümmert sich ausschließlich um die Darstellung der Daten aus dem ViewModel. Dazu muss die View an das ViewModel angebunden werden. Abgesehen von der Logik, die für die Anbindung an das ViewModel notwendig ist, darf in der View keine weitere Logik enthalten sein.

Das ViewModel ist die View.

Das wiederum ähnelt sehr der Passive-View-Variante von MVP, mit dem Unterschied, dass das ViewModel, im Gegensatz zum Presenter, auch die Zustände der repräsentierten Oberfläche verwaltet. Alle Ereignisse und Aktionen auf der Oberfläche müssen von der View an das ViewModel weiterdelegiert werden. Das ViewModel aktualisiert sich dann entsprechend, und weil die View eine Datenanbindung an das ViewModel hat, führt eine Änderung der Zustände im ViewModel dazu, dass sich die View entsprechend aktualisiert.

Im Gegensatz zum Presenter in MVP verwaltet das ViewModel aus MVVM Zustände.

Das ViewModel entspricht in all seinen Eigenschaften dem von Martin Fowler beschriebenen Muster *Presentation Model* (siehe [Fowler-GuiArchs]). Daher werden wir im weiteren Verlauf den Begriff Presentation Model anstelle von ViewModel verwenden.

Ein ViewModel ist ein Presentation Model.

9.5 Auf in die Praxis

Wir werden nun anhand einer kleinen und einfachen Anwendung die vorgestellten Architekturkonzepte in der Praxis demonstrieren. Die verwendeten Lösungen sind natürlich nur Vorschläge und müssen nicht in jeder realen Situation die beste Variante sein.

9.5.1 Die Beispielanwendung

Aus unserer Erfahrung sind viele Vaadin-Anwendungen für den Backoffice-Einsatz konzipiert. Solche Anwendungen verlangen typischerweise die Authentifizierung ihrer Benutzer, bevor diese etwas Sinnvolles tun können. Daher werden wir zuerst eine Anmeldefunktion implementieren. Des Weiteren werden wir einen Editor zur Bearbeitung der Profildaten eines angemeldeten Benutzers erstellen. Mehr Funktionen wird unsere Anwendung nicht anbieten, denn wir wollen den Grad der Komplexität niedrig halten. Anhand dieser beiden Funktionen werden wir die hier vorgestellten Architektur- und auch Entwurfskonzepte demonstrieren.

9.5.2 Das Beispielprojekt

Für die zu entwickelnde Beispielanwendung stellen wir ein entsprechendes Projekt auf *github.com* zur Verfügung.

> Es ist wichtig zu verstehen, dass dieses Projekt ein essenzieller Bestandteil dieses Kapitels ist. Da es nicht sinnvoll und teilweise auch nicht möglich ist, jedes Detail der Implementierung im Buch abzudrucken, empfehlen wir dringend, das Projekt zu klonen. Dadurch ist die Nachvollziehbarkeit des gesamten Beispiels gewährleistet.

Die Voraussetzung hierfür ist eine Installation von Git[6]. Das Projekt kann aber auch direkt von Eclipse aus importiert werden, wenn das EGit-Plugin installiert ist. Mit dem folgenden git-Befehl klonen wir das Beispielprojekt von der Kommandozeile:

Listing 9-1
Beispielprojekt von GitHub.com klonen

```
git clone https://github.com/fthcc/vaadin-mvx-demo.git
```

Das Projekt wird dann in das Verzeichnis ausgecheckt, von dem aus der Befehl ausgeführt wurde. Anschließend können wir das Projekt in Eclipse importieren. Da der Projekt-Build auf Maven basiert, können wir es als *Existing Maven Project* importieren.

Den Maven-Build haben wir in Zusammenwirkung mit dem Jetty-Plugin konfiguriert, so dass sich das Projekt, nachdem es gebaut wurde, problemlos in dem integrierten Jetty-Server von der Kommandozeile starten lässt.

Um den integrierten Jetty-Server zu starten, können wir folgendes Kommando auf der Kommandozeile ausführen:

Listing 9-2
Beispielprojekt im integrierten Jetty-Server

```
mvn jetty:run
```

Dann können wir mit einem Browser unter folgender Adresse auf die Anwendung zugreifen:

Listing 9-3
Lokale Adresse der Beispielanwendung

```
http://localhost:8080/vaadin-mvx-demo-1.0.0-SNAPSHOT
```

Für die einzelnen Zwischenstände finden Sie im Git-Repository entsprechende Branches. Im weiteren Verlauf finden wir in der Marginalie am Rand den Namen des Branch, der den entsprechenden Zwischenstand widerspiegelt, in der folgenden Form:

---

6. git-scm.com

Git-Branch: <Branchname>

Mit folgendem Kommando können wir dann zum Beispiel auf den Stand in Branch *01-Domainmodel* zugreifen:

```
git checkout 01-Domainmodel
```

Listing 9–4
Auschecken eines Branch

9.5.3 Das Domänenmodell der Beispielanwendung

Die Voraussetzung für unsere Beispielanwendung ist die Existenz eines Domänenmodells, auf das unsere Anwendung aufsetzen kann. Daher erstellen wir im Vorfeld ein entsprechend einfaches Domänenmodell.

Git-Branch: 01-Domainmodel

Da sich die beiden Funktionen der Beispielanwendung ausschließlich um die Bearbeitung von Benutzerdaten drehen werden, stellt unser Domänenmodell lediglich einen UserService zur Verfügung. Der UserService bietet Zugriff auf die Benutzer und weitere Daten. Benutzerdaten können gespeichert und die Zugangsdaten können für die Anmeldung verifiziert werden. Die Benutzer werden als Objekte der Klasse User zurückgeliefert.

Für die gesamte Anwendung soll es genau ein UserService-Objekt geben. Dieses Serviceobjekt muss an irgendeiner Stelle im System erzeugt und verwaltet werden. Diese Aufgabe übernehmen im ersten Schritt[7] ein ServiceLocator und ein ServiceProvider. Der ServiceLocator ist als Singleton (siehe [GoF94]) implementiert und somit über die statische Methode getInstance() zugreifbar. Er nutzt ServiceProvider-Implementierungen, die die Instanzen der jeweiligen Services zur Verfügung stellen. Ein ServiceProvider wiederum ist dafür verantwortlich, eine Instanz eines Service zu erzeugen und zu verwalten.

Für den UserService haben wir die simple Implementierung DummyUserService erstellt, die einen Benutzer bereitstellt und diesen im Arbeitsspeicher hält[8].

---

7. Wir werden im späteren Verlauf die Anwendung auf CDI umstellen. Dann werden wir ServiceLocator und ServiceProvider nicht mehr benötigen.
8. In einem echten Projekt würde dieser die Daten von einer Datenbank beziehen.

Abb. 9–5
Domänenmodell UML

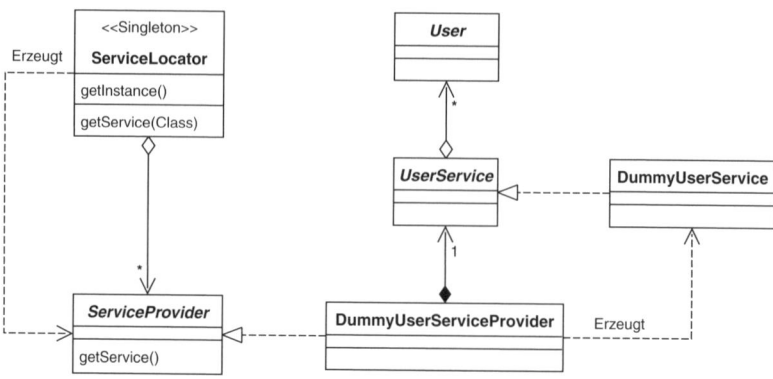

> **Die hier verwendete Konvention für die Klassendiagramme**
>
> Die Namen der abstrakten Typen sind in Kursivschrift. Die Namen der Interfaces sind in Fettschrift und die Namen der Klassen in Normalschrift.

> **Wie kommt der ServiceLocator an seine ServiceProvider?**
>
> Die `ServiceProvider` werden vom `ServiceLocator` über einen `java.util.ServiceLoader` geladen. In der Datei `src/main/resources/META-INF/services/de.vaadinbuch.mvxdemo.domain.ServiceProvider` werden die vollqualifizierten Namen der jeweiligen `ServiceProvider`-Implementierungen zeilenweise eingetragen. Da wir nur den einen Service haben, haben wir für diesen auch nur eine `ServiceProvider`-Implementierung: `DummyUserServiceProvider`. Und diese Implementierung ist in der Konfigurationsdatei entsprechend eingetragen.

9.6 Der Login in der MVP-Passive-View-Variante

Wir beginnen mit der Funktion zur Anmeldung eines Benutzers. Die Oberfläche, die man für eine Anmeldung benötigt, ist nicht besonders umfangreich oder kompliziert. Die Anmeldungsmaske stellt eine reine Eingabeoberfläche zur Verfügung. Man gibt eine Benutzerkennung und ein Passwort ein. Dann bestätigt man die Anmeldedaten mit einem Button. Der Datenfluss findet in diesem Fall auch nur von der View in Richtung Presenter statt.

Wenn wir uns erinnern, haben wir im Abschnitt über die Passive-View-Variante von MVP festgehalten, dass sie sich gut für einfache Oberflächen mit wenig Interaktion eignet. Deshalb werden wir die Anmeldung auch in dieser Variante implementieren. Zuerst einmal müssen wir uns überlegen, wie unsere Oberfläche überhaupt aussehen soll.

Sie besteht aus einem Eingabefeld für eine Benutzerkennung und einem Eingabefeld für ein Passwort. Des Weiteren benötigen wir noch einen Button, mit dem wir die Anmeldung mit den eingegebenen Anmeldedaten durchführen. Grob skizziert sieht das Ganze dann so aus:

Abb. 9–6
Mockup-Skizze der Login-Oberfläche

Skizzieren von Oberflächen

Grundsätzlich ist es immer eine gute Idee, eine Benutzeroberfläche, die man implementieren möchte, vorher zu skizzieren. Solche Skizzen bilden dann eine gute Basis für gemeinsame Diskussionen im Team beziehungsweise mit dem Auftraggeber und die spätere Umsetzung.
Man nennt diese Technik *Wireframing*, und die Skizzen nennt man *Wireframes* oder auch *Mockups*. Es gibt Tools (siehe [ViewMockupTools]), die ausschließlich für diesen Zweck gedacht sind. Aber eine einfache handgefertigte Zeichnung kann hierfür auch schon vollkommen ausreichend sein.

9.6.1 Schnittstellendefinition und Implementierung

Das Model

Wie wir zu Anfang dieses Kapitels gelernt haben, dient das Model dazu, den Zugriff auf die Domänenschicht zu abstrahieren. Für unser Beispiel haben wir die Anforderung, dass es nur möglich sein soll, einen Login durchzuführen, wenn die eingegebene Benutzerkennung und das Passwort eine bestimmte Mindestlänge erreicht haben. Dies ist Domänenwissen, und das Model ist dafür verantwortlich, die entsprechenden Werte für die Mindestlängen zu liefern. Daraus ergibt sich für unser Model die folgende Interface-Definition:

Git-Branch: 02-Login-MVP-Passive-View

```
public interface LoginModel {
    int getUserIdMinLength();
    int getPasswordMinLength();
    boolean loginUser(String userId, String password);
}
```

Listing 9–5
Interface-Definition des Model

Damit wir wissen, ob die Anmeldung erfolgreich war, benötigen wir einen Rückgabewert für unsere `loginUser()`-Methode. In unserem

Falle liefern wir ein `boolean` zurück, der `true` ist, wenn die Anmeldung erfolgreich war.

Die Implementierung

Da das `LoginModel` den Zugriff auf die Domänenschicht kapseln soll, muss unsere Implementierung eine Referenz auf den `UserService` haben. Die Implementierung gestaltet sich sehr einfach. Die Instanz des `UserService` wird dem Konstruktor übergeben. Die Zugriffe auf die Mindestlängen können direkt an den `UserService` weiterdelegiert werden. In der Methode `loginUser()` muss zuerst die Verifikation der Zugangsdaten über die Methode `checkCredentials()` des `UserService` durchgeführt werden. Das Ergebnis der Verifikation wird dann direkt zurückgegeben:

Listing 9–6
Implementierung der Methode loginUser()

```
@Override
public boolean loginUser(String userId, String password) {
    return this.userService.checkCredentials(userId, password);
}
```

Die View

Als Nächstes widmen wir uns der Implementierung der View. Wie wir bereits wissen, ist die View in der Passive-View-Variante von MVP vollständig passiv. Der Presenter übernimmt hier die gesamte Steuerung, und zu diesem Zweck muss die View eine entsprechende Zugriffsschnittstelle für den Presenter bereitstellen. Für das Interface unserer View ergibt sich dann folgende Definition:

Listing 9–7
Interface-Definition der View

```
public interface LoginView {
    String getUserId();
    String getPassword();
    void setLoginButtonEnabled(boolean enabled);
    void reset();
}
```

Damit der Presenter Zugriff auf die eingegebenen Anmeldedaten bekommt, definieren wir mit den Methoden `getUserId()` und `getPassword()` die entsprechenden Zugriffsmethoden. Und da es nur möglich sein soll, einen Login durchzuführen, wenn die Benutzerkennung und das Passwort die jeweilige Mindestlänge haben, muss es auch möglich sein, den Aktivierungszustand des Anmeldebuttons zu steuern. Die Methode `setLoginButtonEnabled()` erfüllt diesen Zweck. Die Methode `reset()` soll dazu dienen, die View wieder in den Initialzustand zurückzuversetzen, was nach einem fehlgeschlagenen Login-Versuch notwendig wird.

9.6 Der Login in der MVP-Passive-View-Variante

> **Keine Vaadin-Datentypen im View-Interface!**
>
> Das View-Interface dient ausschließlich für den Presenter als Zugriffsschnittstelle auf die View. In unserem Beispiel werden wir Vaadin, als Anzeigetechnologie, vollständig von der Anwendungslogik entkoppeln. Daher dürfen keine Vaadin-Datentypen im View-Interface verwendet werden. Andernfalls bräuchte der Presenter eine Abhängigkeit zu Vaadin.

Die Implementierung

Für die Implementierung unseres `LoginView`-Interface erstellen wir die Klasse `LoginViewImpl`, die von `VerticalLayout` abgeleitet wird und das `LoginView`-Interface implementiert.

> **CustomComponent vs. Standardlayouts**
>
> In vielen Beispielen von Vaadin werden Views von `CustomComponent` abgeleitet. Dies ist selbstverständlich auch möglich, aber in unserem Fall nicht unbedingt notwendig. Da `CustomComponent` eine Wrapper-Komponente ist, müssen wir ohnehin für den eigentlichen Inhalt ein `VerticalLayout` erstellen, welches von `CustomComponent` umschlossen wird. Dies führt im HTML-Code zu einer zusätzlichen Elementebene, die wir nicht benötigen. Daher ersparen wir uns diese Elementebene, indem wir von `VerticalLayout` direkt ableiten.

Wir definieren unsere Member-Variablen als *package-private*, so dass wir von unseren Unit-Tests aus auf diese zugreifen können (hierauf gehen wir in Kapitel Automatisiertes Testen von Vaadin-Anwendungen näher ein). Zur besseren Strukturierung trennen wir in der Implementierung den Code zum Aufbau der Oberfläche von dem zur Konfiguration der einzelnen Komponenten, indem wir zwei private Methoden implementieren: die Methoden `buildUI()` für den Aufbau der View und `initUI()` für die Konfiguration der Komponenten. Dies erleichtert die spätere Wartung.

Eine weitere Technik, die uns das Testen erleichtert, ist das Delegieren von Listener-Aufrufen an Methoden der View, die wir ebenfalls als package-local definieren:

```java
this.userIdTF.addTextChangeListener(new TextChangeListener() {
    @Override
    public void textChange(TextChangeEvent event) {
        onUserIdChange(event);
    }
});
...
```

Listing 9–8
Delegieren von Listener-Aufrufen an Methoden der View

```
void onUserIdChange(TextChangeEvent event) {
    if (this.presenter != null) {
        this.presenter.onUserIdChange(event.getText());
    }
}
```

Damit können wir von unseren Unit-Tests aus diese Methoden aufrufen und den Erhalt eines Events simulieren.

Der Presenter

Nun bleibt noch die Implementierung des Presenter übrig. Hier müssen wir uns Gedanken darüber machen, wie die Events der Oberfläche aus der View zum Presenter gelangen. Wir können nicht einfach die Events eins zu eins an den Presenter weiterreichen, da ja der Presenter unabhängig von Vaadin bleiben soll. Die View-Implementierung benötigt aber in irgendeiner Weise Zugriff auf den Presenter. Wie sonst soll beispielsweise ein Klick auf den Anmeldebutton dem Presenter bekanntgegeben werden, damit dieser den Anmeldevorgang durchführen kann? Die View-Implementierung darf den Presenter nicht kennen. Das heißt, sie darf keine direkte Abhängigkeit zur Implementierung des Presenter haben.

Wir behelfen uns daher hier mit einem weiteren Interface, das unseren Presenter von der View entkoppelt. Das entsprechende Interface dient als Zugriffsschnittstelle für Zugriffe von der View auf den Presenter und wird immer mit dem View-Interface zusammen ausgeliefert. Es repräsentiert sozusagen den Presenter aus Sicht der View.

Dieser Entwurf entspricht dem Observer-Entwurfsmuster (siehe [GoF94]). Der Presenter hat hierbei die Rolle des Beobachters, während die View vom Presenter überwacht wird. Damit besteht auf der Ebene der Datentypen keine Abhängigkeit von der View zu einem bestimmten Presenter. Somit erfüllen wir die Vorgabe aus dem MVP-Architekturmuster, bei der nur der Presenter die View kennen darf und nicht umgekehrt. Wir sind sogar noch einen Schritt weiter gegangen, indem wir ein Interface für die View definiert haben. Damit ist auch der Presenter von der View entkoppelt. Dies ist wichtig für die Umsetzung einer vollständigen Entkopplung der Anzeigetechnologie. So können wir zu einem späteren Zeitpunkt eine weitere View mit einer anderen Anzeigetechnologie implementieren.

Die Definition unseres Presenter-Interface sieht dann wie folgt aus:

```
public interface LoginView {
    interface Presenter {
        void onUserIdChange(String currentUid);
        void onPasswordChange(String currentPw);
        void onLogin();
    }
    …
    void setPresenter(Presenter presenter);
}
```

Listing 9–9
Einbetten des Presenter-Interface in das der View

Wir nutzen hier die Möglichkeit von Java, Datentypen ineinander zu schachteln, und erweitern das `LoginView`-Interface, indem wir unser Presenter-Interface in dieses einbetten. Damit bringen wir schon im Code zum Ausdruck, dass dieses Interface ausschließlich für diese View als Sicht auf dessen Presenter (Observer) geschaffen wurde[9]. Weiterhin müssen wir das View-Interface um die Methode `setPresenter()` erweitern. Über diese Methode kann sich die Presenter-Implementierung in ihrer Rolle als Observer an der View registrieren. Hierdurch schaffen wir zwar eine Kopplung von der View an den Presenter, allerdings handelt es sich hierbei um eine weiche Kopplung über das Presenter-Interface.

Änderungen an der Benutzerkennung oder dem Passwort werden über die Methoden `onUserIdChange()` und `onPasswordChange()` des Presenter-Interface kommuniziert. Wird der Anmeldebutton angeklickt, soll dies zum Aufruf von `onLogin()` führen. Wir könnten auch der Methode `onLogin()` die Benutzerkennung und das Passwort als Parameter mitgeben. Der Presenter kann sich diese aber auch über `getUserId()` und `getPassword()` von der View holen, und da in der Passive-View-Variante die View passiv sein soll, gehen wir diesen Weg.

Die Parameter bei den Methoden `onUserIdChange()` und `onPasswordChange()` werden jedoch benötigt, denn wir wollen auf eine anstehende und nicht auf eine vollzogene Änderung reagieren. Der Vaadin-Event `TextChangeEvent` wird sowohl von `TextField` als auch `PasswordField` versendet und signalisiert eine anstehende Änderung. Die Textproperty des Events repräsentiert den aktuellen eingegebenen Text des Feldes, der aber noch nicht im Model des Feldes gespeichert wurde.

Ein MVP-Verbund als Komponente

Model, View und Presenter bilden eine Einheit. Daher ist es sinnvoll, diese auch als eine Komponente zu betrachten. Die Bildung von Kom-

---

[9]. Man könnte das Interface auch `LoginViewListener` nennen. Presenter fanden wir aber in diesem Falle prägnanter.

ponenten erleichtert die Strukturierung, fördert die Wiederverwendbarkeit und Entkopplung der verschiedenen Anwendungsteile. Zugriffe von außen auf eine MVP-Komponente sollten nicht direkt über die Interfaces der View, des Presenter oder des Model erfolgen, da diese nur für die Kommunikation untereinander gedacht sind. Daher benötigen wir für die Kapselung und als zentrale Schnittstelle für Zugriffe von außen ein weiteres Interface, welches unsere Anmeldekomponente repräsentiert.

Welche Zugriffe von außen? Nun, wir haben noch nicht geklärt, was passiert, wenn ein Anmeldeversuch durch einen Benutzer erfolgreich war beziehungsweise fehlschlägt. Wir könnten die Logik hierfür direkt in die Presenter-Implementierung legen. Dann wäre aber unsere Anmeldekomponente in einer anderen Anwendung womöglich nicht wiederverwendbar. Zudem wollen wir ja auch dem Benutzer ein entsprechendes visuelles Feedback geben. Das können wir aber nicht im Presenter machen, da wir hier keine Abhängigkeit zu Vaadin haben. Das müssten wir wieder an die View delegieren. Dies wäre eine Möglichkeit, allerdings mit Beschränkungen, denn wir würden uns auf eine bestimmte Implementierung in der View festlegen. Was ist aber, wenn ein anderer Teil der Anwendung vom Erfolg der Anmeldung abhängig ist und ebenfalls darauf reagieren möchte?

Es ist besser, wenn wir diesen *Aktionsteil* des Codes nach außen verlagern. Dadurch verbessern wir die Wiederverwendbarkeit unserer Anmeldekomponente. Wir erreichen das, indem wir an ihrer Schnittstelle die Möglichkeit bieten, auf den Erfolg beziehungsweise den Misserfolg eines Anmeldeversuchs zu reagieren. Die Definition des Interface unserer Anmeldekomponente sieht dann folgendermaßen aus:

Listing 9–10
Interface-Definition für die Login-Komponente

```java
public interface LoginComponent {
    interface LoginSuccessHandler {
        void onLoginSuccess(String userId);
    }

    interface LoginFailedHandler {
        void onLoginFailed();
    }

    void addLoginSuccessHandler(
        LoginSuccessHandler handler);

    void addLoginFailedHandler(
        LoginFailedHandler handler);
}
```

9.6 Der Login in der MVP-Passive-View-Variante

Auch hier nutzen wir das Observer-Entwurfsmuster. Nutzer der Anmeldekomponente haben nun die Möglichkeit, sich für ein bestimmtes Ereignis zu registrieren und entsprechend darauf zu reagieren. Ein Nutzer muss lediglich das entsprechende Handler-Interface (Observer) implementieren, zum Beispiel `LoginSuccessHandler`, und sich dann an der Anmeldekomponente mit `addLoginSuccessHandler()` registrieren.

Auch hier betten wir die Interfaces der Handler wie bei der View in das Interface der Anmeldekomponente mit ein, um auszudrücken, dass diese ausschließlich für die Anmeldekomponente geschaffen wurden[10].

Die Implementierung der Anmeldekomponente

Jetzt fehlt uns nur noch die Implementierung des Kernstücks unserer Anmeldekomponente: der Presenter. Unsere Presenter-Klasse implementiert das Komponenten-Interface `LoginComponent` direkt. Für die Implementierung späterer Presenter erstellen wir eine abstrakte Basisklasse `AbstractPresenter`, von der wir unsere `LoginComponentImpl` erben lassen:

```
public class LoginComponentImpl
        extends AbstractPresenter<LoginModel, LoginView>
        implements LoginView.Presenter, LoginComponent {

    private List<LoginSuccessHandler>
    successHandlerList;
    private List<LoginFailedHandler>
    failedHandlerList;

    public LoginComponentImpl(
            LoginModel model, LoginView view) {
        super(model, view);
        this.view.setPresenter(this);
    }

    @Override
    public void onUserIdChange(String currentUid) {
        this.updateLoginButtonState(
            currentUid, this.view.getPassword());
    }
```

Listing 9–11
Implementierung des Presenter

---

10. Letztlich ist dies auch Geschmacksache. Bei zu vielen Handler-Interfaces oder wenn diese noch anderswo genutzt werden können, sollte man diese als Top-Level-Typen in eigene Dateien auslagern.

```
@Override
public void onPasswordChange(String currentPw) {
    this.updateLoginButtonState(
        this.view.getUserId(), currentPw);
}

@Override
public void onLogin() {
    if (this.model.loginUser(
            this.view.getUserId(),
            this.view.getPassword())) {
        this.informSuccessHandler(
            this.view.getUserId());
    } else {
        this.informFailedHandler();
    }
    this.view.reset();
}

…

private void updateLoginButtonState(
        String userId, String password) {
    boolean userIdHasMinLength =
        userId.length() >=
        this.model.getMinUserIdLength();
    boolean passwordHasMinLength =
        password.length() >=
        this.model.getMinPasswordLength();

    this.view.setLoginButtonEnabled(
        userIdHasMinLength && passwordHasMinLength);
}

…

}
```

Bei der Instanziierung des Presenter müssen View und Model übergeben werden, und wir registrieren den Presenter sofort an der View mit dem Aufruf von setPresenter(). Wird von der View onUserIdChange() oder onPasswordChange() aufgerufen, so wird an der View mit dem Aufruf von setLoginButtonEnabled() der Aktivierungszustand des Anmeldebuttons aktualisiert. Die Auswertung dazu ist in der privaten Methode updateLoginButtonState() ausgelagert. Wird in der View der Anmeldebutton angeklickt, ruft die View ihrerseits die Methode onLogin() am Presenter auf. Hier holt sich der Presenter dann von der View die aktuellen Werte der Benutzerkennung und des Passwortes und delegiert den Anmeldevorgang an sein Model. Je nachdem, ob der Anmeldeversuch erfolgreich war oder nicht, werden dann die entsprechenden Handler informiert – sofern welche registriert sind –, und danach wird die View auf den Initialzustand zurückgesetzt.

Zwischenstand und Überblick

Wir haben nun einige Interfaces und Klassen erstellt. Damit wir einen besseren Überblick bekommen, hier das entsprechende Klassendiagramm dazu:

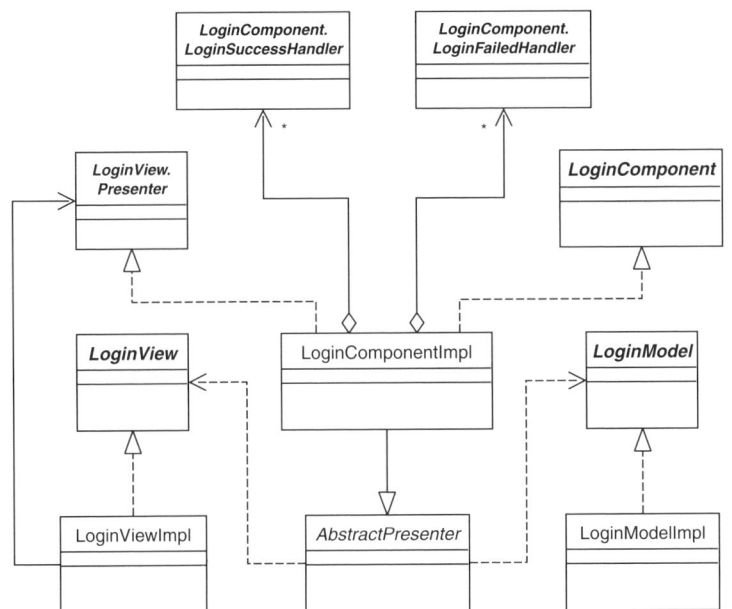

Abb. 9–7
UML-Klassendiagramm der Anmeldekomponente

Wie wir sehen können, bildet unsere `LoginComponentImpl` das zentrale Element. Die Abhängigkeit zwischen `LoginView` und `LoginView.Presenter` haben wir nicht explizit herausgestellt. Diese sollte über die Beziehung von `LoginViewImpl` zu `LoginView.Presenter` erkennbar sein.

Da `AbstractPresenter` als Basisklasse für weitere Komponenten gedacht ist und als generische Klasse implementiert wurde, haben wir hier die Beziehung zu View und Model als gestrichelte Linie dargestellt.

Die Paketstruktur

Die Definition von Paketstrukturen ist ein äußerst wichtiger Bestandteil bei der Entwicklung von Java-Anwendungen. Sie kann sowohl als Aspekt im Softwaredesign, aber auch als Teil der Architektur betrachtet werden. Denn wenn man zu einem späten Zeitpunkt in der Entwicklung feststellt, dass die Paketstruktur ungünstig gewählt wurde, sind der Aufwand und die Kosten, die mit einer Änderung dieser einhergehen, meist sehr hoch. Eine gute Paketstruktur trägt einerseits zur besseren Übersicht in einem Softwaresystem bei. Andererseits definiert sie auch die Grenzen zwischen den Bestandteilen eines Systems, wie beispielsweise Module oder Komponenten.

In unserem Beispiel sind die Paketnamen komponentenorientiert. Das Paket de.vaadinbuch.mvxdemo.login enthält alle Interfaces der Anmeldekomponente. Im Paket de.vaadinbuch.mvxdemo.login.impl liegt die Implementierung der Komponente LoginComponentImpl und in den Paketen de.vaadinbuch.mvxdemo.login.impl.view sowie de.vaadinbuch.mvxdemo.login.impl.model liegen die jeweiligen Implementierungsklassen der View und des Model unserer Anmeldekomponente.

> **Die Qual der Wahl**
>
> In unserem Beispiel haben wir eine eher fachlich- beziehungsweise funktionsorientierte Struktur gewählt. Eine andere Möglichkeit ist es, die Paketstruktur an der Technik auszulegen.
>
> So könnten wir beispielsweise statt de.vaadinbuch.mvxdemo.login.model.impl de.vaadinbuch.mvxdemo.model.login.impl verwenden. Ein kleiner, aber feiner Unterschied. Es ist schwer zu sagen, welche der beiden Varianten besser ist. Wichtig ist aus unserer Sicht vor allem, dass man ein klares Konzept hat und dieses auch stringent verfolgt.

Das Konzept einer Humble View

Git-Branch:
03-Humble-View

Momentan enthält die View-Implementierung der Anmeldekomponente den gesamten Code zum Aufbau und der Konfiguration der Oberfläche. Das Testen der Oberfläche und ihrer Logik ist hier noch einfach, zumal wir die Passive-View-Variante einsetzen, bei der die eigentliche Logik im Presenter liegt. Wird die Oberfläche aber komplexer und enthält zusätzlich noch Logik[11], dann kann es schwierig werden, diese zu testen. Aber auch spätere Erweiterungen und Änderungen können schwieriger werden.

Wenn wir den Code für den Aufbau der Oberfläche von dem Code, der die Konfiguration und Logik implementiert, trennen, dann wird das Testen um einiges leichter.

Humble View ist ein Entwurfskonzept, bei dem es darum geht, den Teil des View-Codes, der sich nur schwer oder gar nicht testen lässt, von dem Teil, den wir testen können, zu trennen[12].

---

11. wie das bei der Supervising-Controller-Variante der Fall ist
12. siehe [HumbleDialogBox] – die allgemeinere Form findet sich in [HumbleObject]

Der Aufbau der Oberfläche ist etwas, was wir nicht unbedingt mit einem Unit-Test überprüfen wollen[13], die Logik die darin implementiert ist, aber schon. Daher trennen wir beides voneinander. Die View implementiert nur noch die reine Darstellung, ohne die Logik. Die Logik wird in eine extra Klasse ausgelagert, die auf die View Zugriff bekommt. Die View exponiert alle Oberflächenelemente, die von der Logik benötigt werden. Durch diese Aufteilung wird die View sehr einfach (in Englisch »humble« für bescheiden). Die Logik wiederum kann dann in einem Unit-Test getestet werden.

Ein Vorteil hierbei ist, dass die reinen Oberflächenteile in verschiedenen Bereichen der Anwendung wiederverwendet werden können. Ein weiterer Vorteil, der sich hieraus ergibt, ist die Stand-alone-Fähigkeit einer Oberflächenimplementierung. Diese kann in einem einfachen Testprogramm angezeigt werden, da sie keine weiteren Abhängigkeiten hat. In unserer aktuellen Implementierung können wir die View zwar instanziieren und die Optik in einem Stand-alone-Test überprüfen, aber nur weil wir die Presenter-Zugriffe mit Null-Checks entsprechend abgesichert haben. Bei sehr komplexen Oberflächen ist das möglicherweise nicht mehr so einfach. Speziell im Hinblick auf die Umsetzung einer Oberfläche und ihrer späteren Wartung kann eine solche Stand-alone-Fähigkeit sehr hilfreich sein.

> Wir hatten in der Praxis schon häufig die Situation, dass ein Darstellungsfehler in der Oberfläche vorlag und es nicht möglich war, die entsprechende View einfach in einem Stand-alone-Test zu überprüfen. Hierdurch werden die Fehlersuche und folgende Fehlerbehebung natürlich sehr erschwert.

Mit dem Konzept der Humble View soll das vermieden werden. Nachstellen und Beheben von Darstellungsfehlern ist damit kein Problem mehr. Schließlich bringt diese Vorgehensweise auch bei dem Einsatz von GUI Builder Tools eine Erleichterung. Des Weiteren hat dieses Muster noch den organisatorischen Vorteil, dass sich ein Teil des Entwicklungsteams ausschließlich um die Darstellung kümmern kann, während sich der andere Teil um die entsprechende Logik kümmert.

Um das Konzept der Humble View umzusetzen, bauen wir unsere `VaadinLoginView` um, indem wir den Logikanteil in eine weitere Klasse auslagern. Dies gestaltet sich recht einfach, da wir schon Vorarbeit geleistet haben, indem wir zuvor schon diese Anteile separat in die bei-

---

13. Wir könnten, aber es stellt sich die Frage, inwiefern das sinnvoll ist.

den Methoden `buildUI()` und `initUI()` ausgelagert hatten. Wir verlagern den Logikanteil aus `initUI()` in die Klasse `VaadinLoginViewLogic`:

Listing 9-12
Auslagern der View-Logik in die Klasse VaadinLoginViewLogic

```java
public class VaadinLoginViewLogic implements LoginView {
    private final VaadinLoginView view;
    private LoginView.Presenter presenter;

    public VaadinLoginViewLogic(VaadinLoginView view) {
        if (view == null) {
            throw new NullPointerException("Undefinierte View!");
        }
        this.view = view;
        this.registerViewListeners();
        this.reset();
    }

    ...

    private void registerViewListeners() {
        this.view.getUserIdField()
            .addTextChangeListener(
                new TextChangeListener() {
                    @Override
                    public void textChange(TextChangeEvent event) {
                        onUserIdFieldChanges(event);
                    }
                });
        this.view.getPasswordField()
            .addTextChangeListener(
                new TextChangeListener() {
                    @Override
                    public void textChange(TextChangeEvent event) {
                        onPasswordFieldChanges(event);
                    }
                });
        this.view.getLoginButton()
            .addClickListener(
                new ClickListener() {
                    @Override
                    public void buttonClick(ClickEvent event) {
                        onLoginButtonClicked(event);
                    }
                });
    }

    private void onUserIdFieldChanges(
            TextChangeEvent event) {
        this.presenter.onUserIdChange(event.getText());
    }
```

```
    private void onPasswordFieldChanges(
            TextChangeEvent event) {
        this.presenter.onPasswordChange(
            event.getText());
    }

    private void onLoginButtonClicked(
            ClickEvent event) {
        this.presenter.onLogin();
    }
}
```

Wir haben neben dem Presenter eine Referenz auf die `VaadinLoginView`, und wir implementieren hier unser `LoginView`-Interface. Des Weiteren delegieren wir nun alle Listener-Aufrufe auf private Methoden, denen wir die jeweiligen Events übergeben. Einen Null-Check für den Presenter benötigen wir an dieser Stelle nun nicht mehr, da wir in einem Unit-Test die `VaadinLoginView` und die Oberflächenelemente problemlos durch Mock-Objekte ersetzen können.

Im folgenden Klassendiagramm zeigen wir die verallgemeinerte Form des Humble-View-Entwurfsmusters:

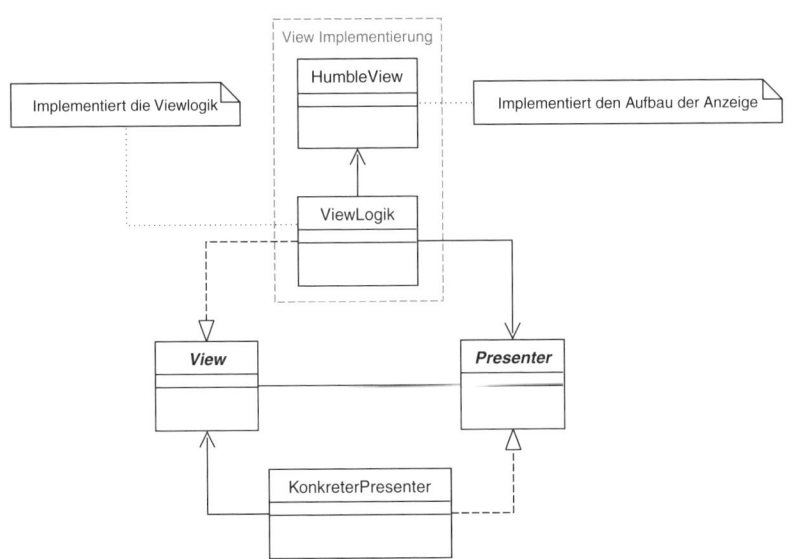

Abb. 9–8
Humble-View-Entwurfsmuster

Die Integration in die Anwendung

Bei der Integration unserer Anmeldekomponente haben wir noch ein Problem. Wie kommen wir an die View heran, wenn wir unsere Komponente erzeugen und ein Objekt vom Typ `LoginComponent` in der Hand haben?

Git-Branch:
04-Login-Integration

Aktuell haben wir keine Möglichkeit, über das Komponenten-Interface auf die View zuzugreifen. Wir können eine Zugriffsmethode im Komponenten-Interface zur Verfügung stellen und darüber unsere View zurückliefern. Allerdings benötigen wir eine Vaadin-Komponente, um diese in den Komponentenbaum der UI einzubinden. Da wir aber auch im Komponenten-Interface keine Abhängigkeit zu Vaadin haben dürfen, können wir nicht einfach eine Vaadin-Komponente zurückgeben. Zudem ist die Klasse VaadinLoginViewLogic nicht die benötigte Vaadin-Komponente, sondern VaadinLoginView. Wie kommen wir also am besten an die View, ohne unsere Kapselung aufgeben zu müssen?

Wir benötigen auf jeden Fall eine Zugriffsmethode in LoginComponent und eine in LoginView. Wir könnten einfach die View-Instanz als Object zurückliefern, zum Beispiel wie folgt:

```
Object getView();
```

Listing 9–13 Untypisierter Zugriff auf die View-Instanz

Das funktioniert zwar, ist aber nicht der eleganteste Lösungsweg. Ein eleganterer Weg bietet sich mit folgender Lösung:

```
public interface ViewAccessor {

    <T> T getViewAs(Class<T> type)
        throws UnsupportedViewTypeException;
}
```

Listing 9–14 Interface-Definition für den View-Zugriff

Hier definieren wir ein zusätzliches Interface, welches die implementierende Klasse befähigt, eine View in einem vorgegebenen Objekttypen zurückzugeben. Mit diesem Interface erweitern wir sowohl LoginComponent als auch LoginView. Dann implementieren wir die Methode getViewAs(). Für die Klasse VaadinLoginViewLogic sieht die Implementierung folgendermaßen aus:

```
@Override
public <T> T getViewAs(Class<T> type)
        throws UnsupportedViewTypeException{
    if (type.isAssignableFrom(this.view.getClass())) {
        return (T) this.view;
    }
    throw new UnsupportedViewTypeException(
        "Der übergebene Viewtyp wird nicht unterstützt: " +
            type.getName());
}
```

Listing 9–15 Implementierung getViewAs in VaadinLoginViewLogic

Wir prüfen, ob der übergebene Objekttyp mit der View kompatibel ist, und liefern dann die Instanz der VaadinLoginView im geforderten Objekttyp zurück.

Die Implementierung in der Klasse `LoginViewComponentImpl` delegiert dann lediglich den Aufruf an `VaadinLoginViewLogic` weiter. Damit haben wir nun die Möglichkeit, aus der `UI` heraus über das Interface der Anmeldekomponente auf die View zuzugreifen und diese als Vaadin-Komponente zu erhalten.

Was uns jetzt noch fehlt, ist die Integration unserer Anmeldekomponente in die `UI`-Klasse unserer Vaadin-Anwendung.

```java
public class MvxDemoUI extends UI
    implements LoginSuccessHandler,
        LoginFailedHandler {

    @Override
    protected void init(VaadinRequest request) {
        LoginComponent loginComponent =
            this.createLoginComponent();
        loginComponent.addLoginSuccessHandler(this);
        loginComponent.addLoginFailedHandler(this);

        Component loginView =
            loginComponent.getViewAs(Component.class);

        VerticalLayout layout = new VerticalLayout();
        layout.setSizeFull();
        layout.addComponent(loginView);
        layout.setComponentAlignment(
            loginView, Alignment.MIDDLE_CENTER);

        this.setContent(layout);
        this.setSizeFull();
    }

    @Override
    public void onLoginSuccess(String userId) {
        Notification.show(
            "Anmeldung von Benutzer" + userId +
            "erfolgreich!",
            Type.HUMANIZED_MESSAGE);
    }

    @Override
    public void onLoginFailed() {
        Notification.show(
            "Anmeldung fehlgeschlagen!",
            Type.ERROR_MESSAGE);
    }
```

Listing 9–16
Integration der Login-Komponente

```
            private LoginComponent createLoginComponent() {
                LoginComponent loginComponent =
                    new LoginComponentImpl(
                        new LoginModelImpl(
                            ServiceLocator.getInstance()
                                .getService(UserService.class)),
                        new VaadinLoginViewLogic(
                            new HumbleVaadinLoginViewImpl()));
                return loginComponent;
            }
        }
```

Dazu implementieren wir die Handler-Interfaces der Anmeldekomponente direkt an der UI-Klasse und registrieren die UI-Instanz als Handler an der Anmeldekomponente. Je nachdem, ob der Login erfolgreich war oder nicht, wird eine entsprechende Benachrichtigung angezeigt.

Anmelden und Abmelden

Wir haben unsere Anmeldekomponente in die Anwendung integriert. Aber aktuell zeigen wir nur an, ob die Anmeldung erfolgreich war oder nicht. Für einen ersten Test ist das in Ordnung. Aber wir wollen ja eine Anwendung implementieren, und dazu müssen wir uns an- und abmelden können. Daher werden wir für die angemeldeten Benutzer eine weitere UI-Implementierung erstellen, und ein UIProvider, den wir auch noch erstellen werden, wird dann entscheiden, welche UI angezeigt werden soll.

Als Erstes benennen wir unsere aktuelle MvxDemoUI-Klasse in LoginUI um. Dann erstellen wir eine weitere UI-Implementierung, die wir MainUI nennen. Diese repräsentiert die Oberfläche der eigentlichen Anwendung, während LoginUI die Oberfläche für alle Benutzer repräsentiert, die nicht angemeldet sind.

Wenn eine Vaadin-Anwendung aufgerufen wird, greift sie auf einen UIProvider zu, um zu ermitteln, welche UI anzuzeigen ist. Darüber kann man zum Beispiel jeweils eigene Oberflächen für bestimmte Geräte, wie Smartphones oder Tablets, bereitstellen. Wir nutzen diesen Mechanismus für unsere Anmeldung aus und implementieren einen eigenen UIProvider, der prüft, ob ein Benutzer angemeldet ist oder nicht. Ist kein Benutzer angemeldet, dann soll unsere LoginUI angezeigt werden. Andernfalls soll unsere MainUI angezeigt werden.

Wir legen die Klasse LoginAwareUIProvider an, die von DefaultUIProvider ableitet:

```java
public class LoginAwareUIProvider extends DefaultUIProvider {

    private static final long serialVersionUID = 1L;

    @Override
    public Class<? extends UI> getUIClass(UIClassSelectionEvent event) {
        Class<? extends UI> uiClass = super.getUIClass(event);
        if (VaadinSession.getCurrent().getAttribute(
                LoginUI.LOGIN_USER_ID) != null) {
            uiClass = MainUI.class;
        }
        return uiClass;
    }
}
```

Listing 9–17
Implementierung des LoginAwareUIProvider

Wir überschreiben die Methode `getUIClass()`, die die jeweilige Klasse der anzuzeigenden UI zurückliefert. Zuerst holen wir uns die UI-Klasse über die Implementierung von `DefaultUIProvider`, welche über die Konfiguration des `MvxDemoServlet` bestimmt wird. Da wir `MvxDemoUI` in `LoginUI` umbenannt und bisher nichts im Servlet verändert haben, ist dort die `LoginUI` als Standard konfiguriert, und das soll auch so bleiben.

Als Nächstes prüfen wir, ob in der Session eine Benutzerkennung als Attribut gespeichert ist. Ist das der Fall, muss ein Benutzer angemeldet sein, und wir liefern unsere neue `MainUI` Klasse zurück. Andernfalls liefern wir unsere Standard-UI zurück, welche im Servlet konfiguriert ist. Das heißt aber auch, dass wir die Implementierung in `LoginUI` anpassen müssen, denn aktuell wird im Falle einer erfolgreichen Anmeldung nur eine Meldung angezeigt. Daher ändern wir die Implementierung der `onLoginSuccess()`-Methode folgendermaßen:

```java
public class LoginUI extends UI implements LoginSuccessHandler,
        LoginFailedHandler {

    public static final String LOGIN_USER_ID = »LOGIN_USER_ID«;

    ...

    @Override
    public void onLoginSuccess(String userId) {
        this.getSession().setAttribute(LOGIN_USER_ID, userId);
        this.getPage().reload();
    }

    ...

}
```

Listing 9–18
Speichern des Benutzers in der Session

Wir setzen die Benutzerkennung als Attribut in der Session. Dazu benutzen wir die Konstante `LOGIN_USER_ID` als Schlüssel, so wie es der `LoginAwareUIProvider` erwartet. Danach rufen wir die Methode reload() auf dem Page-Objekt auf. Damit wird ein Neuladen der Webseite über den Client erzwungen. Das wiederum führt dazu, dass der entsprechend konfigurierte UIProvider nach der aktuellen UI befragt wird. Somit fehlt nur noch die Anpassung der Konfiguration unseres MvxDemoServlet, so dass unser neuer LoginAwareUIProvider entsprechend genutzt wird:

Listing 9–19
Konfiguration des UIProvider am MvxDemoServlet

```
@WebServlet(
    value = "/*",
    asyncSupported = true,
    initParams = {
        @WebInitParam(
            name = "UIProvider",
            value = "de.vaadinbuch.mvxdemo.LoginAwareUIProvider")
    }
)
@VaadinServletConfiguration(
    productionMode = false,
    ui = LoginUI.class,
    widgetset = "de.vaadinbuch.mvxdemo.MvxDemoWidgetSet")
public class MvxDemoServlet extends VaadinServlet {
    // keine weitere Implementierung.
}
```

Damit können wir uns nun anmelden, und nach der erfolgreichen Anmeldung wird unsere neue MainUI angezeigt. Aktuell ist diese noch leer. Wir benötigen mindestens die Möglichkeit, uns auch wieder abzumelden. Daher fügen wir einen Button, mit dem wir die Abmeldung ausführen können, in die Oberfläche ein. Wird der Abmeldebutton angeklickt, wird folgender Code ausgeführt:

Listing 9–20
Implementierung der Abmeldung

```
private void onLogoutButtonClick() {
    this.getSession().setAttribute(LoginUI.LOGIN_USER_ID, null);
    this.getPage().reload();
}
```

Äquivalent zur Anmeldung löschen wir das Attribut mit der Benutzerkennung in der Session. Danach wird die Webseite wieder neu geladen und der LoginAwareUIProvider nach der UI befragt. Dieser kann keine Benutzerkennung in der Session finden und liefert die LoginUI zurück.

Wir sind nun fertig mit der Implementierung unseres ersten Beispiels – einer Login-Komponente basierend auf dem MVP-Architekturmuster in der Passive-View-Variante. Im unserem nächsten Beispiel werden wir die Supervising-Controller-Variante anhand eines Benutzerprofil-Editors demonstrieren.

Nun können wir uns, nachdem wir das Projekt gebaut haben, an der Anwendung anmelden. Der Benutzername lautet *admin* und das Passwort ist *test1234*.

Die Anmeldedaten des Benutzers sind admin:test1234.

9.7 Entkopplung mit einem Event-Bus

Bei der Umsetzung unserer Anmeldekomponente haben wir die Kommunikation von der View in Richtung Presenter über das Observer-Entwurfsmuster gelöst. Dazu haben wir ein Interface definiert, welches den Presenter aus Sicht der View (als Observer) repräsentiert. Wie wir bereits wissen, sorgt dies für eine Entkopplung auf der Ebene der Datentypen. Auf der Ebene der Laufzeit haben wir aber noch eine direkte Abhängigkeit über die Referenz. Für den Aufbau einer Kommunikationsbeziehung muss sich der Presenter an der View bekannt machen, indem er sich über die Methode setPresenter() registriert. Diese Abhängigkeit lässt sich aber noch auflösen.

Git-Branch: 05-Event-Bus

Dazu müssen wir im ersten Schritt das Presenter-Interface loswerden. Dies erreichen wir, indem wir für jede einzelne Methode eine Event-Klasse erstellen. Unser Presenter-Interface hat die folgenden Methoden:

- onUserIdChange(String currentUid)
- onPasswordChange(String currentPw)
- onLogin()

Daraus erstellen wir die drei folgenden Event-Klassen:

- UserIdChangeEvent
- PasswordChangeEvent
- LoginAttemptEvent

Die Implementierung von UserIdChangeEvent sieht dann folgendermaßen aus:

```
public class UserIdChangeEvent extends EventObject {

    private final String currentUserId;

    public UserIdChangeEvent(LoginView view, String userId) {
        super(view);
        this.currentUserId = userId;
    }

    public String getCurrentUserId() {
        return this.currentUserId;
    }
}
```

Listing 9–21

Implementierung von UserIdChangeEvent

Der Event speichert den Wert der geänderten Benutzerkennung in seiner Instanzkonstante `currentUserId`. Instanzen dieses Events werden ausschließlich von der `LoginView` erzeugt und versendet. Bei der Instanziierung werden die erzeugende View-Instanz und der aktuelle Wert der Benutzerkennung übergeben. Die Referenz der View-Instanz benötigen wir später noch, um die Herkunft des Events bestimmen zu können. Wir leiten von `java.util.EventObject` ab, da diese Klasse schon die Möglichkeit bietet, eine Referenz auf eine *Source* zu speichern. Die Source ist das Objekt, das das Event versendet hat – also der Ursprung des Events. Die Implementierung der anderen Event-Klassen ist ähnlich, daher werden wir diese hier auch nicht mehr weiter erläutern.

Nun haben wir die Events, aber wie versenden wir die Events von der View an den Presenter? Wir könnten für jeden Event ein Listener-Interface erstellen. Der Presenter könnte dann die entsprechenden Listener-Interfaces implementieren und sich an der View registrieren.

Aber damit haben wir nichts gewonnen, denn dies entspräche dem Observer-Entwurfsmuster mit Events und wäre im Prinzip dasselbe, was wir schon bisher implementiert haben, mit dem Unterschied, dass wir dann die Parameter der Interface-Methoden in Event-Objekte gekapselt hätten. Wir bräuchten immer noch eine Referenz von der View auf den Presenter, beziehungsweise der Presenter müsste sich immer noch an der View registrieren.

Um diese Abhängigkeit nun endgültig aufzubrechen, kommen wir zum zweiten Schritt. Wir nutzen einen Event-Bus.

> **Was ist ein Event-Bus?**
>
> Ein Event-Bus arbeitet nach dem *Publish-Subscribe-Prinzip*. Über einen Event-Bus können *Sender,* Objekte (Events) versenden (Publish), die von diesem an *Empfänger* verteilt werden. Dazu registrieren sich die Empfänger am Event-Bus (Subscribe). Bei der Registrierung kann jeder Empfänger bestimmen, für welche Art von Objekt er sich interessiert. Jeder Sender muss Zugriff auf den Event-Bus haben und übergibt ein zu versendendes Objekt an diesen. Der Event-Bus wertet dann aus, welche von den registrierten Empfängern sich für das Objekt interessieren, und sorgt dann dafür, dass das Objekt an die jeweiligen Empfänger verteilt wird.
>
> Das Besondere bei dieser Verfahrensweise ist, dass eine Kommunikation zwischen Sendern und Empfängern stattfinden kann, ohne dass diese Kenntnis voneinander haben müssen. Sie müssen lediglich den Event-Bus kennen. Der Event-Bus arbeitet also als Vermittler zwischen den Sendern und Empfängern. Dadurch sind diese sowohl auf der Ebene der Datentypen als auch auf der Laufzeitebene voneinander entkoppelt.
>
> Ein Event-Bus dient nicht zur Kommunikation über die Grenzen eines Prozesses hinaus, sondern nur für die Kommunikation innerhalb eines Prozesses.

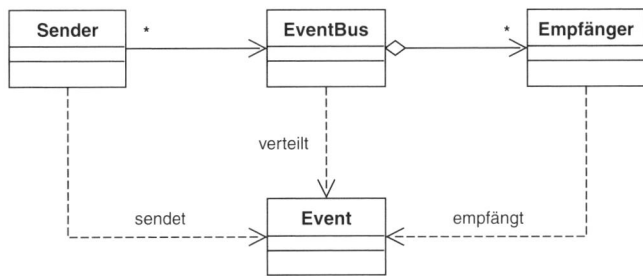

Abb. 9–9
Event-Bus-UML-Diagramm

In unserem Falle werden wir den Event-Bus der Guava-API [GuavaAPI] nutzen.

9.7.1 Der Event-Bus von Guava

Der Event-Bus der Guava-API ist einfach aufgebaut. Daher eignet er sich für unser Beispiel hervorragend. Wir finden den Event-Bus im Paket com.google.common.eventbus. Die Klasse EventBus verfügt über drei Methoden:

- post(Object event)
- register(Object object)
- unregister(Object object)

Die Methode post() dient zum Versenden von Events. Die Events werden global versandt, das heißt, jeder Empfänger kann potenziell jeden versendeten Event empfangen. Die Methoden register() und unregister() dienen dazu, Empfängerobjekte am Event-Bus zu registrieren beziehungsweise zu deregistrieren. Welche Events ein Empfängerobjekt empfangen kann, definiert dieses über Methoden, die mit der Subscribe-Annotation ausgezeichnet werden müssen. Bei der Registrierung ermittelt der Event-Bus über diese Annotation die jeweiligen Empfängermethoden.

Jede Empfängermethode muss public sein und darf nur einen Parameter haben. Der Typ des Parameters bestimmt, welche Art von Event empfangen werden kann. Dabei berücksichtigt der Event-Bus die Typenhierarchie. Alle Event-Objekte, die mit dem Parametertyp einer Empfängermethode kompatibel sind, werden auch an diese verteilt. Das heißt, wenn der Parameter einer Empfängermethode vom Typ Object ist, dann wird jedes Objekt, das über den Event-Bus versendet wird, von diesem an die entsprechende Empfängermethode weitergegeben, da alle Objekte in Java von Object abgeleitet sind.

9.7.2 Umstellung auf den Event-Bus

Anpassen der View

Damit wir aus der View Events versenden können, müssen wir eine Referenz auf den Event-Bus haben. Daher erweitern wir die View um eine weitere Member-Variable, die die Referenz auf den Event-Bus hält[14]. Außerdem erweitern wir den Konstruktor der View, damit wir den Event-Bus entsprechend von außen setzen können. VaadinLoginViewLogic ist die Implementierung der LoginView. Daher erweitern wir diese entsprechend:

Listing 9–22
Erweiterung der VaadinLoginViewLogic

```
public class VaadinLoginViewLogic implements LoginView {

    private final VaadinLoginView view;
    private final EventBus eventBus;

    public VaadinLoginViewLogic(
            VaadinLoginView view, EventBus eventBus) {
        if (view == null) {
            throw new NullPointerException("Undefinierte View!");
        }
        this.view = view;
        if (eventBus == null) {
            throw new NullPointerException(
                "Undefinierter Eventbus!");
        }
        this.eventBus = eventBus;

        this.registerViewListeners();

        this.reset();
    }

    ...

    @SuppressWarnings("serial")
    private void registerViewListeners() {
        this.view.getUserIdField().addTextChangeListener(
            new TextChangeListener() {
                @Override
                public void textChange(TextChangeEvent event) {
                    eventBus.post(new UserIdChangeEvent(
                        VaadinLoginViewLogic.this, event.getText()));
                }
            });
        this.view.getPasswordField().addTextChangeListener(
```

---

14. Man sollte dies auch in einer Oberklasse implementieren, ähnlich wie bei den Presentern.

```
            new TextChangeListener() {
                @Override
                public void textChange(TextChangeEvent event) {
                    eventBus.post(new PasswordChangeEvent(
                        VaadinLoginViewLogic.this, event.getText()));
                }
            });
        this.view.getLoginButton().addClickListener(new ClickListener() {
            @Override
            public void buttonClick(ClickEvent event) {
                eventBus.post(new LoginAttemptEvent(
                    VaadinLoginViewLogic.this));
            }
        });
    }
}
```

In den Listenern können wir nun die empfangenen UI-Events in unsere neuen Events umwandeln und über den Event-Bus versenden.

Anpassen des Presenter

Die Event-Klassen für den Presenter haben wir ja bereits definiert, und das Presenter-Interface wurde aus dem View-Interface entfernt. Nun müssen wir die Implementierung im Presenter anpassen.

Da auch der Presenter in seiner Rolle als Anmeldekomponente Ereignisse nach außen kommuniziert, ergibt es auch Sinn, die Handler-Interfaces der Anmeldekomponente genau wie bei dem Presenter-Interface aufzulösen und für jede Methode ein entsprechendes Event zu erstellen.

Außerdem müssen wir die Methoden aus dem Presenter-Interface anpassen. Da wir das Presenter-Interface gelöscht haben, führt das @Override nun zu einem Kompilierfehler. Wir demonstrieren die Anpassung anhand der Methode onUserIdChange():

```
@Override
public void onUserIdChange(String currentUid) {
    this.updateLoginButtonState(currentUid, this.view.getPassword());
}
```

Listing 9–23
Aktuelle Implementierung von onUserIdChange()

Wir ändern diese folgendermaßen:

```
@Subscribe
public void onUserIdChange(UserIdChangeEvent event) {
    if (event.getSource() == this.view) {
        this.updateLoginButtonState(
            event.getCurrentUserId(), this.view.getPassword());
    }
}
```

Listing 9–24
Umbau von onUserIdChange() zur Event-Empfängermethode

Die @Override-Annotation wird einfach durch @Subscribe ersetzt. Den Methodenparameter currentUid ersetzen wir durch unsere Event-Klasse UserIdChangeEvent, die diesen Wert nun kapselt. Daher müssen wir nur noch currentUid im Code durch den Aufruf von getCurrentUserId() am Event ersetzen.

Da alle Events vom Event-Bus an jeden passenden, registrierten Event-Empfänger weitergeleitet werden, müssen wir sicherstellen, dass der Presenter nur die Events von seiner LoginView-Instanz verarbeitet. Alle anderen müssen ignoriert werden. Deshalb prüfen wir zuerst, ob der übergebene Event von unserer LoginView stammt. Ist dies nicht der Fall, so kehren wir aus der Methode sofort zurück.

Für alle anderen Methoden der Presenter-Interfaces ist die Vorgehensweise dieselbe.

Damit wir die jeweiligen Events auch empfangen können, müssen wir unseren Presenter am Event-Bus registrieren. Da alle Presenter von AbstractPresenter ableiten, werden wir diese Klasse entsprechend erweitern:

Listing 9–25
Erweiterung von AbstractPresenter

```
public abstract class AbstractPresenter<M, V> {

    protected final M model;
    protected final V view;
    protected final EventBus eventBus;

    public AbstractPresenter(M model, V view, EventBus eventBus) {
        if (model == null) {
            throw new NullPointerException("Undefiniertes Model!");
        }
        if (view == null) {
            throw new NullPointerException("Undefinierte View!");
        }
        if (eventBus == null) {
            throw new NullPointerException(
                "Undefinierter Eventbus!");
        }
        this.model = model;
        this.view = view;
        this.eventBus = eventBus;
        this.eventBus.register(this);
    }
}
```

Dies erfordert natürlich auch die Erweiterung der Konstruktoren der Subklassen.

Anpassen der UIs

Nun müssen wir nur noch `LoginUI` und `MainUI` anpassen. Dazu erstellen wir eine Basisklasse `AbstractMvxDemoUI`, die eine Member-Variable auf einen Event-Bus hält.

```
public class AbstractMvxDemoUI extends UI {

    protected EventBus eventBus = new EventBus();
}
```

Listing 9–26
Erweiterung der Basisklasse der UIs

In der `LoginUI` müssen wir dann noch folgende Anpassungen vornehmen:

```
@Theme("mvx-demo")
public class LoginUI extends AbstractMvxDemoUI {

    public static final String LOGIN_USER_ID = "LOGIN_USER_ID";

    @Override
    protected void init(VaadinRequest request) {
        this.eventBus.register(this);

        …

    }

    @Subscribe
    public void onLoginSuccess(LoginSuccessEvent event) {
        this.getSession().setAttribute(
            LOGIN_USER_ID, event.getUserId());
        this.getPage().reload();
    }

    @Subscribe
    public void onLoginFailed(LoginFailedEvent event) {
        Notification.show(
            "Anmeldung fehlgeschlagen!", Type.ERROR_MESSAGE);
    }

    private LoginComponent createLoginComponent() {
        LoginComponent loginComponent = new LoginComponentImpl(
            new LoginModelImpl(
                ServiceLocator.getInstance().getService(
                    UserService.class)),
            new VaadinLoginViewLogic(
                new VaadinLoginViewImpl(), this.eventBus),
            this.eventBus);

        return loginComponent;
    }
}
```

Listing 9–27
Anpassung der LoginUI

Damit wir auch auf die Events unserer Komponenten reagieren können, implementieren wir die entsprechenden Empfängermethoden, ähnlich wie wir es im Presenter gemacht haben, und registrieren die `LoginUI` am Event-Bus als Empfänger. Bei der Erzeugung der Anmeldekomponente übergeben wir die Event-Bus-Instanz an die View und die Komponente.

9.7.3 Vor- und Nachteile von Event Handling

Durch die Verwendung eines Event-Bus haben wir View und Presenter voneinander vollständig entkoppelt. Es besteht weder eine Abhängigkeit über die Datentypen noch auf der Ebene der Laufzeit. Die Kommunikation erfolgt entkoppelt, durch und über den Event-Bus. Auch Ereignisse von der Anmeldekomponente werden nun über den Event-Bus nach außen kommuniziert. Damit haben wir demonstriert, dass Event Handling in Kombination mit einem Event-Bus eine sehr mächtige und elegante Lösung für die entkoppelte Kommunikation darstellt.

Dennoch sollte man Vorsicht bei der Verwendung von Events walten lassen. Denn bei übermäßigem Einsatz kann es zunehmend schwieriger werden, den Überblick zu behalten, vor allem dann, wenn die Events generischer werden. Oft möchte man nicht für jeden Event eine eigene Klasse implementieren, so wie wir es hier in unserem Beispiel getan haben. Dann werden generische Events eingeführt, die in verschiedenen Kontexten wiederverwendet werden können.

Grundsätzlich ist das keine schlechte Idee, aber dadurch wird es auch schwieriger, durch einfaches Lesen des Programmcodes herauszufinden, was genau passiert beziehungsweise wo ein bestimmter Event schließlich zur Laufzeit verarbeitet wird. Das erschwert vor allem Neueinsteigern im Projekt das Verständnis des Systems. Um dies zu vermeiden, sollte man darauf achten, dass die Event-Kommunikation über möglichst wenig Ebenen stattfindet. Je mehr Ebenen, desto schwieriger wird es, die Abläufe nachzuvollziehen.

9.8 Dependency Injection

Heute kommt es nur noch selten vor, dass neue Anwendungen ohne den Einsatz eines *Dependency-Injection-Containers* implementiert werden.

Dependency Injection[15] ist eine besondere Form von *Inversion of Control*[16] – einem Prinzip, bei dem es darum geht, die Kontrolle eines bestimmten Aspekts umzukehren. Im Falle von Dependency Injection

---

15. DI siehe [MFowlerDI]
16. IoC siehe [MFowlerIoC]

bezieht sich die Kontrolle auf den Aufbau und die Verwaltung von Abhängigkeiten zwischen den Objekten einer Anwendung. Die Objekte sind hierbei nicht mehr für die Erzeugung ihrer Abhängigkeiten verantwortlich. Sie definieren nur noch ihre Abhängigkeiten, so dass diese von außen gesetzt werden können, und ein Dependency-Injection-Container übernimmt die Aufgabe des Aufbaus und der Verwaltung der Abhängigkeiten zwischen den Objekten.

Bevor es die ersten Dependency-Injection-Container gab, wurde der Aufbau der Objektbeziehungen in einer Anwendung meist von Hand implementiert. Dabei kamen beispielsweise Entwurfsmuster wie Service Locator oder Singleton zum Einsatz.

Die Implementierung einer Anwendungsinfrastruktur von Hand ist aber sehr aufwendig. Während man mit der Implementierung der Infrastruktur beschäftigt ist, kann man sich nicht auf die eigentlichen Funktionen der Anwendung konzentrieren. Des Weiteren schafft man sich damit zusätzlichen Programmcode, der wiederum Fehler enthalten kann und somit ebenfalls getestet und gewartet werden muss.

Seit es Dependency-Injection-Container gibt, kann man sich einen Großteil der Arbeit ersparen, die für den Aufbau und die Verwaltung einer Anwendungsinfrastruktur notwendig ist. Zudem führt der Einsatz von Dependency Injection zu einem besseren, mehr entkoppelten Design der Programmkomponenten, was auch die Testbarkeit dieser Komponenten erheblich verbessern kann.

In der Vergangenheit wurden meist leichtgewichtige Frameworks mit Dependency-Injection-Containern, wie beispielsweise Spring oder Guice, in der Anwendungsentwicklung eingesetzt. Lange Zeit gab es kein adäquates Gegenstück im Java-EE-Standard. Ab EJB 3.0 war es zwar bedingt möglich, im Zusammenhang mit EJBs Dependency Injection zu nutzen. Dennoch konnte dies nicht mit den leichtgewichtigen Ansätzen der bestehenden Dependency-Injection-Frameworks konkurrieren.

Aber auch in der Java-Enterprise-Welt hat sich diesbezüglich vieles verändert, denn seit einiger Zeit bietet nun auch die Java-EE-Welt eine standardisierte Möglichkeit, Dependency Injection in Java-EE-Anwendungen zu nutzen. Der Name des Standards dahinter lautet *Contexts and Dependency Injection*[17]. Der CDI-Standard stellt Konzepte und Dienste zur Verfügung, die es erlauben, Dependency Injection in Java-EE-Umgebungen einzusetzen.

---

17. CDI, Contexts and Dependency Injection for the Java EE platform siehe [CDI]

In diesem Buch werden wir keine Einführung in CDI geben, aber zu diesem Thema gibt es bereits Bücher und genügend Ressourcen im Internet (für einen Überblick siehe [MBirknerCDI]).

Wir werden nun als Nächstes unsere Beispielanwendung auf CDI umstellen und damit demonstrieren, um wie viel einfacher die Implementierung dadurch werden kann.

Hierzu werden wir *Apache OpenWebBeans* als CDI-Implementierung einsetzen. Ohne eine entsprechende Integration können wir allerdings Vaadin nicht in einem CDI-Container betreiben. Glücklicherweise bietet uns das *Vaadin-CDI-Add-on* diese Integration.

9.8.1 Die Umstellung auf CDI

Um unsere Anwendung auf CDI umzustellen, müssen wir als Erstes das POM unseres Maven-Projektes erweitern. Hierzu ergänzen wir die Projektabhängigkeiten. Wir fügen eine Abhängigkeit zur CDI-API und zum Vaadin-CDI-Add-on hinzu:

Listing 9–28
Abhängigkeiten für CDI im Maven POM

```
...
<dependency>
    <groupId>javax.enterprise</groupId>
    <artifactId>cdi-api</artifactId>
    <version>1.1</version>
    <scope>provided</scope>
</dependency>
<dependency>
<groupId>com.vaadin</groupId>
<artifactId>vaadin-cdi</artifactId>
<version>1.0.0.alpha2</version>
</dependency>
...
```

Die Abhängigkeit zur CDI-API benötigen wir nur zum Übersetzen unseres Quellcodes. Die entsprechende CDI-Implementierung liefert uns die CDI-API dann zur Laufzeit, daher können wir diese Abhängigkeit im Scope *provided* definieren.

Das *jetty-maven-plugin* bietet uns leider keine vollständige Java-EE-Umgebung (zumindest keine mit einer CDI-Implementierung), daher werden wir es durch das *tomee-maven-plugin* ersetzen. Der durch das Plugin mitgelieferte Tomcat-Server beinhaltet die Apache-OpenWebBeans-CDI-Implementierung:

```xml
…
<plugin>
<groupId>org.apache.openejb.maven</groupId>
<artifactId>tomee-maven-plugin</artifactId>
<version>1.6.0</version>
<configuration>
    <tomeeVersion>1.6.0</tomeeVersion>
</configuration>
</plugin>
…
```

Listing 9–29
Eintrag im Maven-POM für das tomee-maven-plugin

Um CDI in unserer Anwendung zu aktivieren, müssen wir noch eine Datei mit dem Namen `beans.xml` im `WEB-INF`-Verzeichnis erstellen. Diese Datei kann leer sein. Wichtig ist nur, dass sie vorhanden ist.

Unser Server ist nun entsprechend konfiguriert. Um ihn später zu starten, geben wir folgendes Kommando im Projektverzeichnis auf der Kommandozeile ein:

```
mvn tomee:run
```

Listing 9–30
Kommando, um den Tomcat-Server zu starten

Was uns jetzt noch fehlt, ist die Umstellung des Anwendungscodes auf Dependency Injection mit CDI.

9.8.2 Umstellung der Anwendung

Um unsere Anwendung auf CDI umzustellen, müssen wir glücklicherweise nicht allzu viel verändern. Vor allem müssen wir keine Klassen hinzufügen. Im Gegenteil: Größtenteils müssen wir nur entfernen.

Git-Branch: 06-CDI-Integration

Der Event-Bus ist nun nicht mehr notwendig, da wir jetzt den Event-Mechanismus von CDI dazu nutzen können, um unsere Events zu versenden. Des Weiteren werden wir die Instanzen unserer Komponenten nun nicht mehr von Hand erzeugen müssen. Stattdessen werden wir uns an den jeweiligen Stellen einfach die benötigten Instanzen vom CDI-Container injizieren lassen. Das ist eine erhebliche Erleichterung, denn wir müssen uns keine Gedanken darum machen, wo wir den Programmcode unterbringen, der für die Erzeugung der Instanzen und die Herstellung der Verbindungen verantwortlich ist.

An den Interfaces unserer Anmeldekomponente müssen wir nichts verändern. Lediglich an einigen der Implementierungen müssen wir ein paar Veränderungen vornehmen. An den Event-Klassen ist keine Änderung notwendig.

Die Klasse `LoginUIAwareUIProvider` leitet nun nicht mehr direkt von `DefaultUIProvider` ab, sondern von der Klasse `CDIUIProvider`, die mit dem Vaadin-CDI-Add-on ausgeliefert wird. Die Klasse `CDIUIProvider` ist ihrerseits eine Ableitung von `DefaultUIProvider` und sorgt für die Auslieferung der CDI-aktivierten `UI`-Implementierungen.

Das führt uns zu den beiden `UI`-Klassen `LoginUI` und `MainUI`. Diese müssen wir mit der Annotation `@CDIUI` versehen. Diese Annotation ist keine Annotation aus dem CDI-Standard, sondern wird vom Vaadin-CDI-Add-on bereitgestellt. Sie dient zur Markierung einer `UI`-Klasse für das Add-on. Das Vaadin-CDI-Add-on sucht nach allen `UI`-Klassen, die mit dieser Annotation annotiert wurden. Die Annotation kann auch optional mit dem Parameterwert `value` versehen werden, der einen eindeutigen Namen definiert. Wenn man mehrere `UI`-Klassen hat, so wie wir in unserer Anwendung, dann müssen die `UI`-Klassen unterschieden werden können. Eine `UI`-Klasse kann ohne Namen definiert werden. Diese dient dann als Standardoberfläche, die unter dem Basiskontext[18] erreichbar ist. Jede weitere `UI`-Klasse muss einen eindeutigen Namen erhalten. `LoginUI` ist unsere Standardoberfläche, und der Klasse `MainUI` geben wir den Namen *main*, indem wir sie mit `@CDI(value=«main»)` annotieren.

> **Das URL-Mapping von CDIUIProvider wird überbrückt**
>
> Normalerweise sorgt die Implementierung von `CDIUIProvider` dafür, dass jede UI-Implementierung unter einer bestimmten Kontext-URL erreichbar ist. Diese setzt sich aus dem Basiskontext und dem Namen der UI aus der Annotation zusammen. Im Falle von `MainUI` ist die Kontext-URL beispielsweise: http://localhost:8080/vaadin-mvx-demo-1.0.0-SNAPSHOT/main
> In unserem Fall wird dieses URL-Mapping aber durch die Implementierung von `LoginUIAwareUIProvider` überbrückt. Das heißt, dass es egal ist, über welche Kontext-URL man die Anwendung aufruft, solange diese eine Variante des Basiskontexts ist. `LoginUIAwareUIProvider` liefert, abhängig davon, ob ein Benutzer angemeldet ist oder nicht, eine Instanz von `MainUI` oder `LoginUI` zurück.

In der Klasse `LoginUI` können wir nun die Member-Variable, die den Event-Bus referenziert hat, entfernen. Das Registrieren der `UI`-Instanz am Event-Bus in der Methode `init()` ist damit auch überflüssig und muss entfernt werden. Weiterhin können wir die private Methode `createLoginComponent()`, die die Anmeldekomponente erzeugt hat, ebenfalls entfernen. Denn nun reicht es aus, wenn wir die entsprechende Member-Variable mit einem `@Inject` versehen. Diese Annotation teilt dem CDI-Container mit, dass an dieser Stelle eine Instanz einer `LoginComponent` injiziert werden soll.

Da wir den Event-Bus nun nicht mehr nutzen, müssen wir noch die beiden Event-Handler-Methoden anpassen. Dazu entfernen wir die Annotation `@Subscribe` und ersetzen sie durch die Annotation `@Obser-

---

18. in unserem Fall http://localhost:8080/vaadin-mvx-demo-1.0.0-SNAPSHOT

ves, die nun an den Event-Parameter der Methode geheftet wird und im Prinzip denselben Zweck erfüllt:

```
@CDIUI
@Theme("mvx-demo")
@SuppressWarnings("serial")
public class LoginUI extends UI {

    @Inject
    private LoginComponent loginComponent;

    public static final String LOGIN_USER_ID = "LOGIN_USER_ID";

    public void onLoginSuccess(@Observes LoginSuccessEvent event) {
        this.getSession().setAttribute(LOGIN_USER_ID, event.getUserId());
        this.getPage().reload();
    }

    public void onLoginFailed(@Observes LoginFailedEvent event) {
        Notification.show(
            "Anmeldung fehlgeschlagen!", Type.ERROR_MESSAGE);
    }

    @Override
    protected void init(VaadinRequest request) {
        Component loginView = this.loginComponent.getViewAs(
            Component.class);
        VerticalLayout layout = new VerticalLayout();
        layout.addComponent(loginView);
        layout.setComponentAlignment(
            loginView, Alignment.MIDDLE_CENTER);
        layout.setSizeFull();

        this.setContent(layout);
        this.setSizeFull();
    }
}
```

Listing 9–31
Anpassungen in der Klasse LoginUI

9.8.2.1 Änderungen im Domänenmodell

Aktuell bekommen wir Zugriff auf den UserService, indem wir über die Singleton-Instanz des ServiceLocator die jeweilige ServiceProvider-Instanz holen und über diese dann auf die Instanz des UserService zugreifen. Den ServiceLocator und die ServiceProvider haben wir nur benötigt, um an die jeweiligen Serviceinstanzen zu gelangen.

Durch den Einsatz von CDI benötigen wir das alles nun nicht mehr. Wir brauchen nur noch das UserService-Interface und dessen Implementierung DummyUserService. Den ServiceLocator, das Service-Provider-Interface und dessen Implementierung können wir entfernen.

Dennoch müssen wir noch eine Kleinigkeit an der Klasse Dummy-UserService hinzufügen, damit die Serviceinstanz später nur einmal für die gesamte Anwendung erzeugt wird:

Listing 9–32
Erweiterung der Klasse DummyUserService für CDI

```
@ApplicationScoped
public class DummyUserService implements UserService {
    …
```

Mit der Annotation @ApplicationScoped teilen wir CDI mit, dass der Lebenszyklus unserer Serviceinstanz an den Lebenszyklus der Anwendung gekoppelt ist. Das heißt, die Serviceinstanz wird so lange existieren, wie die Anwendung existiert.

9.8.2.2 Änderungen im Model

Als Nächstes widmen wir uns der Model-Implementierung. Hier müssen wir ebenfalls nicht sehr viel verändern. Da die Klasse LoginModelImpl bei der Instanziierung den UserService benötigt, müssen wir hier dafür sorgen, dass die Serviceinstanz vom CDI-Container injiziert wird. Um das zu erreichen, müssen wir lediglich den Konstruktor mit der Annotation @Inject versehen:

Listing 9–33
Anpassung von LoginModelImpl für CDI

```
@Inject
public LoginModelImpl(UserService userService) {
    if (userService == null) {
        throw new NullPointerException("Undefinierter UserService!");
    }
    this.userService = userService;
}
```

9.8.2.3 Änderungen an der View

VaadinLoginViewLogic benötigt bei der Instanziierung eine Instanz einer VaadinLoginView. Daher müssen wir, genau wie bei LoginModelImpl, den Konstruktor mit einem @Inject versehen.

Da wir den Event-Bus durch den Event-Mechanismus von CDI ersetzen, müssen wir diesen entfernen und stattdessen für jeden Event eine Instanz von javax.enterprice.event.Event als Member-Variable einrichten.

Eine Instanz von javax.enterprice.event.Event dient als Sendekanal für Events eines bestimmten Typs. VaadinLoginViewLogic versendet die folgenden drei Event-Typen:

- UserIdChangeEvent
- PasswordChangeEvent
- LoginAttemptEvent

Für jeden dieser Event-Typen legen wir eine entsprechende Member-Variable an:

9.8 Dependency Injection

```java
public class VaadinLoginViewLogic implements LoginView {

    private final VaadinLoginView view;

    @Inject
    Event<UserIdChangeEvent> userIdChangedEventSink;
    @Inject
    Event<PasswordChangeEvent> passwordChangeEventSink;
    @Inject
    Event<LoginAttemptEvent> loginAttemptEventSink;

    ...
```

Listing 9–34
Definition der Event-Kanäle für VaadinLoginViewLogic

Die Member-Variablen werden als *package-private* definiert. Damit können wir die Event-Instanzen in unseren Unit-Tests durch Mocks ersetzen.

In den Vaadin-Event-Listenern müssen wir dann noch die post()-Aufrufe auf den Event-Bus durch entsprechende fire()-Aufrufe auf den jeweiligen Event-Kanal ersetzen:

```java
    ...
    private void registerViewListeners() {
        this.view.getUserIdField().addTextChangeListener(
            new TextChangeListener() {
                @Override
                public void textChange(TextChangeEvent event) {
                    userIdChangedEventSink.fire(
                        new UserIdChangeEvent(
                            VaadinLoginViewLogic.this,
                            event.getText()));
                }
        });
        this.view.getPasswordField().addTextChangeListener(
            new TextChangeListener() {
                @Override
                public void textChange(TextChangeEvent event) {
                    passwordChangeEventSink.fire(
                        new PasswordChangeEvent(
                            VaadinLoginViewLogic.this,
                            event.getText()));
                }
        });
        this.view.getLoginButton().addClickListener(new ClickListener() {
            @Override
            public void buttonClick(ClickEvent event) {
                loginAttemptEventSink.fire(
                    new LoginAttemptEvent(
                        VaadinLoginViewLogic.this));
            }
        });
    }
```

Listing 9–35
Senden der Events über CDI

An `VaadinLoginView` müssen wir nichts anpassen, da diese Klasse keine weiteren Abhängigkeiten besitzt.

9.8.2.4 Änderungen im Presenter

Auch hier müssen wir den Event-Bus aus `AbstractPresenter` entfernen und die Konstruktoren entsprechend anpassen. Durch die Abhängigkeit zum `LoginModel` und der `LoginView` bei der Konstruktion müssen wir auch dafür sorgen, dass diese beiden Instanzen vom CDI-Container injiziert werden. Das machen wir, indem wir auch hier den Konstruktor mit `@Inject` annotieren.

Die Klasse `LoginComponentImpl` stellen wir in den Kontext der UI, indem wir die Klasse mit `@UIScoped` annotieren. Dies ist ebenfalls eine Annotation aus Vaadin-CDI-Add-on. Instanzen, die im Kontext der UI erzeugt werden, hängen am Lebenszyklus der jeweiligen `UI`-Instanz, in deren Kontext sie erzeugt wurden.

> **Klassen ohne Scope haben den Default Scope @Dependent**
>
> Wir haben nur bestimmte Klassen mit Scope-Annotationen versehen. In unserem Fall `DummyUserService` mit `@ApplicationScoped` und `LoginComponentImpl` mit dem Scope `@UIScoped`. Das heißt aber nicht, dass die Klassen, die keine Scope-Annotation haben, auch keinen Scope haben. Alle Klassen haben in CDI automatisch einen Scope, wenn wir keinen Scope explizit per Annotation definieren. Dieser ist standardmäßig `@Dependent` und bedeutet, dass eine Objektinstanz vom Lebenszyklus der Objektinstanz abhängig ist, in welche diese injiziert wird. Für Klassen, die den Dependent-Scope haben, heißt das, dass für diese bei jedem Injizierungsvorgang eine neue Instanz erstellt wird. Anders ist dies beispielsweise bei unserer `DummyUserService` Bean, die nur einmal für die gesamte Anwendung instanziiert wird.

Schließlich müssen wir noch die Event-Empfängermethoden anpassen, und da auch die Komponente Events versendet, müssen wir hier ebenfalls für jeden Event-Typen eine Member-Variable für den Event-Kanal injizieren, und die `post()`-Aufrufe auf den Event-Bus müssen durch entsprechende `fire()`-Aufrufe auf den jeweiligen Event-Kanal ersetzt werden.

Damit sind wir mit der Umstellung unserer Anwendung auf CDI fertig.

9.9 Der Profileditor in der MVP-Variante

Für die Demonstration der MVP-Supervising-Controller-Variante werden wir nun eine Profileditor-Komponente implementieren und in die Anwendung integrieren. Auch hier werden wir, bevor wir mit der Implementierung beginnen, erst einmal einen Mockup für die Oberfläche unseres Profileditors anfertigen, so dass wir eine Vorstellung davon haben, wie dieser aussehen und was er können soll:

*Git-Branch:
07-Profileditor-MVP-Supervising-Controller*

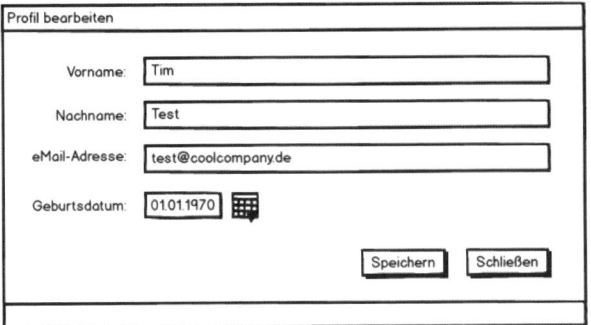

Abb. 9–10

Mockup des Profileditors

Wir werden unseren Profileditor in einem Dialogfenster anzeigen, so dass man als angemeldeter Benutzer jederzeit auf sein Profil zugreifen kann. Dazu werden wir in die Oberfläche der Anwendung einen Button in die linke obere Ecke, gegenüber dem Button für die Abmeldung einfügen. Ansonsten werden wir keine besonderen Funktionalitäten in der Oberfläche unseres Profileditors haben. Der Benutzer kann seinen Vornamen und Nachnamen sowie E-Mail-Adresse und Geburtsdatum ändern. Hat er dies getan, können die Änderungen mit dem Button *Speichern* gespeichert werden. Des Weiteren kann der Dialog mit dem Button *Schließen* jederzeit geschlossen werden. Alle Änderungen, die zu diesem Zeitpunkt noch nicht gespeichert wurden, werden dadurch verworfen.

Wir gehen im Prinzip genauso vor wie bei der Entwicklung unserer Anmeldekomponente.

9.9.1 Schnittstellendefinition und Implementierung

9.9.1.1 Das Model

Die Definition des Model-Interface sieht wie folgt aus:

Listing 9–36
Das Model-Interface der Profileditor-Komponente

```
public interface ProfileEditorModel {
    public class ProfileSaveFailedException extends Exception {
        public ProfileSaveFailedException(String message) {
            super(message);
        }
        public ProfileSaveFailedException(String message, Exception e) {
            super(message, e);
        }
    }
    User getUser(String userId);
    void saveUser(User user) throws ProfileSaveFailedException;
}
```

Um das Profil eines Benutzers zu bearbeiten, müssen wir auf dessen Daten Zugriff haben. Die Methode `getUser()` liefert uns das Domänenobjekt des Benutzers. Mit `saveUser()` können wir die Benutzerdaten speichern, indem wir der Methode das geänderte Domänenobjekt übergeben. Falls ein Fehler während des Speicherns auftreten sollte, wirft die `saveUser()`-Methode eine `ProfileSaveFailedException`. Diese Exception ist Teil unserer Schnittstelle, und daher definieren wir sie auch als eingebettete Klasse.

Durch die Verwendung von `User` an unserer Schnittstelle machen wir uns vom Domänenmodell abhängig. Wenn wir uns erinnern, hatten wir aber zu Anfang dieses Kapitels gesagt, dass das Model die Domänenschicht kapseln soll, um Abhängigkeiten zu dieser zu vermeiden.

Im Prinzip ist das auch richtig. Daher wäre es – aus architektureller Sicht betrachtet – sauberer, wenn wir einen eigenen Datentypen für den Benutzer erstellen würden. In vielen Fällen, so wie in unserem, ist es jedoch durchaus vertretbar, wenn man die Datentypen aus dem Domänenmodell weiterreicht. Nun stellt sich natürlich die Frage, wann es sinnvoll ist, die Datentypen des Domänenmodells weiter zu verwenden und wann man besser eigene Datentypen verwenden sollte?

Will man eine vollständige Unabhängigkeit von der Domänenschicht, so kommt man um die Kapselung der Datentypen des Domänenmodells durch eigene Datentypen nicht herum. Soll eine bestimmte Komponente auch in anderen Anwendungen eingesetzt werden können, die eventuell auf einer anderen Domäne basiert, dann ist es ebenfalls notwendig, für die verwendeten Datentypen aus dem Domänenmodell eigene Datentypen zu definieren. Diese können dann zum Beispiel die jeweiligen Datentypen des Domänenmodells einfach adaptieren.

Wenn wir unsere Profileditor-Komponente in anderen Anwendungen einsetzen wollten, müssten wir einen eigenen Datentypen für den Benutzer, zum Beispiel UserProfile, anlegen. Diesen könnten wir als Interface definieren und dafür dann eine entsprechende Adapterimplementierung erstellen, die das jeweilige User-Objekt adaptiert. Das würde dann beispielsweise so aussehen:

```java
public class UserProfileImpl implements UserProfile {

    private final User adaptedUser;

    public UserProfile(User userToAdapt) {
        this.adaptedUser = userToAdapt;
    }

    @Override
    public String getFirstName() {
        return this.adaptedUser.getFirstName();
    }

    @Override
    public void setFirstName(String name) {
        this.adaptedUser.setFirstName(name);
    }

    // usw.
    …

}
```

Listing 9–37
Beispielimplementierung eines Adapters auf ein User-Objekt

Ist aber eine Komponente nur speziell im Kontext einer bestimmten Anwendung nützlich und in anderen Anwendungen nicht wiederverwendbar, dann ist eine solche Kapselung nicht notwendig.

> **Leichtgewichtige vs. schwergewichtige Datenobjekte**
>
> Es gibt jedoch noch ein weiteres Kriterium, das darüber entscheidet, ob man besser die Datentypen aus dem Domänenmodell oder eigene verwendet.
>
> Repräsentiert der Datentyp aus dem Domänenmodell ein *schwergewichtiges* Datenobjekt, dann ist es besser, einen eigenen, *leichtgewichtigen* Datentypen zu definieren, der eine Kopie der Daten aus dem schwergewichtigen Datenobjekt enthält. Oder anders formuliert: Leichtgewichtige Datentypen können weitergenutzt werden. Bei schwergewichtigen Datentypen müssen stattdessen eigene, leichtgewichtige Datentypen erstellt und verwendet werden.
>
> Wir bezeichnen Datenobjekte als schwergewichtig, wenn sie neben den reinen Daten auch Logik enthalten. Zum Beispiel Datenobjekte, die eine implizite Verbindung zu ihrer Datenquelle haben und bei Zugriffen aktiv Daten aus dieser nachladen.
>
> Typischerweise existieren solche Objekte auch nur einmal pro Entität. Würden wir diese bis in die View weiterreichen, kann dies Probleme bereiten. Insbesondere wenn Nebenläufigkeit (Multithreading) mit ins Spiel kommt. Dann müssen die Zugriffe synchronisiert werden, was wieder weitere Probleme mit sich bringt.
>
> Im Gegensatz dazu haben leichtgewichtige Datenobjekte keine Logik und enthalten lediglich einen Abzug der Daten einer Entität zu einem gewissen Zeitpunkt. Solche Datenobjekte können dann typischerweise mehrfach pro Entität existieren. Einfache JavaBean-Typen fallen zum Beispiel unter diese Kategorie. Die Klasse `User` ist so eine simple JavaBean und muss daher nicht unbedingt gekapselt werden.

Die Implementierung

Die Implementierung des Model gestaltet sich als recht einfach:

*Listing 9–38
Implementierung des Model der Profileditor-Komponente*

```java
public class ProfileEditorModelImpl implements ProfileEditorModel {

    private final UserService userService;

    @Inject
    public ProfileEditorModelImpl(UserService service) {
        this.userService = service;
    }

    @Override
    public User getUser(String userId) {
        return this.userService.getUser(userId);
    }

    @Override
    public void saveUser(User user) throws ProfileSaveFailedException {
        try {
            this.userService.storeUser(user);
        } catch (Exception e) {
            throw new ProfileSaveFailedException(
```

```
            "Speichern des Benutzers " + user.getUserId() +
            "ist fehlgeschlagen!", e);
      }
   }
}
```

Genau wie bei der Anmeldekomponente benötigen wir hier auch den `UserService`, um uns eine `User`-Instanz holen zu können. Die Aufrufe auf `getUser()` und `saveUser()` reichen wir einfach eins zu eins weiter an den `UserService`. Im Falle eines Fehlschlags beim Speichern werfen wir eine `ProfileSaveFailedException`, in der wir die Exception der Ursache speichern.

9.9.1.2 Die View

Als Nächstes definieren wir das Interface der View, welches sehr übersichtlich und einfach ist:

```
public interface ProfileEditorView {
    void setUserToEdit(User user);
}
```

Listing 9–39
View-Interface der Profileditor-Komponente

Im Unterschied zur Passive-View-Variante, die wir bei der Implementierung der Anmeldekomponente eingesetzt haben, gibt es keine Methoden im View-Interface, die zur Steuerung der View dienen. Denn in der Supervising-Controller-Variante hat der Presenter nur noch die Aufgabe, Anfragen aus der View zu verarbeiten. Die Logik zur Steuerung der Anzeige liegt nun in der View. Daher benötigen wir lediglich die Methode `setUserToEdit()` im View-Interface, über die wir das Domänenobjekt des Benutzers, dessen Profil bearbeitet werden soll, an die View übergeben. Dieses `User`-Objekt dient uns dann als Datenmodell für die Datenanbindung in der View. Denn wie wir am Anfang dieses Kapitels erwähnt haben, bietet Vaadin schon eine Lösung zur Datenanbindung.

Die Implementierung

Bei der Implementierung der View gehen wir ebenfalls so vor, wie wir es zuletzt bei der Anmeldekomponente getan haben. Wir teilen die Implementierung auf zwei Klassen auf. Eine für die reine Darstellung der Oberfläche – die *Humble View*. Die zweite, die die Oberflächenlogik repräsentiert und auch unser `ProfileEditorView`-Interface implementiert. Die Implementierung der Oberflächenlogik sieht dann folgendermaßen aus:

Listing 9–40
Implementierung der View-Logik der Profileditor-Komponente

```java
public class VaadinProfileEditorViewLogic implements ProfileEditorView {
    private final VaadinProfileEditorView view;
    private final UserHolder userHolder = new UserHolder();
    private final FieldGroup fieldBinding;

    @Inject
    Event<SaveUserEvent> saveUserEvent;
    @Inject
    Event<CancelEditingEvent> cancelEditingEvent;

    @Inject
    public VaadinProfileEditorViewLogic(
            VaadinProfileEditorView view) {
        this(view, new FieldGroup());
    }

    VaadinProfileEditorViewLogic(
            VaadinProfileEditorView view, FieldGroup fieldGroup) {
        this.view = view;
        this.fieldBinding = fieldGroup;
        this.buildFieldBinding();
        this.registerListeners();
    }

    @Override
    public void setUserToEdit(User user) {
        this.userHolder.setUser(user);
        this.fieldBinding.discard();
    }

    @Override
    public <T> T getViewAs(Class<T> type)
            throws UnsupportedViewTypeException {
        if (type.isAssignableFrom(this.view.getClass())) {
            return (T) this.view;
        }
        throw new UnsupportedViewTypeException (
            "Der übergebene Viewtyp wird nicht unterstützt: " +
            type.getName());
    }

    private void buildFieldBinding() {
        this.fieldBinding.setItemDataSource(
            new BeanItem<UserHolder>(this.userHolder));
        this.fieldBinding.bind(
            this.view.getFirstNameField(), "firstName");
        this.fieldBinding.bind(this.view.getLastNameField(), "lastName");
        this.fieldBinding.bind(
            this.view.getEmaiAddressField(), "emailAddress");
        this.fieldBinding.bind(this.view.getDateOfBirth(), "dateOfBirth");
    }
```

```java
private void registerListeners() {
    this.view.getSaveButton().addClickListener(new ClickListener() {
        @Override
        public void buttonClick(ClickEvent event) {
            onSaveButtonClicked();
        }
    });
    this.view.getCloseButton().addClickListener(new ClickListener() {
        @Override
        public void buttonClick(ClickEvent event) {
            onCancelButtonClicked();
        }
    });
}

private void onSaveButtonClicked() {
    try {
        this.fieldBinding.commit();
        this.saveUserEvent.fire(
            new SaveUserEvent(this, userHolder.getUser()));
    } catch (CommitException e) {
        Notification.show("Daten konnten nicht übertragen werden!",
            e.getMessage(), Type.TRAY_NOTIFICATION);
    }
}

private void onCancelButtonClicked() {
    this.fieldBinding.discard();
    this.cancelEditingEvent.fire(new CancelEditingEvent(this));
}
```

Wie wir sehen können, passiert in dieser View-Implementierung schon einiges mehr als bei der Anmeldekomponente. Vieles ist ähnlich, wie die Implementierung der getViewAs()-Methode aus dem ViewAccess-Interface. Auch das Registrieren der Listener und die Definition privater Methoden zur Verarbeitung der Events unterscheiden sich nicht.

Die Datenanbindung

Was aber sofort auffällt, sind die beiden Member userHolder und fieldBinding. Diese beiden Objekte bilden die Datenanbindung, die sich bei der Supervising-Controller-Variante um die Synchronisierung der Daten kümmern soll. Die Klasse com.vaadin.data.fieldgroup.FieldGroup sorgt für die Verbindung der Daten aus dem User-Objekt, welches unser viewseitiges Datenmodell repräsentiert, mit den einzelnen Oberflächenkomponenten des Profileditors. In der privaten Methode buildFieldBinding() wird diese Verbindung aufgebaut. Dazu wird eine Instanz eines BeanItem erstellt und als Datenquelle an der

FieldGroup gesetzt. Das BeanItem wiederum bekommt bei seiner Instanziierung userHolder übergeben. Mit dem Aufruf der Methode bind() auf der FieldGroup stellen wir eine Verbindung zwischen einer Oberflächenkomponente und einer Bean-Property von UserHolder her. Diese Verbindung sorgt dafür, dass die Daten der Oberflächenkomponente in die entsprechend verbundene Bean-Property des UserHolder-Objekts übertragen werden können. Nun stellt sich noch die Frage, welchen Zweck das UserHolder-Objekt hat.

Wie der Name schon verrät, ist es die Aufgabe von UserHolder, eine Instanz eines User-Objekts zu halten. Hinter der Klasse UserHolder verbirgt sich das Adapter-Entwurfsmuster (siehe [GoF94]). UserHolder adaptiert ein User-Objekt. Dies ermöglicht es uns, initial eine Datenanbindung aufzubauen, ohne dass wir ein User-Objekt benötigen. Indem das UserHolder-Objekt die Rolle eines Stellvertreters[19] für ein User-Objekt repräsentiert, können wir das User-Objekt jederzeit austauschen, ohne jedes Mal die Verbindung zum vorherigen User-Objekt auflösen zu müssen, um dann die Verbindung zum neuen User-Objekt wieder aufzubauen. Hier ein Auszug aus der Implementierung von UserHolder:

Listing 9–41
Auszug aus der Implementierung von UserHolder

```
public class UserHolder {
    private User user;
    public User getUser() {
        return this.user;
    }
    public void setUser(User user) {
        this.user = user;
    }
    public String getFirstName() {
        return this.user != null ? this.user.getFirstName() : "";
    }
    public void setFirstName(String firstName) {
        if (this.user != null) {
            this.user.setFirstName(firstName);
        }
    }
    ...
}
```

In der Methode setUserToEdit() von VaadinProfileEditorViewLogic wird dann zuerst das User-Objekt an userHolder ausgetauscht, und mit

---

19. Hätten wir ein Interface für User, könnten wir stattdessen das Proxy-Entwurfsmuster verwenden.

einem Aufruf von `discard()` auf `fieldBinding` werden die Werte aus dem `User`-Objekt in die Oberflächenkomponenten übertragen.

Die Verbindung zwischen den Oberflächenelementen und `UserHolder` sorgt nicht für eine direkte Übertragung von Änderungen in der Oberfläche zum `UserHolder`-Objekt. Alle Eingabekomponenten von Vaadin unterstützen eine Pufferung der Werte, die standardmäßig eingeschaltet ist. Daher wandern die Eingaben auf der Oberfläche nicht direkt in das `UserHolder`-Objekt und damit in das `User`-Objekt. Erst wenn auf der `FieldGroup`-Instanz die Methode `commit()` aufgerufen wird, werden die Werte übertragen. Wenn der Button *Speichern* in der Oberfläche angeklickt wird, werden zuerst mit dem Aufruf von `commit()` die gepufferten Werte aus der Oberfläche über den `UserHolder` in das `User`-Objekt übertragen. Danach wird das `User`-Objekt an den Presenter zum Speichern übergeben.

Wird der Button *Schließen* angeklickt, werden zuerst mit dem Aufruf von `discard()` die gepufferten Werte der Oberfläche mit den Werten aus dem `User`-Objekt überschrieben, was einem Zurücksetzen gleichkommt. Danach wird dieses Ereignis über ein `CancelEditingEvent` an den Presenter weitergegeben.

9.9.1.3 Die Komponente

Nun fehlt uns nur noch das Interface der Komponente:

```
public interface ProfileEditorComponent extends ViewAccessor {
    void editProfileUser(String userId);
}
```

*Listing 9–42
Komponenten-Interface des Profileditors*

Genau wie bei der Anmeldekomponente erweitern wir das Interface mit dem Interface `ViewAccessor`, so dass wir über die Komponente Zugriff auf die Instanz der View haben. Anders als bei der Anmeldekomponente definieren wir hier die Methode `editProfileUser()`, über die der Nutzer der Komponente bestimmen kann, von welchem Benutzer das Profil im Profileditor bearbeitet werden soll.

Die Implementierung

Die Implementierung der Profileditor-Komponente unterscheidet sich im Prinzip nicht sonderlich von der Implementierung der Anmeldekomponente:

Listing 9–43
Die Implementierung des Profileditors

```
@UIScoped
public class ProfileEditorComponentImpl
extends AbstractPresenter<ProfileEditorModel, ProfileEditorView>
implements ProfileEditorComponent {

    @Inject
    Event<SaveSuccessEvent> saveSuccessEvent;
    @Inject
    Event<SaveFailedEvent> saveFailedEvent;
    @Inject
    Event<StopEditingEvent> stopEditingEvent;

    @Inject
    public ProfileEditorComponentImpl(
            ProfileEditorModel model, ProfileEditorView view) {
        super(model, view);
    }

    @Override
    public void editProfileUser(String userId) {
        this.view.setUserToEdit(this.model.getUser(userId));
    }

    @Override
    public <T> T getViewAs(Class<T> type) {
        return this.view.getViewAs(type);
    }

    public void saveUser(@Observes SaveUserEvent event) {
        if (event.getSource() == this.view) {
            try {
                this.model.saveUser(event.getUser());
                this.saveSuccessEvent.fire(new SaveSuccessEvent(
                    this, event.getUser().getUserId()));
            } catch (ProfileSaveFailedException e) {
                this.saveFailedEvent.fire(new SaveFailedEvent(this, e));
            }
        }
    }

    public void cancelEditing(@Observes CancelEditingEvent event) {
        if (event.getSource() == this.view) {
            this.stopEditingEvent.fire(new StopEditingEvent(this));
        }
    }
}
```

In der Methode `editProfileUser()` holen wir uns mit der übergebenen Benutzerkennung das Objekt des Benutzers vom Model und übergeben es an die View.

In der Methode `saveUser()` reichen wir das von der View zum Speichern übergebene `User`-Objekt einfach an das Model weiter, welches sich dann um die Speicherung der Daten kümmert. Wurden die Daten erfolgreich gespeichert, wird ein `SaveSuccessEvent` versendet. Andernfalls wird ein `SaveFailedEvent` versendet. In der Methode `cancelEditing()` senden wir einfach für das erhaltene `CancelEditingEvent` ein `StopEditingEvent`.

9.9.1.4 Die Integration in die Anwendung

Damit ist nun auch unsere Profileditor-Komponente fertig implementiert, und wir können diese in die Anwendung integrieren. Dazu fügen wir einen weiteren Button in die rechte obere Ecke der `MainUI` ein, registrieren einen `ClickListener`, der an eine private Methode delegiert:

Listing 9–44
Integration der Profileditor-Komponente in die MainUI

```java
@CDIUI(value = "main")
@Theme("mvx-demo")
public class MainUI extends UI {

    private Window window = new Window("Profil bearbeiten");

    @Inject
    private ProfileEditorComponent profileEditor;

    public void onSaveSuccessful(@Observes SaveSuccessEvent event) {
        Notification.show("Profildaten wurden für Benutzer" +
            event.getUserId() + "gespeichert.",
            Type.TRAY_NOTIFICATION);
    }

    public void onSaveFailed(@Observes SaveFailedEvent event) {
        Notification.show(
            "Profildaten konnten nicht gespeichert werden!",
            event.getCause().getMessage(), Type.ERROR_MESSAGE);
    }

    public void onStopEditing(@Observes StopEditingEvent event) {
        this.window.close();
    }

    @Override
    protected void init(VaadinRequest request) {
        Button logoutBTN = new Button("Abmelden");
        logoutBTN.addClickListener(new ClickListener() {
            @Override
            public void buttonClick(ClickEvent event) {
                onLogoutButtonClick();
            }
        });

        Button profileEditBTN = new Button("Bearbeite Profil");
        profileEditBTN.addClickListener(new ClickListener() {
            @Override
            public void buttonClick(ClickEvent event) {
```

```
                    onEditUserProfile();
                }
            });
            ...
    }

    private void onLogoutButtonClick() {
        this.getSession().setAttribute(LoginUI.LOGIN_USER_ID, null);
        this.getPage().reload();
    }

    private void onEditUserProfile() {
        this.profileEditor.editProfileUser(this.getSession().getAttribute(
            LoginUI.LOGIN_USER_ID).toString());

        this.window.setSizeUndefined();
        this.window.setContent(
            this.profileEditor.getViewAs(Component.class));
        this.window.setClosable(false);
        this.window.setResizable(false);
        this.window.setWindowMode(WindowMode.NORMAL);
        this.window.setModal(true);
        this.window.center();

        this.addWindow(this.window);
    }
}
```

Damit sind wir fertig mit der Implementierung unseres zweiten Beispiels – eines Profileditors in der MVP-Supervising-Controller-Variante.

9.10 MVVM am Beispiel der Anmeldekomponente

Git-Branch: 08-Login-MVVM

In unserem abschließenden Beispiel für dieses Kapitel werden wir die Implementierung der Anmeldekomponente auf das MVVM-Architekturmuster umstellen.

9.10.1 Umbau des Presenter in ein Presentation Model

Anders als bei dem MVP-Architekturmuster, bei dem der Presenter eine Beziehung zur View hat, hat bei MVVM die View eine Beziehung zu einem ViewModel, welches wir im Folgenden nur noch Presentation Model nennen werden. Wir haben gesehen, dass sowohl bei MVVM als auch bei MVP in der Passive-View-Variante die View keine Anwendungslogik implementieren sollte. Aktuell ist die Anmeldekomponente in der MVP-Passive-View-Variante implementiert. Somit lässt sich ein Teil des Programmcodes in der Klasse `LoginComponentImpl` wiederverwenden, und wir können diese zu einem Presentation Model umbauen.

Da das Presentation Model keine Beziehung zu seiner View hat, entfällt diese. Die Beziehung zum Model benötigen wir allerdings nach wie vor. Der erste Schritt, der daraus folgt, ist daher, dass wir die Ableitung von der Klasse `AbstractPresenter` entfernen und die Beziehung zum Model direkt in einer Member-Variablen ablegen.

Damit wir unsere View von der eigentlichen Implementierung des Presentation Model entkoppeln können, müssen wir erst noch ein Interface für unser Presentation Model definieren:

```
public interface LoginPresentationModel {
    String getUserId();
    void setUserId(String userId);
    String getPassword();
    void setPassword(String password);
    boolean isLoginEnabled();
    void onUserIdChange(String currentUserId);
    void onPasswordChange(String currentPW);
    void onLogin();
}
```

Listing 9–45
Interface-Definition für das Presentation Model

Da das Presentation Model die Oberfläche in ihren Daten und Funktionen repräsentiert und die View diese zur Visualisierung benötigt, müssen wir auch die Zustände und Funktionen der View an dieser Schnittstelle exponieren.

Für Benutzerkennung und Passwort definieren wir entsprechende Zugriffsmethoden. Der Zustand des Anmeldebuttons ändert sich, denn er hängt von den Längen der Benutzerkennung und des Passwortes ab. Daher benötigen wir für diesen Zustand auch eine Zugriffsmethode, allerdings hier nur für lesenden Zugriff, denn die Änderung erfolgt nicht direkt durch den Anwender, sondern indirekt im Presentation Model, als Folge aus den Eingaben des Anwenders. Die Logik dafür implementiert das Presentation Model. Zur Überprüfung der Eingaben von Benutzerkennung und Passwort müssen die Änderungen dieser Werte von der View an das Presentation Model weitergegeben werden. Dazu dienen die beiden Methoden `onUserIdChange()` und `onPasswordChange()`. Sie verarbeiten `TextChangeEvents` von Vaadin, die in der View in den entsprechenden Methodenaufruf übersetzt werden. Die Reaktion für einen Klick auf den Anmeldebutton muss auch im Presentation Model implementiert werden. Dazu dient die Methode `onLogin()`.

Unser `PresentationModel`-Interface implementieren wir nun an `LoginComponentImpl` und benennen diese Klasse in `LoginPresentationModelImpl` um:

Listing 9–46
Implementierung des Presentation Model

```java
public class LoginPresentationModelImpl
    implements LoginPresentationModel, LoginComponent {

    private final LoginModel model;

    private String userId = "";
    private String password = "";
    private boolean loginEnabled;

    @Inject
    Event<LoginSuccessEvent> loginSuccessEventSink;
    @Inject
    Event<LoginFailedEvent> loginFailedEventSink;
    @Inject
    Event<ResetLoginViewEvent> resetLoginViewEventSink;
    @Inject
    Event<LoginEnabledChangedEvent> loginEnabledChangedEventSink;

    @Inject
    public LoginPresentationModelImpl(LoginModel model) {
        this.model = model;
    }

    @Override
    public void onUserIdChange(String currentUserId) {
        this.updateLoginButtonState(currentUserId, this.password);
    }

    @Override
    public void onPasswordChange(String currentPw) {
        this.updateLoginButtonState(this.userId, currentPw);
    }

    @Override
    public void onLogin() {
        if (this.model.loginUser(this.userId, this.password)) {
            this.loginSuccessEventSink.fire(
                new LoginSuccessEvent(this, this.userId));
        } else {
            this.loginFailedEventSink.fire(new LoginFailedEvent(this));
        }
        this.reset();
    }

    @Override
    public String getUserId() {
        return this.userId;
    }

    @Override
    public void setUserId(String userId) {
        this.userId = userId;
    }
```

```
    @Override
    public String getPassword() {
        return this.password;
    }

    @Override
    public void setPassword(String password) {
        this.password = password;
    }

    @Override
    public boolean isLoginEnabled() {
        return this.loginEnabled;
    }

    public void setLoginEnabled(boolean loginPossible) {
        this.loginEnabled = loginPossible;
    }

    private void reset() {
        this.userId = "";
        this.password = "";
        this.loginEnabled = false;
        this.resetLoginViewEventSink.fire(
            new ResetLoginViewEvent(this));
    }

    private void updateLoginButtonState(
            String userId, String password) {
        boolean userIdHasMinLength =
            userId.length() >= this.model.getMinUserIdLength();
        boolean passwordHasMinLength =
            password.length() >= this.model.getMinPasswordLength();
        this.loginEnabled =
            userIdHasMinLength && passwordHasMinLength;
        this.loginEnabledChangedEventSink.fire(
            new LoginEnabledChangedEvent(this));
    }
}
```

Die Klasse ist nun nicht mehr im UI-Scope, sondern nur noch im Dependent Scope. Der Grund hierfür liegt darin, dass bei MVVM das Presentation Model nicht die Instanz ist, die die gesamte Komponente zusammenhält. Anders als bei MVP, wo der Presenter die Referenz auf View und Model verwaltet und damit alles zusammenhält. Bei MVVM ist das die View. Daher wird die View in den UI-Scope gestellt.

Die Implementierung des LoginComponent-Interface behalten wir aber bei, denn diese repräsentiert nach wie vor die öffentliche Schnittstelle unserer Anmeldekomponente. Auch wenn diese aktuell keine Methoden enthält.

Die beiden Event-Kanäle für `LoginSuccessEvent` und `LoginFailedEvent` behalten wir ebenfalls bei. Neu sind die Member-Variablen für die Referenz auf das Model und die Zustände der Oberfläche. Außerdem benötigen wir zwei weitere Events. `ResetLoginViewEvent` dient dazu, der View mitzuteilen, dass die Daten in den Initialzustand zurückversetzt wurden. `LoginEnabledChangedEvent` teilt der View mit, dass sich der Zustand des Anmeldebuttons geändert hat.

Die drei Events `LoginAttemptEvent`, `UserIdChangeEvent` und `PasswordChangeEvent`, die zuvor zur Kommunikation von Ereignissen aus der View zum Presenter dienten, entfallen.

Praktischerweise existieren die beiden Methoden `onUserIdChange()` und `onPasswordChange()` schon und müssen daher lediglich entsprechend angepasst werden.

Die Methode `getViewAs()` entfällt, denn das Presentation Model hat keine Kenntnis von der View. Das bedeutet auch, dass wir aus dem `LoginComponent`-Interface die Erweiterung auf `ViewAccessor` entfernen müssen.

Die `reset()`-Methode aus der View wandert nun in unser Presentation Model. In dieser setzen wir alle Zustände auf den Initialwert und feuern das `ResetLoginViewEvent`.

Schließlich fügen wir in der `updateLoginButtonState()`-Methode noch das Feuern des `LoginEnabledChangedEvent` ein.

9.10.2 Die View und die Integration in der Anwendung

In der MVP-Implementierung diente das Interface der View als Zugriffsschnittstelle für den Presenter. Da das Presentation Model aber die View nicht kennt, wäre das View-Interface nun nicht mehr notwendig. Dennoch benötigen wir dieses Interface.

Da die View nun die Instanz ist, die alles zusammenhält, muss sie auch anstelle der `LoginComponent` in die `LoginUI` injiziert werden. Und weil wir uns nicht direkt von der Implementierung abhängig machen wollen, nutzen wir das `LoginView`-Interface weiterhin zur Entkopplung:

Listing 9–47
Anpassen der LoginUI

```
@CDIUI
@Theme("mvx-demo")
@SuppressWarnings("serial")
public class LoginUI extends UI {

    @Inject
    private LoginView loginView;
    ...
```

Die restliche Implementierung in `LoginUI` bleibt gleich (abgesehen von der Anpassung des Namens der Member-Variablen).

Das macht das `LoginView`-Interface zu einem öffentlichen Interface. Zur Erinnerung: In der MVP-Implementierung haben wir gesagt, dass das Interface der View nicht öffentlich ist, sondern nur ein interner Bestandteil der jeweiligen MVP-Komponente.

Alle Methoden in der View können nun entfernt werden. Dennoch haben wir noch ein Problem. Wie kommen wir an die `LoginComponent`?

Das Interface ist nach wie vor eine öffentliche Schnittstelle, die unsere Komponente repräsentiert, und das führt uns zu zwei weiteren Fragen: Was ist mit der View, die doch die Komponente zusammenhält? Warum kann sie nicht das Komponenten-Interface implementieren?

Im MVVM-Muster ist die View ausschließlich für die Darstellung verantwortlich. Sie darf keine Anwendungslogik enthalten. Das Komponenten-Interface kann Methoden definieren, die Anwendungslogik enthalten, die View darf diese jedoch nicht implementieren.

Wir könnten die View als Proxy implementieren und alle Aufrufe an das Presentation Model delegieren. Dann besteht aber immer noch das Problem, dass die beiden Events `LoginSuccessEvent` und `LoginFailedEvent` die `LoginComponent` als *Source* gesetzt bekommen. Es gäbe damit zwei Objektinstanzen, die ein und dieselbe Komponente repräsentieren. Das ist verwirrend und kann zu Fehlern führen. Aus diesem Grund entscheiden wir uns für folgenden Lösungsansatz: Wir werden das `LoginView`-Interface um die Methode `getComponent()` erweitern. Somit bieten wir Zugriff auf die Komponente über das `LoginView`-Interface.

Nun müssen wir nur noch die Implementierung der View anpassen. Die Aufteilung zwischen View und View-Logik ändern wir nicht. Wir müssen lediglich die Klasse `VaadinLoginViewLogic` anpassen:

Listing 9–48
Anpassen von
VaadinLoginViewLogic

```
@UIScoped
public class VaadinLoginViewLogic implements LoginView {

    private final VaadinLoginView view;
    private final LoginPresentationModel presentationModel;

    @SuppressWarnings("unused")
    private final FieldGroup fieldBinding;

    @Inject
    public VaadinLoginViewLogic(
            VaadinLoginView view,
            LoginPresentationModel presentationModel) {
        if (view == null) {
            throw new NullPointerException("Undefinierte View!");
        }
        this.view = view;

        if (presentationModel == null) {
            throw new NullPointerException(
                "Undefiniertes Presentation Model!");
        }
```

```java
        this.presentationModel = presentationModel;
        this.fieldBinding = this.createFieldBinding();
        this.registerViewListeners();
        this.reset();
    }

    @Override
    public LoginComponent getComponent() {
        return (LoginComponent) this.presentationModel;
    }

    ...
    public void onLoginEnabledChanged(
            @Observes LoginEnabledChangedEvent event) {
        if (this.presentationModel == event.getSource()) {
            this.view.getLoginButton().setEnabled(
                this.presentationModel.isLoginEnabled());
        }
    }

    private FieldGroup createFieldBinding() {
        FieldGroup fieldBinding = new FieldGroup(
            new BeanItem<LoginPresentationModel>(
                this.presentationModel));
        fieldBinding.setBuffered(false);
        fieldBinding.bind(this.view.getUserIdField(), "userId");
        fieldBinding.bind(this.view.getPasswordField(), "password");
        return fieldBinding;
    }

    private void reset() {
        this.view.getUserIdField().setValue(
            this.presentationModel.getUserId());
        this.view.getPasswordField().setValue(
            this.presentationModel.getPassword());
        this.view.getLoginButton().setEnabled(
            this.presentationModel.isLoginEnabled());
        this.view.getUserIdField().focus();
    }

    @SuppressWarnings("serial")
    private void registerViewListeners() {
        this.view.getUserIdField().addTextChangeListener(
            new TextChangeListener() {
                @Override
                public void textChange(TextChangeEvent event) {
                    presentationModel.onUserIdChange(event.getText());
                }
            });
        ...

    }
}
```

Wie schon erwähnt wird nun die View in den UI-Scope gestellt. Wir benötigen eine zusätzliche Member-Variable für das Presentation Model und müssen den Konstruktor entsprechend anpassen.

Da wir die View an das Presentation Model anbinden müssen, erstellen wir eine `FieldGroup`, die Benutzerkennung und Passwort aus dem Presentation Model an die entsprechenden Eingabefelder anbindet. Bei der Anbindung verwenden wir keine Pufferung. Damit werden die Werte sofort nach der Bestätigung in die angebundenen Felder übertragen.

Die Methode `registerViewListeners()` muss lediglich die Aufrufe an das Presentation Model weiterdelegieren. Über die Methode `getComponent()` wird das Presentation Model als Komponente zurückgegeben, und die `getViewAs()`-Methode ändert sich nicht.

Neu sind die beiden Methoden `onReset()` und `onLoginEnabledChanged()`, die die jeweiligen Events vom Presentation Model verarbeiten. `onReset()` delegiert an die `reset()`-Methode, die nur noch intern benötigt wird. Statt dass wir die Werte direkt setzen, holen wir uns hier nun die Werte aus dem Presentation Model. Erhält die View ein `LoginEnabledChangeEvent` vom Presentation Model, so aktualisieren wir entsprechend den Aktivierungszustand des Anmeldebuttons.

Damit sind wir fertig mit der Umstellung der Anmeldekomponente von MVP in der Passive-View-Variante auf das MVVM-Architekturmuster.

9.11 Zusammenfassung

Wir haben in den Praxisbeispielen demonstriert, wie man sowohl die beiden MVP-Varianten *Passive View* und *Supervising Controller* als auch das MVVM-Architekturmuster in einer Vaadin-Anwendung implementieren kann. Dabei zeigte sich, dass der Einsatz eines Event-Bus einerseits zur stärkeren Entkopplung beiträgt und andererseits auch den Implementierungsaufwand reduziert. Mit der Umstellung auf Dependency Injection über CDI haben wir uns weiteren Implementierungsaufwand gespart. Zudem fördert der Einsatz von Dependency Injection noch mehr die Entkopplung und Kapselung.

Das MVP-Architekturmuster kommt unserer Erfahrung nach am häufigsten in der Projektpraxis zum Einsatz und eignet sich sehr gut für die Kapselung in Komponenten. Die Passive-View-Variante eignet sich für einfache Oberflächen, wie wir in unserem Beispiel an einer Anmeldeoberfläche demonstriert haben. Die Supervising-Controller-Variante eignet sich für komplexere Oberflächen wie beispielsweise umfangreichere Bearbeitungsformulare.

Unserer Ansicht nach ist MVVM eines der konsequentesten Architekturmuster, da sich hier der größte Teil der Logik im View Model beziehungsweise im Presentation Model konzentriert. Dadurch lässt sich der meiste Teil der Logik umfassend am Presentation Model mit Unit-Tests überprüfen. Allerdings ist die Implementierung der Anbindung zwischen View und Presentation Model recht aufwendig. Hier wären weitere Hilfs-APIs notwendig, die den Implementierungsaufwand reduzieren. Vor allem für die Datenanbindung ist die von Vaadin angebotene API-Unterstützung nicht ausreichend. Diese unterstützt nur eine unidirektionale Anbindung. Wünschenswert wäre hier eine bidirektionale Anbindung mit einer Unterstützung für *Bound Properties* aus dem JavaBean-Standard (siehe [JavaBeanSpec] Abschnitt 7), so dass Änderungen in den angebundenen Properties automatisch synchronisiert werden können.

10 Add-ons

Vaadin bietet über das Framework hinaus eine Menge an zusätzlichen Erweiterungen an. Den zugehörigen Mechanismus zur Identifikation und Verwendung von Erweiterungen betrachten wir in diesem Kapitel.

10.1 Einleitung

Vaadin ist als offenes und erweiterbares Framework entworfen worden und macht es möglich, die bestehenden Kernkomponenten zu erweitern oder neue Komponenten zu entwickeln. Der hierfür entscheidende Baustein in der Vaadin-Architektur ist der Add-on-Mechanismus, der es ermöglicht, Komponenten oder Erweiterungen (Extensions) in Add-on-JAR-Archive zu paketieren und zu verteilen. Diese Add-on-JAR-Archive können als *drop-in packages* dem Classpath einer Vaadin-Anwendung hinzugefügt und projektübergreifend wiederverwendet werden.

Der Add-on-Mechanismus soll auch dazu motivieren, Dritten Add-ons als Open Source oder auch als kommerzielle Software zur Verfügung zu stellen. Damit dies einfach und unkompliziert funktionieren kann, wurde das Vaadin-Directory (siehe [Vaadin-Directory]) als Grundlage für ein ganzes Ökosystem von Add-ons geschaffen.

10.2 Vaadin-Directory

Aktuell stehen im Vaadin-Directory über 400 Add-ons in fünf Kategorien für Vaadin in der Version 7 bzw. 6 zur Verfügung. Anhand dieser Kategorisierung können wir sehen, welche Arten von Add-ons existieren und wie wir sie unterscheiden können.

Add-ons unterschiedlicher Kategorien

Abb. 10–1
Vaadin-Directory

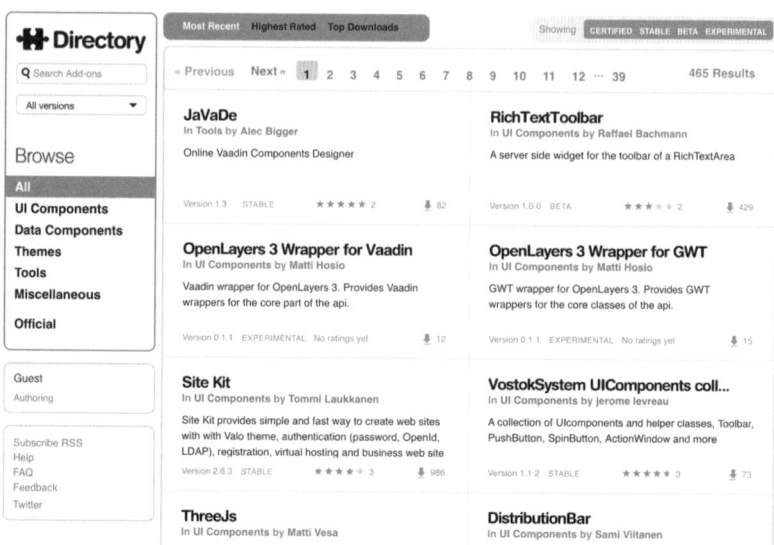

Die erste und offensichtlich prominenteste Kategorie sind die *UI Components*. Hier kann es sich um client- und/oder serverseitige Implementierungen von Komponenten oder Layouts innerhalb der Vaadin-Benutzeroberfläche handeln. In der zweiten Kategorie *Data Components* befindet sich eine Vielzahl an zusätzlichen Container-Implementierungen, Erweiterungen zum Data Binding bis hin zu Mechanismen zum Excel-Export von Vaadin-Tabellen. Des Weiteren gibt es die Kategorie *Themes*; wie der Name schon vermuten lässt, stehen in dieser Kategorie zusätzliche Themes zum Styling von Vaadin-Anwendungen zur Verfügung. Die Kategorie *Tools* wartet mit ganz unterschiedlichen Add-ons auf, die die Entwicklung von Vaadin-Anwendungen in jeglicher Form unterstützen. In der letzten Kategorie *Miscellaneous* befinden sich dann die Add-ons, die sich nicht in die restlichen vier Kategorien einordnen lassen.

Das Vaadin-Team nutzt das Vaadin-Directory selbst, um zusätzlich zu den Kernkomponenten des Vaadin-Frameworks entwickelte Add-ons zu publizieren. Unter *Official* erhalten wir im Vaadin-Directory eine Übersicht dieser offiziellen Vaadin-Add-ons, wie zum Beispiel die *Vaadin Charts*, eine umfangreiche Bibliothek zur Visualisierung von Diagrammen, Tabellen und Grafiken, oder die *Vaadin TestBench*, eine Umgebung zur Entwicklung von Regressionstests für die Benutzeroberfläche von Vaadin-Anwendungen.

Lizenzmodelle beachten

Zum Teil sind die offiziellen Add-ons frei unter einer Open-Source-Lizenz verfügbar oder wie die beiden genannten Add-ons kostenpflichtig über eine kommerzielle Lizenz zu beziehen.

Grundsätzlich sollte vor der Nutzung eines Add-on immer die jeweilige Lizenz geprüft werden, da diese ganz unterschiedlichen Lizenzmodellen und damit diversen Nutzungseinschränkungen unterliegen kann. Ein Großteil der Add-ons unterliegt der Apache License 2.0, jedoch gibt es auch Add-ons mit einem dualen Lizenzmodell, das nach Open- oder Closed-Source-Nutzung unterscheidet.

Zu jedem Add-on existiert im Vaadin-Directory eine Detailseite mit einer Vielzahl an weiteren Informationen. Zu jedem Add-on gibt es eine Kurzbeschreibung des Funktionsumfangs und auf welche Anwendungsfälle es abzielt. Ein Add-on kann im Laufe der Zeit in unterschiedlichen Versionen zur Verfügung gestellt werden, diese Versionen werden mit entsprechenden Release-Notes dokumentiert. Des Weiteren gibt es zusätzliche Informationen, zu welcher Vaadin-Version ein Add-on kompatibel ist oder mit welchen Browsern ein Add-on verwendet werden kann, wenn es hier entsprechende Einschränkungen geben sollte. Wir können uns auch über das zugrunde liegende Lizenzmodell informieren oder über weiterführende Links auf z.B. eine Online-Demo, den Sourcecode oder eine Ticketverwaltung zugreifen.

Detailinformationen zu einem Add-on

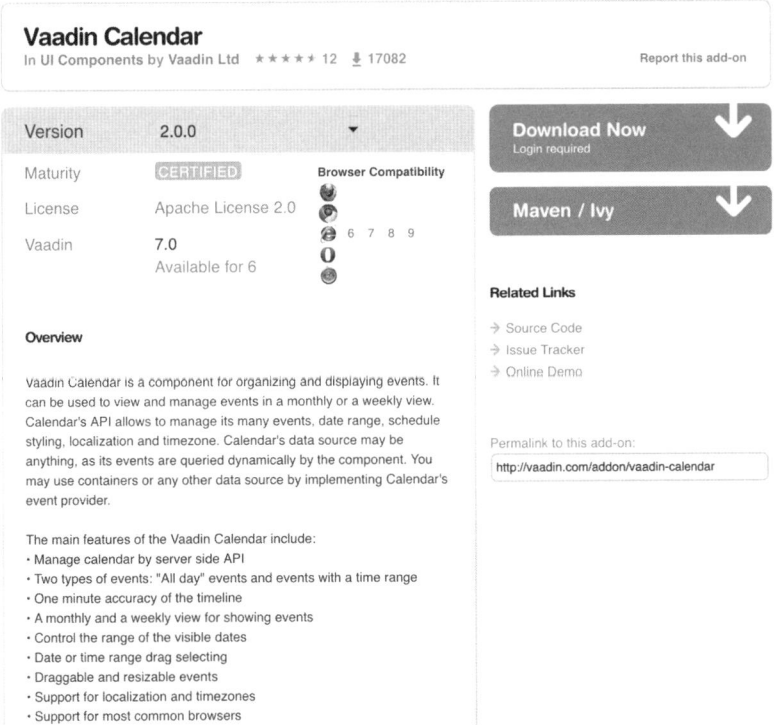

Abb. 10–2

Detailseite Add-on am Beispiel Vaadin Calendar

Über die Anzahl der Downloads können wir einen gewissen Eindruck über die Popularität eines Add-on gewinnen. Jeder Nutzer hat zudem die Möglichkeit, ein Add-on mit eins bis fünf Sternen zu bewerten. Es kann optional ein Kommentar verfasst werden, um dem Ersteller eines Add-on Rückmeldungen zu geben. Weitere interessante Hinweise und Hilfestellungen aus der Vaadin-Community finden wir zusätzlich im Vaadin-Forum unter der Kategorie Add-ons (siehe [Vaadin-Forum]).

Add-ons und Dependency Management

Zu guter Letzt stehen auf der Detailseite eines Add-on eine Download-Möglichkeit und die dazugehörigen Maven und Ivy Dependencies zur Verfügung.

> Ivy (siehe [Apache Ivy]) dient zur Verwaltung von Abhängigkeiten (ähnlich dessen, was Maven in der Abhängigkeitsverwaltung anbietet) und wurde ursprünglich für Ant entwickelt, da Ant über keine eigene Abhängigkeitsverwaltung verfügt. Es wird zum Beispiel auch in Gradle, einem weiteren Build-Werkzeug, für die Verwaltung der Abhängigkeiten verwendet und wird auch vom Vaadin-Plugin in Eclipse benutzt.

Alle Add-ons aus dem Vaadin-Directory werden über das Vaadin Maven Repository (siehe [Vaadin Maven Repo]) öffentlich zur Verfügung gestellt und sind somit für alle Build-Werkzeuge direkt nutzbar, die ein Maven-kompatibles Dependency Management verwenden. An dieser Stelle seien beispielhaft die Maven Dependencies für das offizielle Vaadin-Calendar-Add-on gezeigt:

Listing 10–1
Maven Dependencies des Vaadin-Calendar-Add-on

```
<dependency>
    <groupId>com.vaadin.addon</groupId>
    <artifactId>vaadin-calendar</artifactId>
    <version>2.0.0</version>
</dependency>

<repository>
    <id>vaadin-addons</id>
    <url>http://maven.vaadin.com/vaadin-addons</url>
</repository>
```

und die Ivy Dependencies des gleichen Calendar Add-on:

Listing 10–2
Ivy Dependencies des Vaadin-Calendar-Add-on

```
<dependency
    org="com.vaadin.addon"
    name="vaadin-calendar"
    rev="2.0.0"
/>

<ibiblio
    name="vaadin-addons"
    usepoms="true"
    m2compatible="true"
    root="http://maven.vaadin.com/vaadin-addons"
/>
```

Ein Add-on kann entweder als ZIP- oder JAR-Archiv publiziert werden. Ein JAR-Archiv enthält die kompilierten Klassen, Ressourcen und ggf. die Source-Dateien des Add-on. Als ZIP-Archiv werden das Add-on-JAR-Archiv und gegebenenfalls dessen abhängige JAR-Archive, Source-Dateien, JavaDoc, Dokumentation und Informationen zum Lizenzmodell etc. ausgeliefert. Als Beispiel hierfür das entpackte ZIP-Archiv des Vaadin-Calendar-Add-on:

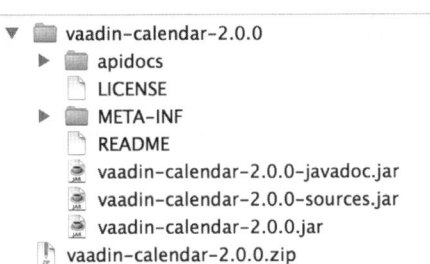

Abb. 10-3
ZIP-Archiv Vaadin Calendar

Die Vaadin-Website bietet einen vollständigen Überblick über die Formalismen und Rahmenbedingungen zum Publizieren von Vaadin-Addons.

10.3 Add-on verwenden

Wie wir ein Add-on verwenden können und worauf man hierbei achten muss, werden wir anhand eines konkreten Beispiels betrachten.

Wie bereits in der Einleitung zu diesem Kapitel erwähnt, werden Add-ons als »drop-in packages" einer Vaadin-Anwendung hinzugefügt. Dies bedeutet, dass das Add-on-JAR-Archiv dem Classpath der Vaadin-Anwendung hinzugefügt wird und ohne weitere Konfiguration genutzt werden kann. Dies kann dadurch erfolgen, dass man das Add-on-JAR-Archiv und alle seine abhängigen JAR-Archive aus dem Download dem `WEB-INF/lib`-Verzeichnis der Vaadin-Anwendung manuell hinzufügt oder über das Dependency Management eines Build-Werkzeugs wie Maven oder Ivy einbindet.

In unserem Beispiel werden wir das ContextMenu-Add-on verwenden. Das ContextMenu-Add-on ist als Vaadin 7 Extension umgesetzt und ermöglicht es, Vaadin-Komponenten wie z.B. Table, Tree, Layout oder Component mit einem Kontextmenü zu erweitern. Weitere Details können im Vaadin-Directory nachgelesen werden (siehe [Vaadin-Directory]).

Wir verwenden als Ausgangslage ein über das Eclipse-Plugin erzeugtes Vaadin-Projekt, das standardmäßig Ivy zum Dependency Management aller Projektanhängigkeiten verwendet. Im Wurzelver-

Das Eclipse Vaadin-Plugin

zeichnis unseres Projektes befindet sich die Datei ivy.xml; hier fügen wir unter dem dependencies-Element die ContextMenu Ivy Dependency von der Detailseite des Add-on aus dem Vaadin-Directory hinzu.

Listing 10–3 ContextMenu-Add-on als Ivy Dependency hinzufügen

```
<dependencies defaultconf="default" defaultconfmapping="default->default">
    ...
    <dependency org="org.vaadin.addons" name="contextmenu" rev="4.4.0" />
</dependencies>
```

In der Datei ivysettings.xml muss darauf geachtet werden, dass das Vaadin-Add-on-Repository eingetragen ist, was bei einem über das Vaadin-Eclipse-Plugin erzeugten Projekt bereits der Fall ist.

Listing 10–4 Ivy-Settings mit Vaadin-Add-on Repository

```
<chain name="default">
    ...
    <ibiblio
        name="vaadin-addons"
        usepoms="true"
        m2compatible="true"
        root="http://maven.vaadin.com/vaadin-addons"
    />
    ....
```

Das IvyIDE-Eclipse-Plugin erkennt diese neue Abhängigkeit zu dem ContextMenu-Add-on, lädt das JAR-Archiv aus dem Vaadin-Add-on-Repository herunter und fügt dieses dem Classpath des Eclipse-Projekts hinzu. In der durch das Vaadin-Eclipse-Plugin generierten UI-Subklasse fügen wir dem VerticalLayout ein Kontextmenü mit einem Eintrag hinzu. Mittels eines ContextMenuItemClickListener reagieren wir auf Klicks, die auf diesem Eintrag ausgeführt werden, und fügen ein weiteres Label mit einer Meldung dem VerticalLayout hinzu.

Listing 10–5 ContextMenu in UI einbinden

```
@Override
protected void init(VaadinRequest request) {
    final VerticalLayout layout = new VerticalLayout();
    ...
    ContextMenu menu = new ContextMenu();
    menu.setAsContextMenuOf(layout);
    menu.addItem("Click Me!").
            addItemClickListener(new ContextMenuItemClickListener() {
        @Override
        public void contextMenuItemClicked(ContextMenuItemClickEvent event) {
            layout.addComponent(new Label("Thank you for clicking"));
        }
    });
```

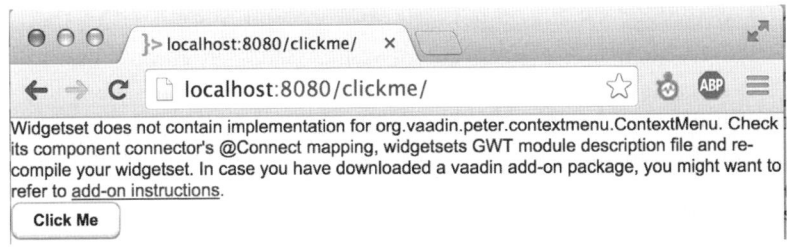

Abb. 10–4
Nicht kompiliertes
ContextMenu Add-on
Widgetset

Jetzt können wir unseren Server starten und schauen das Ergebnis im Webbrowser an:

Wir erhalten eine Fehlermeldung mit dem Hinweis, dass das Widgetset des Add-on noch nicht kompiliert wurde. Grundsätzlich müssen alle Add-ons, die über ein clientseitiges Widgetset verfügen, vor ihrer Verwendung nach JavaScript kompiliert werden. Diese Aufgabe übernimmt an dieser Stelle das Vaadin-Eclipse-Plugin. Durch einen Klick auf den *Compile Widgetset*-Button des Vaadin-Eclipse-Plugin müssen wir nun das Übersetzen das Widgetset starten.

Kompilieren des Widgetset

Abb. 10–5
Compile Widgetset über
das Vaadin-Eclipse-Plugin

Wenn das Eclipse-Projekt noch nicht über einen Client-Side Module Descriptor (*.gwt.xml) für ein eigenes Widgetset verfügt, dann erzeugt das Vaadin-Eclipse-Plugin diesen im Sub-Package widgetset des Vaadin-Beispielprojekts und fügt dieses der VaadinServletConfiguration-Annotation als weiteres Attribut widgetset hinzu.

```
@WebServlet(value = "/*", asyncSupported = true)
@VaadinServletConfiguration(productionMode = false, ui =
Vaadin_testUI.class,
widgetset = "com.example.vaadin_test.widgetset.Vaadin_testWidgetset")
public static class Servlet extends VaadinServlet {}
```

Listing 10–6
Konfiguration Widgetset
über @VaadinServlet
Configuration

Unser Widgetset erbt standardmäßig von com.vaadin.DefaultWidgetSet, zusätzlich erkennt das Vaadin-Eclipse-Plugin alle weiteren im Classpath befindlichen Client-Side-Module-Descriptor-Dateien und fügt deren Widgetsets entsprechend hinzu. Der relevante Eintrag im Client-Side Module Descriptor sieht wie folgt aus:

```
...
<module>
    ...
    <inherits name="com.vaadin.DefaultWidgetSet" />
    <inherits name="org.vaadin.peter.contextmenu.ContextmenuWidgetset" />
</module>
```

Listing 10–7
Client-Side Module
Descriptor mit Referenz
auf das Add-on Widgetset

Das Vaadin-Eclipse-Plugin hat das ContextMenu Add-on automatisch in unserem Client-Side Module Descriptor eingebunden; damit wird das Add-on automatisch gemeinsam mit dem `DefaultWidgetSet` kompiliert.

In der Eclipse Console protokolliert das Vaadin-Eclipse-Plugin den Kompilierungsvorgang. Wir können in der Eclipse Console sehen, ob das Add-on erkannt und übersetzt wird. Als Erstes wird protokolliert, welche Widgetsets im Classpath unseres Projekts gefunden wurden, darunter finden wir das ContextMenu Add-on.

Listing 10–8
Gefundene Widgetsets während der Kompilierung der Widgetsets

```
...
INFO: Widgetsets found from classpath:
com.vaadin.DefaultWidgetSet in
jar:file:/Users/xyz/.ivy2/cache/com.vaadin/vaadin-client/jars/vaadin-
client-7.1.9.jar!/
com.example.vaadin_test.widgetset.Vaadin_testWidgetset in
file:/Users/dsarndt/Development/vaadin-book/workspace/vaadin-test/src
org.vaadin.peter.contextmenu.ContextmenuWidgetset in
jar:file:/Users/xyz/.ivy2/cache/org.vaadin.addons/contextmenu/jars/context
menu-4.4.0.jar!
...
```

Des Weiteren finden wir Informationen über das kompilierte Widgetset:

Listing 10–9
Kompiliertes Widgetset des ContextMenu Add-on

```
...
Starting GWT compilerCompiling module
com.example.vaadin_test.widgetset.Vaadin_testWidgetset
...
Visiting ContextMenuConnector with ConnectorInitVisitor
ContextMenuConnector will be in the eager bundle
Will serialize class org.vaadin.peter.contextmenu.client.ContextMenuState
as a bean
Will serialize class
org.vaadin.peter.contextmenu.client.ContextMenuState.ContextMenuItemState
as a bean
Visiting LinkConnector with ConnectorInitVisitor
...
```

Bezüglich des ContextMenu Add-on haben wir noch einen Sonderfall zu betrachten. Ein Großteil der Add-ons mit clientseitigen Bestandteilen liefern CSS-Dateien mit aus; hier haben wir keine weiteren Anpassungen durchzuführen. Das ContextMenu Add-on jedoch liefert ein SASS-Stylesheet mit aus, was wiederum erst nach CSS kompiliert werden muss. Hierfür müssen wir das SASS-Stylesheet in das Theme unseres Projekts mit einbinden, damit dieses mit dem gesamten SASS-Theme nach CSS kompiliert werden kann. Kapitel Vaadin und Maven können wir entnehmen, dass das Vaadin-Maven-Plugin über das Goal update-theme die Datei addons.scss im Wurzelverzeichnis des Theme für jedes im Classpath gefundene Add-on bei Bedarf das SASS-Stylesheet einbindet. Das aktuell verwendete Vaadin-Eclipse-Plugin in der Version 2.2.0 beherrscht diese Funktionalität nicht, aus diesem Grund müssen wir die addons.scss-Datei manuell ergänzen:

```
@import "../../../VAADIN/themes/contextmenu/contextmenu.scss";

@mixin addons {
    @include contextmenu;
}
```

Listing 10–10
Einbinden des ContextMenu-SASS-Stylesheet

Durch einen Klick auf den *Compile Theme*-Button des Vaadin-Eclipse-Plugin starten wir den SASS-Compiler, der nun das SASS-Stylesheet des ContextMenu Add-on mit dem gesamten Theme nach CSS kompiliert.

Kompilieren des Themes

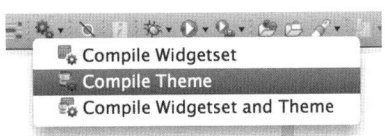

Abb. 10–6
Compile Theme über das Vaadin-Eclipse-Plugin

Nachdem das Kompilieren des Widgetset und des Theme erfolgreich abgeschlossen ist und wir den Server erneut gestartet haben, können wir im Webbrowser über einen Klick auf den Eintrag *Click Me!* im Kontextmenü die entsprechenden Meldungen sehen.

Abb. 10–7
Das Kontextmenü

11 Vaadin und Maven

Maven ist eines der am weitesten verbreiteten Build-Werkzeuge, und Vaadin bietet hier zusätzliche Funktionalität, um die Integration in den Build zu erleichtern. Dies erreicht Vaadin über ein eigenes Vaadin-Maven-Plugin, das wir im Folgenden näher betrachten werden.

11.1 Einleitung

Wie wir bereits in Kapitel Erste Schritte mit Vaadin gesehen haben, unterstützt das Vaadin-Plugin für Eclipse mit einer Vielzahl an Werkzeugen die Entwicklung von Vaadin-Anwendungen. Neben dem Vaadin-Plugin für Eclipse wird auch die Entwicklung über das weitverbreitete Build-Werkzeug Maven unterstützt. Maven lässt sich direkt über die Kommandozeile oder integriert in einer IDE wie zum Beispiel Eclipse (siehe [Eclipse]), NetBeans (siehe [NetBeans]) oder IntelliJ IDEA (siehe [IntelliJ IDEA]) verwenden.

Einführung in Maven

> In diesem Buch geben wir keine Einführung in das Build-Werkzeug Maven. Wenn Sie sich noch nicht mit Maven beschäftigt haben, verweisen wir an dieser Stelle auf die kostenfreien Online-Bücher des Unternehmens Sonatype unter [Sonatype Books].
>
> Im folgenden Kapitel beziehen wir uns auf einzelne Phasen und Goals des standardisierten Maven-Lebenszyklus, die wir an dieser Stelle nicht näher erläutern. Ein Überblick hierüber erhält der Leser auf der Maven-Homepage unter [Maven Lifecycle].

Alle Vaadin-Libraries und Add-ons sind über das Maven Central Repository verfügbar und können direkt als Abhängigkeiten in Maven-Build-Skripten deklariert werden. Hiermit ist es auch möglich, diese Abhängigkeiten in anderen Werkzeugen, wie Gradle oder Ivy, zu verwenden, die über ein Maven-kompatibles Dependency Management verfügen.

Neben der Nutzungsmöglichkeit von Vaadin-Abhängigkeiten stehen Maven-Archetypes zur Verfügung, um sich verschiedene Arten von Maven-Projekten generieren zu lassen. In diesen Projekten ist bereits das Vaadin-Maven-Plugin deklariert, welches eine weitergehende Unterstützung in der Entwicklung von Vaadin-Anwendungen, wie das Kompilieren von Widgetsets und Themes, auch im Zusammenspiel mit Add-ons, bietet.

11.2 Überblick Archetypes

Als Erstes werden wir uns einen kurzen Überblick über die bestehenden Maven-Archetypes und deren Funktionalität verschaffen. Vaadin bietet drei verschiedene Archetypes an, die erste Setups für Maven-Projekte zur Entwicklung von Vaadin-Webanwendungen, einzelner Widgets oder Touchkit-basierten Vaadin-Anwendungen bieten:

Tab. 11–1 Übersicht über die Vaadin-Archetypes

Name	Funktion
vaadin-archetype-application	Maven-Projekt für die Entwicklung einer Vaadin-Webanwendung
vaadin-archetype-widget	Maven-Multimodulprojekt für die Entwicklung von Vaadin-Widgets
vaadin-archetype-touchkit	Maven-Projekt für die Entwicklung einer Vaadin-Touchkit-Webanwendung

In diesem Buch widmen wir uns im Detail dem vaadin-archetype-application-Archetype, da dieser den üblichen Einstiegspunkt in die Entwicklung einer Vaadin-Webanwendung mit Maven darstellt.

11.3 Maven-Projekt erstellen

Wir werden nun auf Basis des vaadin-archetype-application eine Beispielanwendung erzeugen und die Projektstruktur und Artefakte, die hieraus resultieren, näher betrachten.

11.3.1 Kommandozeile

Auf der Kommandozeile wird mit dem folgenden Aufruf das Maven-Projekt erzeugt:

```
mvn archetype:generate
-DarchetypeGroupId=com.vaadin
-DarchetypeArtifactId=vaadin-archetype-application
-DarchetypeVersion=7.1.13
-DgroupId=de.vaadinbuch
-DartifactId=sample-app
-Dversion= 1.0 -SNAPSHOT
-Dpackage=de.vaadinbuch.sample
-Dtheme=sample
```

Listing 11–1
Maven-Projekt einer Vaadin-Anwendung erzeugen

Die ersten drei Parameter archetypeGroudId, archetypeArifactId und archetypeVersion definieren die Maven-Coordinates des Archetype. Die archetypeVersion läuft synchron zur Versionsnummer des Vaadin-Frameworks. Über die Parameter groudId, arifactId und version definieren wir die Maven-Coordinates unserer Beispielanwendung. Der Parameter package enthält das Java-Package der zu erstellenden Beispielanwendung, über theme wird der Name des Vaadin-Theme festgelegt.

Hier die Übersicht aller Parameter zum Aufruf des vaadin-archetype-application-Archetype:

Parameter	Inhalt
archetypeGroupdId	Die groupId für alle VaadinArchetypes ist »com.vaadin".
archetypeArtifactId	Die artefactId für eine Beispielanwendung ist »vaadin-archetype-application".
archetypeVersion	Die Versionsnummer des Archetype
groupdId	Die groupId der Beispielanwendung
artifactId	Die artefactId der Beispielanwendung
version	Die Versionsnummer der Beispielanwendung
package	Das Java-Package der Beispielanwendung
theme	Der Name des Vaadin-Theme

Tab. 11–2
Übersicht über die Parameter des vaadin-archetype-application-Archetype

11.3.2 Eclipse

In Eclipse lässt sich das obige Projekt direkt über den Maven-Project-Wizard aus dem m2eclipse-Projekt (siehe [Eclipse M2]) erzeugen. Hierzu muss der entsprechende Archetype vaadin-archetype-application ausgewählt werden:

Abb. 11-1
Maven-Archetype auswählen

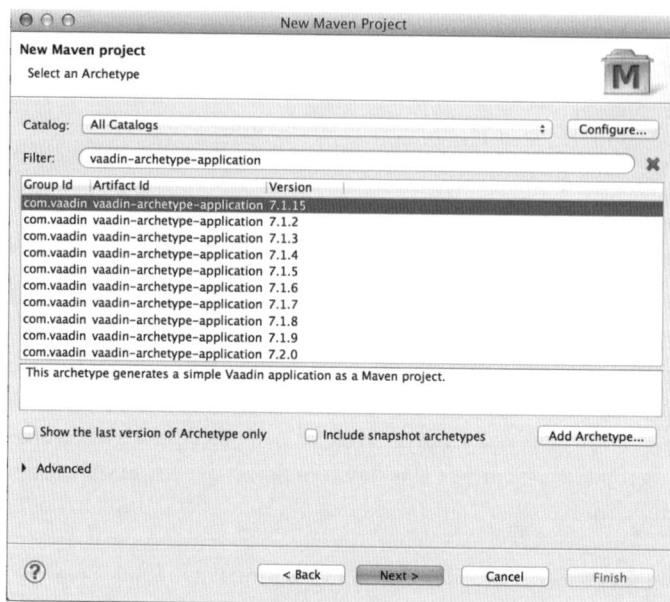

Wenn der Archetype nicht zur Auswahl steht, dann müssen wir den entsprechenden Archetype-Catalog von Maven Central *http://repo1.maven.org/maven2/archetype-catalog.xml* in den Eclipse-Einstellungen unter Maven → Archetypes als Remote-Catalog konfigurieren.

Gemäß unserer obigen Parameter aus dem Kommandozeilen-Beispiel können wir nun unsere Beispielanwendung erzeugen:

Abb. 11-2
Parameter des Maven-Archetype festlegen

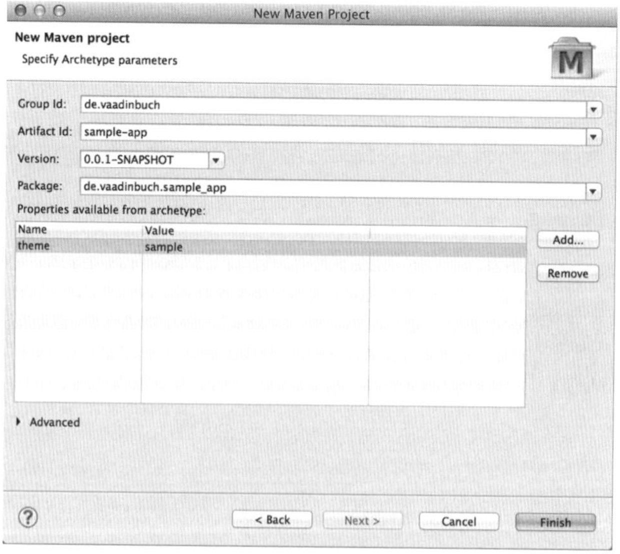

11.4 Projektstruktur im Detail

Für die obigen Parameter erzeugt der Archetype ein Maven-Projekt für den Packaging-Type WAR. Die Projektstruktur der Beispielanwendung entspricht hiermit einer typischen Maven-Projektstruktur für Java-EE-Webanwendungen.

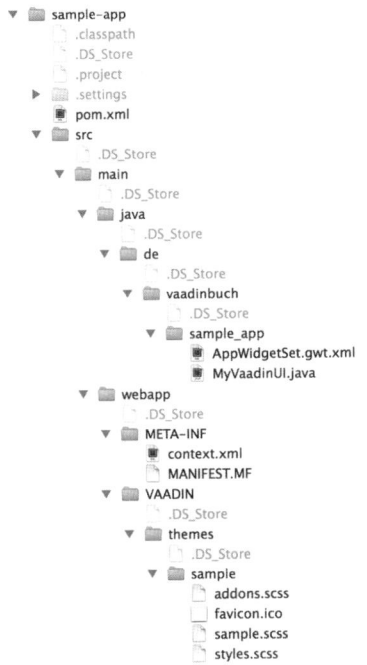

Abb. 11–3
Die generierte Projektstruktur

Im Source-Verzeichnis src/main/java/ unter dem Package de.vaadinbuch.sample befindet sich der Module Descriptor des Vaadin-Widgetset in der Datei AppWidgetSet.gwt.xml; das Module erbt standardmäßig von com.vaadin.DefaultWidgetSet. Im gleichen Package befindet sich die Java-Source-Datei MyVaadinUI.java mit dem com.vaadin.ui.UI-Einstiegspunkt in die Beispielanwendung.

In der Klasse de.vaadinbuch.sample.MyVaadinUI ist auch das Vaadin-Servlet mittels @javax.servlet.annotation.WebServlet und @com.vaadin.annotations.-VaadinServletConfiguration konfiguriert. Eine web.xml-Konfiguration wurde daher für unsere Beispielanwendung nicht erzeugt und muss bei Bedarf durch den Entwickler selbst erstellt werden.

Unter src/main/webapp/VAADIN/themes/sample finden wir Templates für die Entwicklung des Vaadin-Theme (siehe Kapitel Layout und Styling). Alle Stylesheets sind in SASS mit SCSS-Syntax vordefiniert. In der Datei sample.scss ist standardmäßig das Reindeer-Theme importiert, individuelle Anpassungen am Theme können hier vorgenommen werden. Die Datei addons.scss dient dazu, SASS-Stylesheets von in der Beispielanwendung verwendeten Add-ons in unser Theme zu integrieren. Die beiden SCSS-Dateien sample.scss und addons.scss wiederum werden im SASS-Stylesheet in der Datei styles.scss importiert, welche als Einstiegspunkt für den SASS-Compiler dient und immer vorhanden sein muss.

Widmen wir uns nun der erzeugten pom.xml im Wurzelverzeichnis unserer Beispielanwendung. Neben diversen Maven-Repositories für Add-ons und Vaadin-Snapshots sind die folgenden Vaadin-Abhängigkeiten deklariert:

Tab. 11–3
Übersicht über die Vaadin-Abhängigkeiten

Dependency	Beschreibung
vaadin-server	Alle serverseitigen Anteile des Vaadin-Frameworks
vaadin-client	Alle clientseitigen Anteile des Vaadin-Frameworks
vaadin-shared	Für Client und Server gemeinsame Anteile des Vaadin-Frameworks
vaadin-client-compiled	Das vorkompilierte DefaultWidgetSet
vaadin-themes	Alle Images und SCSS-Styles der Standard-Themes Chameleon, Reindeer, Runo sowie Liferay für den gleichnamigen Open-Source-Portalserver
vaadin-client-compiler	Der Widgetset-Compiler. Diese Anhängigkeit ist bereits transitiv durch das vaadin-maven-plugin vorhanden und muss nicht explizit deklariert werden.
vaadin-theme-compiler	Ein SASS-Compiler für die Entwicklung von Themes
vaadin-push	Clientseitige Anteile für die Nutzung von Server-Push-Mechanismen. Über diese Abhängigkeit wird transitiv das Atmosphere-Framework dem Projekt hinzugefügt.

Neben den oben genannten Abhängigkeiten sind für den Build-Prozess unserer Beispielanwendung diverse Plugins konfiguriert: So hat man zum Beispiel über das Jetty-Maven-Plugin die Möglichkeit, die Beispielanwendung direkt mittels mvn package jetty:run in einem Jetty-Server ausführen zu lassen. Besonders interessant ist aber das deklarierte Vaadin-Maven-Plugin, welches verschiedene Aufgaben während des Build-Prozesses übernimmt, die wir im nächsten Kapitel näher betrachten werden.

11.5 Das Vaadin-Maven-Plugin

Das Vaadin-Maven-Plugin erweitert das GWT-Maven-Plugin und ermöglicht über das Goal `vaadin:compile` das Übersetzen des Vaadin-Widgetset. Das Vaadin-Maven-Plugin ist so vorkonfiguriert, dass das resultierende JavaScript des Compile-Vorgangs in das Verzeichnis `src/main/webapp/VAADIN/widgetsets/` geschrieben wird. Das Maven-Clean-Plugin löscht dieses Verzeichnis während der `clean`-Phase wieder.

> **Goals und Phasenbindungen im Detail**
>
> Einen umfangreichen Überblick über die unterschiedlichen Goals, Phasenbindungen sowie Parameter erhalten Sie über das folgende Kommando:
> `mvn help:describe -Dplugin=vaadin –Ddetail`

Vor dem Kompilieren des Vaadin-Widgetset wird über das Goal `vaadin:update-widgetset` nach weiteren Widgetsets von zum Beispiel im Projekt genutzten Add-ons im Classpath gesucht und als Referenz über die `inherits`-Beziehung in der Datei `AppWidgetSet.gwt.xml` eingetragen.

Kompilieren des Widgetsets

Das Goal `vaadin:update-theme` durchsucht für jedes Theme den Classpath nach weiteren SASS-Stylesheets, die durch genutzte Add-ons vorhanden sein können. Die SASS-Stylesheets werden in der Datei `addons.scss` zusammengefasst. Diese Datei muss also nicht manuell gepflegt werden.

Zusätzlich werden über das Goal `vaadin:compile-theme` die SASS-Stylesheets aller Themes kompiliert. Der SASS-Compiler geht davon aus, dass für jedes Theme eine `styles.scss`-Datei als Wurzeldokument existiert.

Kompilieren des Themes

> **m2eclipse Lifecycle-Mapping**
>
> Wenn die Maven-Integration über m2eclipse in der Eclipse-Entwicklungsumgebung verwendet wird, befinden sich in der pom.xml bereits Einstellungen für das Lifecycle-Mapping-Plugin. Die oben genannten Goals des Vaadin-Maven-Plugin werden bei der standardmäßigen Phasenbindung ignoriert. Die Goals können nur explizit durch den Entwickler ausgeführt werden und werden nicht automatisch beim Bauen des Projekts wieder mit ausgeführt.

12 Automatisiertes Testen von Vaadin-Anwendungen

Automatisierte Tests sind in heutigen Projekten ein wesentlicher Erfolgsfaktor und haben insbesondere in agilen Projekten als Bestandteil der agilen Praktiken einen festen Platz. Sie tragen wesentlich zur Softwarequalität, Wartbarkeit und damit zur Langlebigkeit einer Anwendung bei. Umso wichtiger ist daher bei der Entscheidung für ein Framework, dass es das Erstellen automatisierter Tests erlaubt und vielleicht sogar in besonderer Weise unterstützt.

12.1 Einleitung

Im Folgenden werden wir darauf eingehen, wie wir unser Vaadin-Projekt mit JUnit testen können. Außerdem werden wir Oberflächentests durch die Fernsteuerung verschiedener Browser per Selenium oder TestBench durchführen (siehe [JUnit], [Selenium], [TestBench]).

12.2 Unit-Tests

Die Möglichkeit der Erstellung von Unit-Tests wird in der Vaadin-Dokumentation zugunsten von GUI-Tests unter Verwendung der kostenpflichtigen TestBench-Suite ausgespart, nichtsdestotrotz lässt sich Vaadin-Code gut mit Unit-Tests testen und harmoniert somit auch sehr gut mit testgetriebener Entwicklung (TDD).

12.2.1 Interaktion mit Vaadin-Komponenten

Eigene Tests sollten Verhalten – also zum Beispiel Manipulation der GUI und Interaktion mit nachgelagerten Klassen – testen. Der strukturelle Aufbau der Komponentenhierarchien sollte hingegen nicht Gegenstand der Unit-Tests sein. Es gibt einige Patterns, um diese Aufgaben im Code voneinander zu trennen – beispielsweise die bereits in

Kapitel 7 vorgestellten Patterns Model View Presenter und Humble View. Unseren Code können wir aber in vielen Fällen auch dann testen, wenn er direkt mit Vaadin-Komponenten interagiert und kein Mocking dieser Komponenten möglich ist.

Unser zu testender Code interagiert mit den serverseitigen Vaadin-Komponenten, manipuliert den Komponentenzustand oder registriert sich als Event-Handler auf Vaadin-Komponenten-Events. Die Vaadin-Serverklassen erwarten keine besondere Laufzeitumgebung oder gar das Vorhandensein eines Clients mit Clientkomponenten, was das Testen sehr vereinfacht.

Nehmen wir an, wir wollen die Logik der folgenden Klasse unittesten:

Listing 12-1
Zu testende View

```java
public class UnitTestingView extends VerticalLayout
        implements com.vaadin.navigator.View {
    Label label;
    Button button;

    public UnitTestingView() {
        label = new Label("Unit Testing Beispiel");

        button = new Button("Klick mich!");
        button.addClickListener(new ClickListener() {
            @Override
            public void buttonClick(ClickEvent event) {
                label.setValue(
                    "Sie haben auf den Button geklickt");
            }
        });

        addComponents(label, button);
    }

    @Override
    public void enter(ViewChangeEvent event) {
        // nothing to do
    }
}
```

Der entsprechende JUnit-Test kann dann wie folgt aussehen:

Listing 12-2
JUnit-Test

```java
import static org.hamcrest.CoreMatchers.is;
import static org.junit.Assert.assertThat;

import org.junit.Test;

public class UnitTestingViewTest {

    @Test
    public void shouldChangeLabelCaptionOnClick() {
        UnitTestingView view = new UnitTestingView();
        view.button.click();
```

```
        assertThat(view.label.getValue(),
            is("Sie haben auf den Button geklickt"));
    }
}
```

Wie zu sehen ist, haben wir die Subkomponenten im View nicht als private deklariert, sondern package-private belassen. Dies erlaubt es uns, aus den im gleichen Package befindlichen Unit-Tests einfach darauf zuzugreifen. Über view.button.click() lösen wir einen Click-Event aus, der zur Änderung eines Label-Textes führen soll. Dies prüfen wir über die Abfrage von view.label.getValue().

Aufruf von RPC-Operationen

In unserem Beispiel bietet Vaadin die Button.click()-Methode auch serverseitig an, so dass der Test kein Problem darstellt. Es kommt aber durchaus auch vor, dass die entsprechenden Methoden nur vom Clientcode aufgerufen werden können. Ein Beispiel ist die Button.blur()-Methode. Zum Glück lässt sich auch dies in den meisten Fällen testen. Mit dem RPC-Mechanismus in Vaadin 7 ist es in vielen Fällen sogar noch einfacher geworden. Zunächst müssen wir wissen, welche RPC-Interfaces von der Komponente registriert werden und welches davon die blur()-Methode enthält. Im Konstruktor der Klasse Button entdecken wir dazu folgende Aufrufe:

```
registerRpc(rpc);
registerRpc(focusBlurRpc);
```

Listing 12–3
RPC-Registrierung innerhalb der Button-Komponente

focusBlurRpc ist eine von FocusAndBlurServerRpc abgeleitete Instanz. Mit diesem Wissen rufen wir nun mit dem folgenden Code die blur()-Methode der RPC-API auf:

```
// RPC-Call
ServerRpcMethodInvocation invocation
    = new ServerRpcMethodInvocation(null,
        FocusAndBlurServerRpc.class, "blur", 0);
ServerRpcManager.applyInvocation(view.button, invocation);
```

Listing 12–4
Simulation des RPC-Calls blur()

In der Praxis ist diese Art von Aufrufen natürlich weder lesbar noch typsicher. Dies können wir mit einer kleinen Hilfsmethode verbessern, die wir in eine Utility-Klasse auslagern und per statischem Import in unseren Testklassen aufrufen, wann immer ein RPC-Call notwendig ist.

Listing 12-5
Auslagerung von RPC-Calls in eine Hilfsmethode

```
@Test
public void shouldChangeLabelValueOnBlur()
        throws RpcInvocationException {
    UnitTestingByRpcView view
        = new UnitTestingByRpcView();

    // verbesserter RPC-Call
    blur(view.button);

    assertThat(view.label.getValue(), is("Button hat Fokus verloren"));
}

// könnte Teil einer Utility-Klasse werden:
public static void blur(Button button) {
    rpc(view.button, FocusAndBlurServerRpc.class).blur();
}

public static <T extends ServerRpc> T rpc(
        final ClientConnector connector,
        final Class<T> rpcClass) {
    return (T) Proxy.newProxyInstance(
            UnitTestingByRpcViewTest.class.getClassLoader(),
            new Class[] { rpcClass },
            new InvocationHandler() {
                @Override
                public Object invoke(Object proxy,
                                    Method method, Object[] args)
                        throws Throwable {
                    int argLength = args == null ? 0 : args.length;
                    ServerRpcMethodInvocation invocation
                        = new ServerRpcMethodInvocation(
                            null, rpcClass,
                            method.getName(), argLength);
                    invocation.setParameters(args);

                    ServerRpcManager.applyInvocation(
                            connector, invocation);
                    return null;
                }
            });
}
```

12.2.2 Interaktion mit ThreadLocals

Etwas komplizierter wird es auch, wenn unser Code über statische Methoden, zum Beispiel über UI.getCurrent() oder Page.getCurrent(), auf zentrale Vaadin-Komponenten zugreift. Dafür wandeln wir das erste Beispiel ein wenig ab, so dass wir statt des Label-Textes über Page.getCurrent().setTitle(...) den Seitentitel ändern.

Um den Aufruf von `setTitle()` zu prüfen, tauschen wir die zurückgegebenen UI- und die Page-Instanzen durch Mocks aus, die wir zuvor über das Mockito-Framework (siehe [Mockito]) erstellt haben:

Listing 12–6
TheadLocals in Tests mocken

```java
import static org.mockito.Mockito.verify;
import static org.mockito.Mockito.when;
import org.junit.Before;
import org.junit.Test;
import org.mockito.Mock;
import org.mockito.MockitoAnnotations;
import com.vaadin.server.Page;
import com.vaadin.ui.UI;
import de.vaadinbuch.main.ExamplesUI;

public class UnitTestingPageAccessViewTest {

    @Mock
    private ExamplesUI uiMock;
    @Mock
    private Page pageMock;

    @Before
    public void setup() {
        MockitoAnnotations.initMocks(this);
        UI.setCurrent(uiMock);
        when(uiMock.getPage()).thenReturn(pageMock);
    }

    @After
    public void teardown() {
        CurrentInstance.clearAll();
    }

    @Test
    public void shouldChangePageTitleOnClick() {
        UnitTestingPageAccessView view
            = new UnitTestingPageAccessView();
        view.button.click();
        verify(pageMock).setTitle(
            "Sie haben auf den Button geklickt");
    }
}
```

Dieser Ansatz erfordert ein wenig Verständnis von den internen Strukturen hinter den von Vaadin verwalteten `ThreadLocals`. Die zum aktuellen Request gehörigen Instanzen von `UI`, `VaadinService` etc. werden zu Beginn des Requests in einer an den aktuellen Thread gebundenen Map innerhalb der Klasse `CurrentInstance` eingetragen. Nach Verarbeitung des Requests wird diese Map-Instanz über `clearAll()` entfernt, was wir in unserer Testklasse nach jedem Test ebenfalls machen, um in Folgetests keine Seiteneffekte zu verursachen.

In JUnit lässt sich das Management von ThreadLocals elegant über eine JUnit-Rule auslagern und wiederverwenden. Dies hat neben weniger Schreibarbeit und besserer Lesbarkeit insbesondere den Vorteil, dass bei Änderungen der Framework-Interna nur eine Stelle des Quelltextes anzupassen ist.

Listing 12-7
Verwendung einer JUnit-Rule für Vaadin-Mocks

```java
public class UnitTestingByRuleTest {

    @Rule
    public VaadinMocks vaadinMocks
        = new VaadinMocks(ExamplesUI.class);

    @Test
    public void shouldChangePageTitleOnClick() {
        UnitTestingPageAccessView view
            = new UnitTestingPageAccessView();
        view.button.click();
        verify(vaadinMocks.getPage()).setTitle(
            "Sie haben auf den Button geklickt");
    }
}
```

Listing 12-8
Beispielhafte JUnit-Rule für Vaadin-Mocks

```java
public class VaadinMocks extends TestWatcher {

    private Class<? extends UI> uiClass;
    private UI uiMock;

    @Mock
    private Page pageMock;

    public VaadinMocks(Class<? extends UI> uiClass) {
        this.uiClass = uiClass;
        initialize();
    }

    private void initialize() {
        MockitoAnnotations.initMocks(this);
        uiMock = mock(uiClass);

        UI.setCurrent(uiMock);
        when(uiMock.getPage()).thenReturn(pageMock);
    }

    @Override
    public void finished(Description description) {
        CurrentInstance.clearAll();
    }

    public UI getUi() {
        return uiMock;
    }

    public Page getPage() {
        return pageMock;
    }
}
```

In der Praxis wird die Rule-Klasse noch viele weitere Mocks enthalten, das Konzept dahinter bleibt aber gleich.

> **JUnit Rules**
>
> Über JUnit Rules lassen sich Testaspekte aus den Testklassen auslagern und wiederverwenden. Die Rule-Variable wird zu Beginn eines Testfalls instanziiert und erhält über Interface-Methoden Zugriff auf den Test-Lifecycle. JUnit Rules sind ein oft unbekanntes bzw. unterschätztes Mittel zur Verbesserung der Wartbarkeit von Tests.

12.3 GUI-Tests mit Selenium

Das Testen von Webanwendungen stellt eine besondere Herausforderung dar, ist doch das korrekte Verhalten der Anwendung in Browsern verschiedener Hersteller und Versionen auf verschiedenen Plattformen sicherzustellen. Die Anwendung allein von Hand zu testen ist heutzutage insbesondere bei agilen Projekten keine Option mehr. Zum Glück stehen gerade für die Testautomatisierung des Browser-UI ausgereifte Tools zur Verfügung.

Selenium 2[1] ist das bei weitem bekannteste Projekt zur Fernsteuerung von Webbrowsern. Es greift dazu auf die nativen Automatisierungsschnittstellen der Browser zu und stellt diese über die WebDriver-API für verschiedene Programmiersprachen zur Verfügung.

Selenium eignet sich sowohl für das Testen von klassischen Websites als auch zum Testen von Single-Page-Anwendungen, wie sie mit Vaadin erstellt werden. Dementsprechend basiert auch das von Vaadin kommerziell vertriebene Test-Tool TestBench auf Selenium.

Wer keine kommerziellen Produkte einsetzen will, muss nicht auf automatisierte Tests verzichten. Es gilt dabei allerdings einige Rahmenbedingungen zu beachten, auf die wir noch eingehen werden.

12.3.1 Ein erster Test

Um einen ersten Eindruck von der WebDriver-API zu bekommen, schreiben wir einen kleinen Test, der die Navigation zu einer Vaadin-View prüft, die in der folgenden Abbildung dargestellt ist.

---

1. auch bekannt unter dem Namen »WebDriver«

Listing 12-9
Ein einfacher JUnit-Test mit Selenium

```java
import org.openqa.selenium.By;
import org.openqa.selenium.WebDriver;
import org.openqa.selenium.WebElement;
import org.openqa.selenium.firefox.FirefoxDriver;
import java.util.concurrent.TimeUnit;
import static org.hamcrest.CoreMatchers.is;
import static org.junit.Assert.*;

public class SimpleNavigationExample {
    public static void main(String[] args) {
        WebDriver driver = new FirefoxDriver();
        try {
            driver.manage().timeouts()
                .implicitlyWait(10, TimeUnit.SECONDS);
            driver.get("http://localhost:8080"
                +"/vaadin-book-examples/");
            WebElement navigationTestingLink
                = driver.findElement(
                    By.cssSelector(
                        ".v-button-NavigationTestingView"));
            navigationTestingLink.click();

            WebElement headline = driver
                .findElement(
                    By.cssSelector(
                        ".content .headline"));
            assertThat(headline.getText(),
                is("Sprungziel für den Selenium-Navigationstest"));
        } finally {
            driver.quit();
        }
    }
}
```

Unsere zentrale Schnittstelle zum Browser ist das Interface `org.openqa.selenium.WebDriver`. WebDriver-Implementierungen stehen für alle gängigen Browser zur Verfügung – hier verwenden wir den FirefoxDriver. Damit öffnen wir die Startseite unserer Anwendung:

Listing 12-10
Anspringen einer URL

```java
driver.get("http://localhost:8080/vaadin-book-examples/");
```

Als Nächstes lassen wir uns über `driver.findElement()` eine Referenz für den Navigations-Link liefern, auf den wir dann programmatisch per `click()`-Methode klicken:

```
WebElement navigationTestingLink
    = driver.findElement(
        By.cssSelector(".v-button-NavigationTestingView"));
navigationTestingLink.click();
```

Listing 12-11
Click auf ein per CSS referenziertes HTML-Element

Zuletzt prüfen wir den Erfolg unserer Operation, indem wir die Headline der Zielseite auf den richtigen Inhalt hin prüfen:

```
WebElement headline = driver.findElement(
    By.cssSelector(".content .headline"));
assertThat(headline.getText(),
    containsString("Sprungziel für den Selenium-Navigationstest"));
```

Listing 12-12
Validierung des Seitentitels

12.3.2 Locator

Wie bei Vaadin-Themes spielt die Vergabe von IDs und aussagekräftigen CSS-Klassen eine zentrale Rolle, wenn es um die Testbarkeit der Anwendung geht. Während bei Themes ausschließlich CSS-Selektoren zur Identifikation von DOM-Elementen zur Verfügung stehen, bietet Selenium gleich mehrere Strategien (Locator-Typen) an, um Elemente im DOM eindeutig zu identifizieren. Die geläufigsten sind dabei:

ID

Einer Komponente kann man über `setId("...")` eine ID zuweisen, die im entsprechenden id-Attribut des clientseitigen HTML-Codes eingetragen werden soll. Diese ID für das aktuelle Browserfenster eindeutig zu vergeben ist dabei Aufgabe des Entwicklers.

Im Test lässt sich eine solche Komponente wie folgt auffinden:

```
WebElement elem = driver.findElement(By.id("myId"))
```

Listing 12-13
Adressierung eines HTML-Elements über seine ID

CSS

Eine sehr flexible und performante Strategie ist die Auswahl über CSS-Selektoren. Elemente lassen sich in einfachen Fällen `By.className()` über den CSS-Klassennamen finden, für komplexere Fälle kann der Methode `By.cssSelector()` ein vollständiger Selektor mitgegeben werden:

```
WebElement elem = driver.findElement(
    By.cssSelector(
        "#navigation .v-button-NavigationTestingView"));
```

Listing 12-14
Adressierung über einen CSS-Selektor

XPath

XPath ist eine recht mächtige Abfragesprache zur Adressierung von Teilen von XML-Dokumenten. In WebDriver können XPath-Ausdrücke wie folgt verwendet werden:

Listing 12–15
Adressierung über XPath

```
WebElement elem = driver.findElement(By.xpath(
    "//.[@id='navigation']//.[contains(@class, 'v-button-
        NavigationTestingView')]/span"));
```

In den Browsern ist die Unterstützung von XPath nicht so weitreichend wie bei CSS, im Internet Explorer injiziert WebDriver daher sogar eine eigene Implementierung von XPath in Form einer JavaScript-Bibliothek. Dementsprechend dauert die Evaluierung von XPath dort ein Vielfaches länger als die von CSS. Hinzu kommt, dass die CSS-Syntax besser mit der Best Practice für Vaadin harmoniert, auf Klassennamen statt Tag-Namen zu fokussieren. CSS-Selektoren sind daher im Regelfall den XPath-Selektoren vorzuziehen.

Vaadin

Vaadin TestBench bietet noch einen weiteren Locator-Typ »vaadin« an, über den Komponenten auf Basis der Vaadin-Komponentenstruktur aufgefunden werden können. TestBench liefert dazu eine erweiterte By-Implementierung `com.vaadin.testbench.By` mit einer entsprechenden Factory-Methode mit:

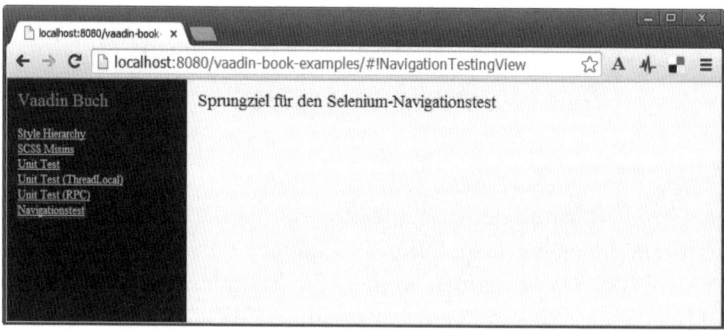

Abb. 12–1
Oberfläche des Vaadin TestBench Recorder

Listing 12–16
Adressierung über einen Vaadin-Selektor

```
WebElement elem = driver.findElement(By.vaadin(
    "vaadinbookexamples::/VHorizontalLayout[0]/Slot[0]/VButton[0]/domChild[0]/
        domChild[0]"))
```

Der Selektor-String besteht aus der Applikations-ID, den Zeichen »::« sowie einem durch Slashes getrennten Komponentenpfad, bestehend aus den Namen der jeweiligen Client-Komponentenklassen. Alternativ kann der Pfad mit einer Komponenten-ID begonnen werden, indem das Präfix PID_S vorangestellt wird:

```
WebElement elem = driver.findElement(By.vaadin(
    "vaadinbookexamples::PID_Smybuttonid/domChild[0]/domChild[0]"))
```

Listing 12–17
Vaadin-Selektor mit Referenz einer Komponenten-ID

Toolunterstützung zur Generierung von Locator-Pfaden

Pfadvorschläge kann man sich durch eines der verfügbaren Firefox-Add-ons, die Selenium-IDE oder ihr Gegenstück – den TestBench-Recorder – generieren lassen, sie müssen aber in den allermeisten Fällen noch optimiert werden. Die Add-ons sind auch sehr hilfreich bei der Verifizierung: Wir können mit den Pfaden experimentieren und dann über einen Button-Click auf *Show* das betroffene Element im Browserfenster hervorheben lassen.

12.3.3 Warten will gelernt sein

Bei klassischen Websites ohne asynchrone Seitenänderungen blockieren WebDriver-Operationen so lange, dass wir uns um das Timing in der Regel keine Gedanken machen müssen. Anders sieht es aus, wenn – wie es bei Vaadin die Regel ist – unsere Aktionen zu asynchronen Server-Requests führen. Selenium kann in diesem Fall nicht erkennen, wann die Seite »bereit« für weitere Operationen ist. Im besten Fall reagiert die Anwendung in Form von prüfbaren Seitenänderungen auf unsere Aktion, aber selbst dies ist nicht immer der Fall. Asynchrone Anwendungen zu testen bedeutet in erster Linie, zu wissen, wie man auf die »richtige« Art wartet.

Thread.sleep()

Ein erster naiver Ansatz ist oft, ausreichend lange Pausen in Form von `Thread.sleep()`-Aufrufen in die Tests einzubauen.

Die Frage ist allerdings, was »ausreichend« bedeutet. Die Wartezeiten können von vielen Faktoren abhängen, z. B. von der aktuellen Auslastung der beteiligten Systeme oder von der Netzwerkperformance. Daher erkauft man sich die Stabilität von Tests mit einer vielfachen Verlangsamung der Testausführung – gerade bei vielen Tests führt dies schnell zu einer inakzeptablen Gesamtlaufzeit.

Polling

Weit effektiver ist es hingegen, in kurzen Abständen auf das Eintreten eines erwarteten Ereignisses zu warten:

Listing 12-18
Effektiv warten (Pseudo-Code)

```
while (timeoutNichtErreicht && zielzustandNichtErreicht) {
    Thread.sleep(kurzesIntervall);
}
```

Genau hierfür bietet WebDriver mit den Klassen WebDriverWait bzw. FluentWait eine passende API an. Zum Beispiel kann über folgenden Code auf die Anzeige einer Headline gewartet werden:

Listing 12-19
Warten über die Utility-Klasse WebDriverWait

```
public void waitUntilHeadlineIsVisible() {
    new WebDriverWait(Context.driver(), 30).until(headlineIsVisible());
}
```

Listing 12-20
Prüfbedingung

```
private Predicate<WebDriver> headlineIsVisible() {
    return new Predicate<WebDriver>() {
        @Override
        public boolean apply(WebDriver driver) {
            return driver.findElement(
                By.cssSelector(".content .headline")).isDisplayed();
        }
    };
}
```

Die Bedingung, auf deren Eintreten gewartet wird, geben wir in diesem Fall über eine Callback-Methode einer Instanz vom Typ `Predicate` an. Selenium bringt über statische Methoden der Klasse `ExpectedConditions` bereits eine ganze Reihe von `Predicate`-Implementierungen mit, die auf die allermeisten Anwendungsfälle passen. Die letzte Prüfung lässt sich damit auch weit kürzer und prägnanter schreiben:

Listing 12-21
Nutzung von ExpectedConditions

```
import static org.openqa.selenium.support.ui.ExpectedConditions.*;
public void waitUntilHeadlineIsVisible() {
    new WebDriverWait(Context.driver(), 30).until(
        visibilityOfElementLocated(
            By.cssSelector(".content .headline")));
}
```

> Unter Eclipse lassen sich unter *Preferences/Java/Editor/Content Assist/Favorites* Klassen angeben, die bei Autovervollständigung berücksichtigt werden und automatisch als statische Imports eingetragen werden. Nicht nur `ExpectedConditions`, sondern auch andere häufig genutzte Utility-Klassen wie z. B. `org.junit.Assert` oder `org.mockito.Mockito` sollten hier eingetragen sein.
>
> In IntelliJ IDEA lassen sich statische Methoden mit passendem Rückgabewert auch ohne spezielle Einstellung über Ctrl+Alt+Leertaste finden und per Alt+Eingabe statisch importieren.

Neben Predicates, die einen `Boolean`-Wert liefern, werden von `ExpectedConditions` auch `Functions` unterstützt, die im Erfolgsfall ein `WebElement` liefern:

```
WebDriverWait wait = new WebDriverWait(driver, 10, 50);
WebElement navigationTestingLink = wait.until(
    ExpectedConditions.elementToBeClickable(
        By.cssSelector(".v-button-NavigationTestingView")));
navigationTestingLink.click();
```

Listing 12–22
Warten auf Webelemente

Selbst bei dieser Art von Polling besteht noch Spielraum zum Tuning. WebDriverWait pollt sofort beim Aufruf und dann standardmäßig in Intervallen von 500ms. Der erste Aufruf schlägt in den allermeisten Fällen fehl, das heißt, es wird fast immer mindestens 500ms gewartet. Im letzten Beispiel reduzieren wir das Polling-Intervall daher bei der Instanziierung von WebDriverWait auf 50ms.

Das angegebene Retry-Intervall bezeichnet die Wartezeit zwischen zwei Poll-Requests, nach einer ersten Prüfung von 100ms Dauer und bei einem Retry-Intervall von 500ms erfolgt die zweite Prüfung damit erst nach 600ms.

Das Polling erfolgt immer von Seiten des Java-Prozesses, das heißt, es erfolgt jedesmal ein Roundtrip zwischen dem Testprozess und dem Browser, gegebenenfalls sogar über einen zwischengeschalteten Selenium-Serverprozess. Die Latenz der Browserzugriffe ist daher je nach Umgebung ebenfalls zu berücksichtigen.

Um derartige Tuning-Maßnahmen zu vereinfachen, empfiehlt es sich daher immer, eine zentrale Factory für `WebDriverWait`-Instanzen zu verwenden. Die gelieferten Objekte können wir dann je nach Bedarf mit neuen Parametern versehen oder auch die ganze Implementierung austauschen, z. B. um die Wartezeiten zu protokollieren.

Worauf warten, wenn sich die Seite nicht ändert?

Nicht jede Aktion führt zu einer prüfbaren Änderung im DOM, insbesondere wenn man genau das Ausbleiben einer bestimmten Reaktion testen möchte. Für diesen Fall stellt Vaadin eine JavaScript-API zur Verfügung, über die man prüfen kann, ob eine Vaadin-Operation – zum Beispiel ein Server-Request oder Rendering-Vorgang – noch im Gange oder abgeschlossen ist. Auch diese Prüfung können wir als `Predicate` implementieren:

Listing 12-23
Warten auf das Ende von Ajax-Operationen

```
public class VaadinConditions {

  private static final long BROWSER_RENDERING_MS = 10;

  public static Predicate<WebDriver>
                  ajaxCallsCompleted() {
    return new Predicate<WebDriver>() {
      @Override
      public boolean apply(WebDriver driver) {
        if (isVaadinActive(driver)) {
          return true;
        } else {
          ensureBrowserRenderingTookPlace();
          return false;
        }
      }
    };
  }

    private static boolean isVaadinActive(
        WebDriver webDriver) {
    JavascriptExecutor executor =
      (JavascriptExecutor) webDriver;
    return (Boolean) executor.executeScript(
      "if (window.vaadin) { " + //
      " for (var client in window.vaadin.clients) { " +
      "   if (window.vaadin.clients[client].isActive()) { " +
      "     return true;" +
      "   }" +
      " }" +
      " return false;" +
      "} else {" +
      " return true;" +
      "}");
  }

  private static void
        ensureBrowserRenderingTookPlace() {
    try {
      Thread.sleep(BROWSER_RENDERING_MS);
    } catch (InterruptedException e) {
      // ignore
    }
  }
}
```

Zur Verwendung in unserem eigenen Code verwenden wir wiederum WebDriverWait:

Listing 12-24
Verwendung von ajaxCallsCompleted()

```
new WebDriverWait(Context.driver(), 30).until(
    VaadinConditions.ajaxCallsCompleted());
```

In der Praxis hat sich gezeigt, dass selbst dann ein geringer, aber merkbarer Anteil an darauffolgenden modifizierenden Operationen fehlschlägt (z. B. Clicks auf Buttons), denn das `isActive()`-Flag kann nur die Aktivitäten von Vaadin berücksichtigen, nicht aber die vom Browser daraufhin noch für das Rendering der Seite benötigten Aktionen. Das berücksichtigen wir in unserem Code, indem wir im Erfolgsfall einfach noch ein klein wenig länger warten (`ensureBrowserRendering TookPlace()`).

> **Vorgehen bei Server Push**
>
> Beim Einsatz von Server-Push-Mechanismen funktioniert der hier beschriebene Mechanismus nicht. Bei Server Push muss stattdessen immer explizit auf die erwarteten Veränderungen im DOM geprüft werden. Dies gilt auch beim Einsatz von TestBench.

Implizites Polling

Das explizite Warten erschwert natürlich die Lesbarkeit und damit auch die Wartbarkeit des Testcodes. Selenium selbst bringt daher bereits die Möglichkeit mit, bei Aufrufen von `findElement()` bzw. `findElements()` auf das Erscheinen von Elementen im DOM zu warten. Aktiviert wird dieses Feature über folgendes Kommando:

```
driver.manage().timeouts().implicitlyWait(30, TimeUnit.SECONDS);
```

Listing 12–25
Implizites Warten

Dies deckt allerdings nur einen Teil der Anwendungsfälle ab. Dass ein Element im DOM erscheint, bedeutet nicht, dass es auch sichtbar oder enabled ist.

Die Vaadin TestBench geht hier einen anderen Weg: Bei jedem Aufruf einer `WebDriver`-Methode wird über die oben bereits beschriebene JavaScript-API zunächst gewartet, bis keine AJAX-Calls mehr durchgeführt oder verarbeitet werden. Erst dann wird die eigentliche Operation durchgeführt. Auf diese Weise werden die allermeisten Anwendungsfälle abgedeckt, und der Code bleibt »clean«. Mit TestBench kann man somit auf explizites Warten fast völlig verzichten.

Verwendet man Selenium und wendet dessen `PageObject`-Pattern an, muss man auf diesen Komfort nicht verzichten.

12.3.4 Das Page-Object-Pattern

Unserem Anspruch an lesbaren und wartbaren Code muss auch der Testcode genügen. Das Page-Object-Pattern ist dabei ein wichtiges Instrument.

Das technische Know-how unseres Testcodes wandert dabei aus den Tests in separate Klassen, wobei jede Klasse eine Schnittstelle zu einem Teil der Oberfläche bildet. Der Begriff »Page Object« passt eher auf die klassischen seitenzentrierten Webanwendungen – bei unseren Vaadin-Single-Page-Anwendungen strukturieren wir den Testcode eher nach Navigator Views und anderen grobgranularen Seitenelementen.

Die Kapselung der Implementierungsdetails führt nicht nur zu lesbareren Tests, es erleichtert die Wiederverwendung in verschiedenen Testfällen erheblich und hilft uns außerdem, den Überblick über die Tests zu behalten. Änderungen an der Anwendung sind leichter durchzuführen, weil wir sehr schnell wissen, welches Page Object und damit auch welche Tests betroffen sind.

Unser eingangs verwendeter Testfall sieht bei Verwendung des Page-Object-Pattern wie folgt aus:

Listing 12–26
Testklasse bei Anwendung des Page-Object-Pattern

```
import org.junit.AfterClass;
import org.junit.BeforeClass;
import org.junit.Test;
import org.openqa.selenium.WebDriver;
import org.openqa.selenium.firefox.FirefoxDriver;

public class NavigationWithPageObjectsTest {

    private static WebDriver driver;

    @BeforeClass
    public static void setupDriver() {
        driver = new FirefoxDriver();
        driver.manage().timeouts()
            .implicitlyWait(10, TimeUnit.SECONDS);
    }

    @AfterClass
    public static void quitDriver() {
        if (driver != null) {
            driver.quit();
        }
    }

    @Test
    public void shouldNavigateToNavigationTestingView() {
        MainPage mainPage
            = MainPage.restartApplication(driver);
        NavigationTestingView navigationTestingView
            = mainPage.navigation()
                .navigateTonavigationTestingView();
        navigationTestingView.assertVisible();
    }
}
```

Der Testfall beginnt mit der Navigation auf die Hauptseite (MainPage), wobei die Anwendung reinitialisiert wird, so dass der Zustand der Anwendung nicht vom Ergebnis vorhergehender Testfälle abhängt (wie das geht, wird später noch beschrieben). Das dabei gelieferte erste Page Object MainPage bietet danach Zugriff auf den Navigationsbereich, über den zur NavigationTestingView navigiert werden kann. Hier wird wieder ein entsprechendes Page Object zurückgeliefert, über das wir sicherstellen können, dass die Zielseite auch angezeigt wird.

Die verwendeten Page Objects sehen wie folgt aus:

```
public class MainPage {
    private WebDriver driver;

    public MainPage(WebDriver driver) {
        this.driver = driver;
    }

    public static
    MainPage restartApplication(WebDriver driver) {
        driver.get(
            "http://localhost:7080/vaadin-book-
            examples/?restartApplication");
        return new MainPage(driver);
    }

    public MainNavigation navigation() {
        return new MainNavigation(driver);
    }
}
```

Listing 12–27
Page Object »MainPage«

```
public class MainNavigation {
    private WebDriver driver;

    @FindBy(className = "v-button-NavigationTestingView")
    private WebElement navigationTestingViewLink;

    public MainNavigation(WebDriver driver) {
        this.driver = driver;
        PageFactory.initElements(driver, this);
    }

    public
    NavigationTestingView navigateToUnitTestingView() {
        WebDriverWait wait
            = new WebDriverWait(driver, 10, 50);
        WebElement navigationTestingLink
            = wait.until(ExpectedConditions
                .elementToBeClickable(navigationTestingViewLink));
        navigationTestingLink.click();

        return new NavigationTestingView(driver);
    }
}
```

Listing 12–28
Page Object
»MainNavigation«

Listing 12–29
Page Object
»UnitTestingView«

```
public class NavigationTestingView {
    private WebDriver driver;

    @FindBy(css = "#content .headline")
    private WebElement headline;

    public NavigationTestingView(WebDriver driver) {
        this.driver = driver;
        PageFactory.initElements(driver, this);
    }

    public void assertVisible() {
        WebDriverWait wait
            = new WebDriverWait(driver, 10, 50);
        wait.until(ExpectedConditions
            .textToBePresentInElement(
                headline, "Sprungziel für den Selenium-Navigationstest"));
    }
}
```

Die Klasse `MainPage` dient uns hier nur als Einstieg. In den Klassen `MainNavigation` und `NavigationTestingView` greifen wir hingegen auf den Link und die Headline der Seite zu. Selenium unterstützt uns hierbei zusätzlich, indem einzelne Elemente der Seite als Attribute zentral deklariert werden können.

Die statische Methode `PageFactory.initElements()` füllt alle mit `@FindBy` annotierten Attribute vom Typ `WebElement` oder `List<WebElement>` durch dynamische Proxies. Wird eine Methode an den Elementen aufgerufen, wird implizit immer zuerst `driver.findElement()` beziehungsweise `findElements()` aufgerufen, wobei auch implizite Wartezeiten berücksichtigt werden. Wir gehen dennoch auf Nummer sicher und warten explizit darauf, dass der Link auch wirklich anklickbar ist und der gewünschte Text in der Headline erscheint.

Implizites Polling mit Page Objects

Mit Page Objects ist die Umsetzung eines zu TestBench vergleichbaren impliziten Polling ganz einfach. Der Schlüssel dazu ist die Verwendung einer auf Vaadin zugeschnittenen `ElementLocator`-Strategie, die das Verhalten der dynamischen Proxies ändert, die für die mit `@FindBy` annotierten Attribute generiert werden.

Dazu schreiben wir unsere Page Objects etwas um (hier am Beispiel der NavigationTestingView):

```
public class NavigationTestingView {
    @FindBy(css = ".content .headline")
    private WebElement headline;

    public NavigationTestingView(WebDriver driver) {
        PageFactory.initElements(new
            VaadinElementLocatorFactory(driver, 15),
            this);
    }
    public void assertVisible() {
        assertThat(headline.getText(),
            containsString("Sprungziel für den Selenium-Navigationstest"));
    }
}
```

Listing 12–30
Verwendung einer speziellen ElementLocatorFactory in Page Objects

Beim Aufruf von `PageFactory.initElements()` übergeben wir eine eigene Implementierung VaadinElementLocatorFactory, die Instanzen von VaadinElementLocator erzeugt:

```
public class VaadinElementLocatorFactory
        implements ElementLocatorFactory {
    private final WebDriver searchContext;
    private final int timeOutInSeconds;

    public VaadinElementLocatorFactory(
            WebDriver searchContext,
            int timeOutInSeconds) {
        this.searchContext = searchContext;
        this.timeOutInSeconds = timeOutInSeconds;
    }

    public ElementLocator createLocator(Field field) {
        return new VaadinElementLocator(searchContext,
                    field, timeOutInSeconds);
    }
}
```

Listing 12–31
VaadinElementLocator Factory

In VaadinElementLocator implementieren wir schließlich die zusätzliche Prüfung in den Methoden `findElement()` bzw. `findElements()`, die vor jedem Methodenaufruf auf den generierten Proxies aufgerufen werden:

```
public class VaadinElementLocator
            extends DefaultElementLocator {

    private final WebDriver searchContext;
    private int timeOutInSeconds;

    public VaadinElementLocator(
        WebDriver searchContext, Field field,
        int timeOutInSeconds) {
      super(searchContext, field);
```

Listing 12–32
Abwarten der AJAX-Calls im VaadinElementLocator

```
        this.searchContext = searchContext;
        this.timeOutInSeconds = timeOutInSeconds;
    }

    @Override
    public List<WebElement> findElements() {
        waitForAjaxCallsToBeCompleted();
        return super.findElements();
    }

    @Override
    public WebElement findElement() {
        waitForAjaxCallsToBeCompleted();
        return super.findElement();
    }

    private void waitForAjaxCallsToBeCompleted() {
        new WebDriverWait(
            searchContext, timeOutInSeconds)
            .until(VaadinConditions
                .ajaxCallsCompleted());
    }
}
```

12.3.5 Unabhängigkeit von Einzeltests

Um Fehler möglichst genau einordnen zu können, aber auch um die Wartbarkeit von Tests zu vereinfachen, spielt die aus TDD (Test Driven Development) bekannte Praxis der Erstellung von feingranularen Einzeltests auch im UI-Testing eine wichtige Rolle. Statt wenigen Methoden mit jeweils vielen aufeinanderfolgenden Prüfungen schreiben wir viele kurze Methoden mit aussagekräftigen Methodennamen und jeweils nur einer spezifischen Prüfung.

Bei UI-Tests stellt uns das vor zusätzliche Herausforderungen, denn es gilt, die Einzeltests auf einem definierten Stand der Anwendung aufsetzen zu lassen. Dies umfasst dann zum Beispiel:

- das Ausloggen des Users des letzten Tests
- Schließen des Browsers
- das Schreiben von definierten Testdaten in die Datenbank
- Starten einer neue Browserinstanz
- den Wechsel auf die Startseite
- den erfolgreichen Login mit den passenden Zugangsdaten
- die Navigation zur zu testenden Stelle im UI

Anwendung zurücksetzen

In Bezug auf Vaadin kann man sich kostbare Sekunden sparen, wenn man die Browserinstanz eben nicht verwirft, sondern wiederverwendet. Zum Zurücksetzen der Vaadin-Anwendung auf den Startzustand genügt es stattdessen, die Anwendungs-URL erneut mit dem Query-Parameter ?restartApplication aufzurufen.

```
driver.get("http://localhost:8080/?restartApplication");
```

Listing 12–33
Reset der Anwendung vor jedem Testfall

Sollte man die Authentifizierung außerhalb der Vaadin-Anwendung – zum Beispiel über JAAS und eine separate Login-Seite – gelöst haben, bleibt der letzte User dabei eingeloggt und man spart sich gegebenenfalls einen Login. Beim Laden wird nur der Teil der HTTP-Session zurückgesetzt, der von Vaadin genutzt wird.

Über das Löschen von Cookies lässt sich ein ähnliches Verhalten erreichen, allerdings wird dann pro Test eine eigene HTTP- bzw. Vaadin-Session erzeugt, die im Server Speicher verbraucht. In diesem Fall sollte jeweils vorher ein »Logout« stattfinden.

Direkte Navigation zur Zielseite

Verwendet man die Navigator-Komponente oder einen UriFragment-ChangedListener, um auf Fragmentangaben in der Seiten-URL zu reagieren, kann man das im Test nutzen, um direkt zur gewünschten Seite zu springen:

```
driver.get("http://localhost:8080"
    + "/vaadin-book-examples/"
    + "?restartApplication#!NavigationTestingView");
```

Listing 12–34
Navigation über URL-Fragmente

13 Zusammenfassung

In diesem Buch haben Sie das Framework Vaadin kennengelernt und erste Gehversuche mit modernen Webapplikationen mit Vaadin unternommen.

Sie haben nun ein Verständnis für die Architektur von Vaadin selbst und von Webapplikationen, die Vaadin verwenden, und sind damit gut gerüstet, Ihre eigenen Webapplikationen mit einer guten Architektur versehen zu implementieren.

Sie wissen, wie Sie in Eclipse Vaadin-Projekte erfolgreich machen, und kennen die Integration in den Build-Prozess von Maven, so dass Ihnen die Integration des Vaadin-Frameworks in Ihre eigenen Entwicklungsumgebungen und -prozesse sehr leicht fallen sollte.

Sie haben die zur Verfügung stehenden Komponenten und die Möglichkeiten zur Erweiterung durch Komponenten von Dritten (Add-ons) kennengelernt und wissen, wie Sie diese in Layout und Aussehen beeinflussen können.

Auch eines der wichtigsten Themen in der Entwicklung mit Vaadin, der Test Ihrer Anwendungen auf Unit-Test- und auf GUI-Ebene, haben wir behandelt.

Sie sind also jetzt gut gerüstet für Ihre eigenen Entwicklungen mit Vaadin, und wir wünschen Ihnen viel Erfolg und vor allem genauso viel Freude in der Entwicklung, wie wir sie haben.

14 Literatur

[**Apache Tomcat**] URL, http://tomcat.apache.org/

[**Apache Ivy**] URL, http://ant.apache.org/ivy/

[**Book of Vaadin**] URL, https://vaadin.com/book

[**CDI**] URL, http://cdi-spec.org/

[**CenterDevice**] URL, https://www.centerdevice.de/

[**DreiSchichtenArch**] URL, http://www.itwissen.info/definition/lexikon/Drei-Schichten-Architektur-three-tier-architecture.html

[**Eclipse**] URL, http://www.eclipse.org/

[**Eclipse M2**] URL, http://www.eclipse.org/m2e/

[**Forrester 2007**] Ron Rogowski, »The Business Case for Rich Internet Applications«, Forrester Research, 2007

[**GoF94**] Design Patterns. Elements of Reusable Object-Oriented Software, Erich Gamma, Richard Helm, Ralph Johnson, John Vlissides

[**GuavaAPI**] URL, http://code.google.com/p/guava-libraries/

[**GWT**] URL, http://www.gwtproject.org/

[**HashbangVsPushState**] URL, http://www.seroundtable.com/google-ajax-pushstate-vs-hashbang-16464.html, http://moz.com/blog/create-crawlable-link-friendly-ajax-websites-using-pushstate

[**HistoryAddon**] URL, https://vaadin.com/directory#addon/history

[**Homebrew**] URL, http://brew.sh

[**HumbleDialogBox**] URL, http://www.objectmentor.com/resources/articles/TheHumbleDialogBox.pdf

[**HumbleObject**] URL, http://xunitpatterns.com/Humble%20Object.html

[**IntelliJ IDEA**] URL, http://www.jetbrains.com/idea/

[JavaBeanSpec] URL, http://download.oracle.com/otndocs/jcp/7224-javabeans-1.01-fr-spec-oth-JSpec/

[Javasoft] URL, http://www.oracle.com/technetwork/java/index.html

[JBoss] URL, http://www.jboss.org/

[JUnit] URL, http://junit.org

[KSKR] URL, http://wiki.selfhtml.org/wiki/CSS/Kaskade

[Maven] URL, http://maven.apache.org/

[Maven Lifecycle] URL, https://maven.apache.org/guides/introduction/introduction-to-the-lifecycle.html

[MBirknerCDI] URL, http://jaxenter.de/artikel/Rookie-praktische-Einfuehrung-0

[MFowlerDI] URL, http://martinfowler.com/articles/injection.html

[MFowlerGuiArchs] URL, http://martinfowler.com/eaaDev/uiArchs.html

[MFowlerIoC] URL, http://martinfowler.com/bliki/InversionOfControl.html

[Mockito] URL, https://code.google.com/p/mockito

[MVPIBMTaligent] URL, http://www.wildcrest.com/Potel/Portfolio/mvp.pdf

[NetBeans] URL, http://netbeans.com

[OWASP] URL, https://www.owasp.org/index.php/OWASP_Java_HTML_Sanitizer_Project

[RFC3986] URL, http://www.rfc-base.org/rfc-3986.html

[SAGU] URL, http://sass-lang.com/guide

[SAMP] URL, https://github.com/Jasig/sass-maven-plugin

[SASS] URL, http://sass-lang.com

[Selenium] URL, http://docs.seleniumhq.org

[Sonatype Books] URL, http://www.sonatype.com/resources/books

[TestBench] URL, https://vaadin.com/add-ons/testbench

[WRO4J] URL, https://code.google.com/p/wro4j/

[Vaadin] URL, http://www.vaadin.com/

[Vaadin-Directory] URL, https://vaadin.com/directory

[Vaadin-Forum] URL, http://vaadin.com/forum

[Vaadin-Maven-Repo] URL, http://maven.vaadin.com/vaadin-addons

[**Vaadin-Sampler**]　URL, http://demo.vaadin.com/sampler/

[**Vaadin Wiki, Opt**]　URL,https://vaadin.com/wiki/-/wiki/Main/Optimizing%20the%20Widget%20Set

[**ViewMockupTools**]　URL, http://www.creativebloq.com/wireframes/top-wireframing-tools-11121302

[**VTTT**]　URL, https://vaadin.com/wiki/-/wiki/Main/Vaadin+Theme+Tips+and+Tricks

[**WikiArchPatterns**]　URL, http://de.wikipedia.org/wiki/Architekturmuster

[**WikiMVC**]　URL, http://de.wikipedia.org/wiki/Model_View_Controller

Index

A

Abmelden 182
Add-ons 38, 221
    Add-on verwenden 225
    Kategorien 221
    Lizenzmodelle 222
    Vaadin-Directory 221
Ajax-Anwendung 139
Akkordeon 83
Änderungserkennung 110
Animationen 66
Anmeldekomponente 173, 212
Anmelden 182
Annotation
    VaadinServletConfiguration 19
    WebServlet 19
Anwendungsarchitektur 153
Applikationsrahmen 49
Architektur 154
Architekturmuster 155
Asynchron 113
Atmosphere 113
Auswahl 58, 59
Auswahlfelder 97

B

Beispielanwendung 163

C

CDI 194
CDIUIProvider 196
Chat-Client 113, 115
CKEditor 56
ClassBasedViewProvider 147

Client Side Engine 35, 42
Commit 111
Connector 42
Container 64, 101
ContentMode 50
Controller 158
Converter 64, 98
Cross-Site-Scripting 51

D

Data Binding 32, 54, 64, 91
Data Model 32
Datei-Upload 61
Datenanbindung 207
Datenhaltungsschicht 156
Datenobjekte 204
Datum 56
Dependency Injection 192
Domänenmodell 91, 165, 197
Domänenschicht 156
Drag&Drop 62

E

Eclipse 13
    Debugging 22
    Vaadin-Plugin 14, 87, 225
    Verwendung von Maven 23
Eigene Komponenten 85
Entwurfsmuster 155
Error Provider 147
Event Handling 31, 192
Event-Bus 185, 186

F

Festschreiben 111
FieldGroupFactory 95
Fortschrittsanzeige 66

G

Gepufferter Modus 110
Google Web Toolkit 34
Guava 187
GWT Siehe Google Web Toolkit

H

Hierarchieanzeige 63
History-Add-on 148
Hochladen 61
Humble View 176

I

init() 20
IntelliJ IDEA 24

J

JavaScript-Bibliotheken 36

K

Karteireiter 82
Klassenhierarchie 55
Konverter 98

L

Latenz 47
Layout 67, 79, 101
Login 166

M

Maven 231
    Archetypes für Vaadin 232
    Projekt über Eclipse erstellen 233
    Projekt über Kommandozeile
        erstellen 232
    Projektstruktur 235
    Vaadin-Maven-Plugin 237
Menüzeile 65
Model 157
Model View Controller 159
Model View Presenter 160
Model View ViewModel 162
MVP-Verbund 171
MVVM 162, 212
MVx-Architekturmuster 157

N

Navigation 139
NavigationStateManager 147
Navigator 144
Navigator-API 143
NetBeans 26
Netzwerkkommunikation 46

O

Observer-Pattern 31
Offline-Fähigkeit 35

P

Paketstruktur 175
Passive-View-Variante 161, 166
Person-Bean 92
Popup-Fenster 84
Präsentationsschicht 156
Presentation Model 163
Presenter 158
Profileditor 201
ProfileEditor-Komponente 209

R

Real-Time-Webapplikationen 113
Rekursion 55
Render-Performance 46
Rich Internet Application 29

S

Schaltflächen 52
Schichtenarchitektur 91, 156
Scrolling 79
Server Push 36, 113
Sicherheitsleck 141
Single-Page-Anwendungen 33, 139
Skalierbarkeit 156
Speicherbedarf 45, 46
Split 80
StaticViewProvider 146
Supervising-Controller-Variante 161, 201

T

Tabellen 64
Textausgabe 50
Texteingabe 53, 56
Themes 37, 41, 229, 237

U

UIDL 36
UI-Komponenten 49
    AbsoluteLayout 68, 76
    AbstractEmbedded 66
    AbstractMedia 66
    Accordions 83
    BeanFieldGroup 93
    Button 52
    CheckBox 58
    ComboBox 60
    CssLayout 68, 77
    CustomComponent 85, 86, 92
    CustomField 85
    CustomLayout 68, 78
    eigene 85
    FormLayout 68, 75
    GridLayout 68, 72
    HorizontalLayout 68, 71, 72
    HorizontalSplitPanel 80
    InlineDateField 56
    Label 50
    Link 66
    ListSelect 59, 97
    MenuBar 65
    NativeSelect 61
    Notification 50, 51
    OptionGroup 61
    Panel 79
    PasswordField 53
    PopupDateField 56
    ProgressBar 66
    RichTextArea 56
    Slider 57
    Table 64
    TabSheet 82
    TextArea 53
    TextField 53
    Tree 63
    TwinColSel 61
    UI 19, 49, 114
    Upload 61
    ValueChangeListener 54
    VerticalLayout 68, 72
    VerticalSplitPanel 80
    Window 84
URI-Fragment 140, 141, 142
UriFragmentManager 148
URL-Mapping 196
User Interface Definition Language 36, 43

V

Vaadin
    Architektur des Frameworks 29
    Bausteine 30
    Clientseitiges Programmiermodell 33
    Entscheidung 45

Erste Schritte 17
Historie 8
Programmierung in Java 33
Serverseitiges Programmiermodell 30
Unsere Erfahrungen 10
Unter der Haube 38
VaadinServlet 19
    init() 20
Validierung 102
    JSR 303 103
    Vaadin-spezifisch 108
Videos 66
View 157
ViewModel 158
ViewProvider 146
Visueller Editor 86

W

WebSocket 113
Werteingabe 57
Widget 35
Widgetset 35, 227, 237
Windows Presentation Foundation *siehe* WPF
WPF 162

Sonderzeichen

@Caption 94
@PropertyId 94